MARCO POLO

BERLINO

! i consigli di chi ci vive

Christine Berger,
autrice MARCO POLO

Pubblicista, redattrice e autrice, Christine Berger vive da 25 anni nella capitale tedesca. Nonostante conosca molto bene Berlino, non vi è giorno in cui non scopra qualcosa di nuovo: adora passeggiare per ore tra le vie della città in compagnia del marito e delle sue tre figlie, entrare in locali e caffè e visitare musei e mostre nelle gallerie d'arte.

guidemarcopolo.it

← NEL RISVOLTO:
IL TOP DELLE SCELTE MARCO POLO

Il top dei consigli → p4

Il meglio di... → p6

Da vedere → p26

Mangiare e bere → p64

SIMBOLI

- ! I consigli di chi ci vive
- ★ Le scelte MARCO POLO
- Punto panoramico
- Ecosostenibile
- (*) Numeri di telefono con costi aggiuntivi
- ●●●● Il meglio di...

PREZZI DEGLI ALBERGHI

€€€	più di 130 euro
€€	80-130 euro
€	meno di 80 euro

I prezzi si intendono per una notte in camera doppia, prima colazione inclusa

PREZZI DEI RISTORANTI

€€€	più di 25 euro
€€	10-25 euro
€	meno di 10 euro

I prezzi si intendono per un piatto principale, bevande escluse

SOMMARIO

Shopping → p76

Di sera → p86

Dove dormire → p98

Atlante della città → p128

NEL RISVOLTO: CARTA ESTRAIBILE →

BUONO A SAPERSI

CARTINE
(126 A1) Numeri di pagina e coordinate per l'atlante della città
(O) Fuori cartina
Sono fornite di coordinate anche le località che non figurano nell'atlante della città
Mappa del trasporto pubblico nel risvolto di copertina

CARTA ESTRAIBILE 🗺
(🗺 A-B 2-3) con coordinate

! La morte della cultura

Il monumento commemorativo di Micha Ullman ricorda il rogo dei libri a Bebelplatz: dietro una lastra di vetro incastrata nel terreno si ergono gli scaffali vuoti che avrebbero dovuto contenere i 20.000 volumi bruciati il 10 maggio 1933 → p31

! Sfarzo stalinista

La Karl-Marx-Allee, una strada larga 90 m, impressiona con i suoi imponenti edifici in stile moscovita → p37

! La città ai vostri piedi

Salite sull'ascensore più veloce d'Europa e raggiungete la cima della Kollhoff Tower di Potsdamer: potrete godere di una meravigliosa vista accompagnata da un buon caffè o un'ottima prima colazione → p46

! Storia vissuta

Alcuni sopravvissuti guidano i visitatori nell'ex carcere della Stasi di Hohenschönhausen e raccontano le loro storie di prigionia: interrogatori, isolamento e traumi psicologici → p60

! Il parco pubblico di Tempelhof

Potete passeggiare sulle piste di decollo e atterraggio di quello che fu l'aeroporto internazionale e godervi la splendida vista che si apre tutt'intorno (foto in alto) → p60

! Tutti a bordo

Mangiare sardine o polpette al Deckshaus, sul ponte di un vecchio rimorchiatore attraccato sulle sponde della Sprea → p69

! Sull'acqua

Al Freischwimmer (foto a destra) potrete fare una sosta romantica e rilassante, noleggiare una canoa o un kayak e partire per una gita sul fiume che attraversa la capitale. Per i bambini sono previsti giubbotti salvagente → p69

! Cucina panasiatica

Il Toca Rouge, nel quartiere di Mitte, offre ai suoi clienti piatti asiatici dai nomi originali in un ambiente davvero modaiolo: provate il "Seven Second" o "A better tomorrow" → p75

! Beatles usati

Da Platten Pedro, il più grande antiquario di Berlino nel suo genere, gli appassionati di musica e i collezionisti di vinili troveranno oltre 200.000 singoli e un numero incalcolabile di altri dischi → p78

! Paste e pasticcini

Lasciatevi tentare dalle dolci prelibatezze proposte dalla Confiserie Orientale, preparati da uno dei migliori pasticceri turchi della città → p78

! Design trendy

Il negozio Aus Berlin propone oggetti stravaganti creati da più di 270 designer della città. Alcuni esempi? Pillole per il mal d'amore, reggilibri a forma di muro di Berlino o la torre della televisione costruita con lecca lecca → p80

! Direttamente alla fonte

Sugli scaffali del Weinbar Rutz sono esposti 1001 vini diversi. Anche la proposta gastronomica non lascia a desiderare → p89

! Notti poetiche

La stanza dove viene servita ai clienti la prima colazione sembra una biblioteca. Il salone del Literaturhotel, nel quartiere di Friedenau, ospita regolarmente letture e dibattiti con scrittori di fama. Nelle vicinanze vivono o hanno vissuto alcuni Premi Nobel per la Letteratura → p101

! Terrazza panoramica

Dal tetto dell'hotel Park Inn (40 piani), situato di fronte alla Fernsehturm, potrete godere di una vista meravigliosa sulla capitale e sorseggiare un buon cocktail comodamente seduti su una sedia a sdraio; se soggiornate nell'albergo, potrete anche accedere all'area wellness con sauna, idromassaggio e palestra → p101

! Un'esperienza particolare

Un mezzo di trasporto pubblico originale: se decidete di prendere parte al BVG-Cabriotour, potrete attraversare le gallerie della metropolitana per 35 km seduti nel vagone scoperto; il tour dura un paio d'ore → p112

IL MEGLIO DI...

LUOGHI FANTASTICI A BASSO COSTO

Nuove scoperte con un occhio al risparmio

OCCASIONI

Cibo e buona musica

Nelle domeniche d'estate i berlinesi raggiungono l'*Englischen Garten* di Tiergarten con il cestino da picnic. Qui possono stendersi sul prato e ascoltare concerti di musica jazz o klezmer. Seguite il loro esempio! → p41

German graffiti

L'*Eastside Gallery* (in foto), la più lunga galleria a cielo aperto del mondo, si trova a sud della Ostbahnhof: ammirate le opere realizzate dagli artisti su un tratto del muro di Berlino che misura 1316 m → p48

Un moderno paradiso celeste

Vicino alle rovine della Chiesa Commemorativa dell'Imperatore Guglielmo si erge il *nuovo edificio progettato da Egon Eiermann*, la sua opera più famosa. Abbandonatevi al gioco di colori creato dalla luce che filtra attraverso i vetri blu della struttura: è il luogo perfetto per rilassarsi dopo aver fatto un giro per negozi al *KaDeWe* o al *Ku'damm* → p55

Al bazar

Anche se non avete bisogno di frutta e verdura fresca, visitate il *Markt am di Maybachufer*. Qui tratterete sul prezzo con i commercianti proprio come se foste a Istanbul. Approfittatene per provare le specialità gastronomiche: i prezzi sono vantaggiosi → p85

Musica all'ora di pranzo

Ogni martedì a mezzogiorno, da settembre a giugno, potrete ascoltare un concerto della *Philharmonie* con musicisti di rilievo come i Berliner Philharmoniker e i borsisti dell'Orchester-Akademie → p95

Un nuovo modo di scoprire la città

Visite guidate gratuite sulle due ruote: se conoscete il tedesco, partecipate a un giro della città organizzato dall'Allgemeine Deutsche Fahrrad Club (ADFC). Potete noleggiare una bicicletta a prezzi ragionevoli da Next-Bike *(www.nextbike.de)* → p121

È TIPICO DI BERLINO

Lo trovate solo qui

CLASSICO

- ***Mettete in valigia il costume da bagno***
Quasi come in riva al mare: sedie a sdraio e sabbia a perdita d'occhio. Il *Wannsee* è perfetto per una nuotata rigenerante → p18

- ***Il cielo sopra Berlino***
Dalla terrazza panoramica della *torre della televisione* di Alexanderplatz, nota anche come "teleasparago", si gode di una vista spettacolare a 203 m d'altezza → p34

- ***La quadriga più famosa del mondo***
La *Porta di Brandeburgo* (in foto) è l'emblema dell'unificazione tedesca. Ogni giorno viene immortalata da artisti di strada e fotografi amatoriali. Cercate anche voi la prospettiva migliore per i vostri scatti → p42

- ***Per gli amanti del buon gusto***
Nonostante il *Ku'damm* abbia rischiato di chiudere più volte, i clienti delle boutique di lusso hanno continuato a frequentarlo assiduamente; si trova nella parte più curata della città, nota per il viale elegante e i sontuosi palazzi: tipico di Berlino che, tra le altre cose, sa anche essere bella e di classe → p55

- ***In fila, per un ottimo spuntino***
Buono ed economico: così deve essere un *Berliner Currywurst*, sempre accompagnato da uno *Schrippe* (panino) o da croccanti patatine fritte. Da *Curry 36*, a Kreuzberg, anche gli abitanti della città fanno la coda per acquistarne uno → p74

- ***Melodie rilassanti***
Chi vive a Kreuzberg non ha nulla da invidiare agli yuppie di Mitte o di Friedrichshain. In questo quartiere, nelle serate estive, ci si siede in un Biergarten sorseggiando *'ne Molle* (una birra), spesso accompagnata dalle note di un concerto di musica jazz dal vivo: lo *Yorckschlösschen* è conosciuto da tutti in città → p93

- ***Un'originale visita guidata***
Con la *Taxi-Wall-Fahrten* potete ripercorrere la storia del muro di Berlino. L'autista mostra i luoghi principali arricchendo la spiegazione con la propria esperienza personale. Imperdibile se conoscete il tedesco → p122

IL MEGLIO DI...

BELLO ANCHE CON LA PIOGGIA

Idee per non perdere il buon umore

E SE PIOVE?

● ***Centro di cultura***
La Porta di Ishtar, Caspar David Friedrich o Nefertiti? Alla *Museuminsel* avrete l'imbarazzo della scelta: cinque edifici, con collezioni di valore inestimabile → p38

● ***Un vero ombrellone***
L'originale copertura di Potsdamer Platz non ripara solo dalla pioggia: il *Sony-Center* offre diversi tipi di intrattenimento e ottime specialità gastronomiche. La struttura è particolarmente suggestiva di sera, quando è illuminata da led colorati (in foto) → p46

● ***Spedizione ai tropici***
Al *Botanischer Garten* sembra di essere nella giungla. Viste le alte temperature e il tasso di umidità, potete tranquillamente passeggiare in t-shirt tra palme, felci e liane → p56

● ***Sott'acqua***
Gli squali, le meduse e i coccodrilli dello *Zoo-Aquarium* sono ancora più apprezzati in caso di brutto tempo. Molti visitatori si fermano ad ammirare gli esemplari nelle vasche al pianterreno, ma se cercate una maggiore tranquillità spostatevi nella zona dei serpenti e delle tarantole, ai piani superiori → p56

● ***Aperto 24 ore su 24***
Al *Mein Haus am See* potete sorseggiare un caffè o mangiare un panino a qualsiasi ora del giorno e della notte. Comode poltrone, opere di artisti di strada alle pareti, clientela internazionale e la stazione della metropolitana a pochi passi → p67

● ***Shopping, shopping e ancora shopping***
Potete trascorrere una giornata intera al *KaDeWe*, il più grande centro commerciale d'Europa. Il reparto delle specialità gastronomiche merita senza dubbio una visita → p81

MOMENTI DI RELAX

Per riprendere fiato e ripartire

DIVERTIMENTO

● *Dolce far niente*

Al *Liquidrom* , accanto alla moderna struttura del Tempodrom, potete rilassarvi nell'acqua salata di una grotta ascoltando la musica, fare una sauna, un bagno di vapore o un massaggio rigenerante → p44

● *Nel mondo delle favole*

Gli zampilli della fontana, i personaggi delle fiabe e l'aria fresca della *Märchenbrunnen* fanno miracoli. Il Volkspark Friedrichshain è il luogo ideale per ricaricare le batterie → p51

● *L'ora del tè*

Partecipando alla celebre cerimonia cinese che si tiene alla *casa di Osmanthussaft* dimenticherete ogni stress e preoccupazione. Qui sono banditi sia il rumore che la confusione → p57

● *Fuga dalla città*

La *Pfaueninsel* è una vera e propria oasi di pace facilmente raggiungibile con un autobus a due piani e un traghetto. Una volta arrivati potete sedere in un prato e fare un picnic, circondati dai pavoni che girano liberi sull'isola → p59

● *Atmosfera orientale*

Massaggi e bagni di vapore: abbandonatevi ai piaceri offerti dal *Sultan-Hamam* di Schöneberg → p61

● *Torta e caffè per fare il pieno di energia*

Accusate i primi segni di stanchezza dopo le lunghe passeggiate in città? Allora vi consigliamo il *Fußbadcafé* di Mitte: il pediluvio è incluso nel servizio → p67

● *Quasi come al mare*

In estate andate al *bar sulla spiaggia di Mitte*: di giorno potete accomodarvi su una sedia a sdraio con vista sulla Sprea e sul Bodemuseum, di sera mangiare una pizza accompagnata da una birra o un bicchiere di vino e poi scatenarvi in pista a ritmo di salsa o di tango (in foto) → p89

INTRODUZIONE

BENVENUTI A BERLINO!

Berlino attira creativi da tutto il mondo. Nessun'altra città europea ha un'offerta artistica e culturale così ampia, che spazia dalla pittura alla danza, al teatro, fino alla musica, accogliendo sia le rappresentazioni delle grandi star internazionali, sia i giovani talenti ancora poco conosciuti che trovano qui il luogo ideale per esprimersi. Con 150 sale da concerto, teatri e palcoscenici, tre case dell'opera e circa 200 complessi museali, la capitale tedesca è il cuore pulsante della cultura europea.
Oltre all'Isola dei Musei, celebre per le sue collezioni di straordinario valore, ci sono circa 440 gallerie più piccole, motivo essenziale per cui la città è, non a caso, uno dei centri di commercio di opere d'arte più importanti del pianeta. Anche il mondo della musica è variegato: la Berliner Staatopern o la Philarmonie sono senza dubbio le punte di diamante, ma esistono anche molti club che propongono un ricco calendario di concerti e piccoli teatri da camera che mettono in scena spettacoli interessanti a basso costo. Per non parlare della frizzante vita notturna: più di 200 club, innumerevoli bar, caffè e birrerie che, non essendoci limitazioni di orario, chiudono spesso

In foto: l'ingresso del Bundestag, il parlamento federale tedesco

alla prime luci dell'alba, quando addirittura non stanno aperti 24 ore su 24. In alcuni quartieri come Mitte, Friedrichshain, Kreuzberg e Prenzlauer Berg si respira l'inconfondibile atmosfera cosmopolita delle metropoli.

Una capitale profondamente segnata dalla storia

Della passata divisione della città non rimangono che alcune tracce. Il muro (1961-89) divideva il centro: da una parte la capitale della Repubblica Democratica (RDT) di stampo sovietico, dall'altra il polo in mano agli Alleati (Francia, Gran Bretagna e Stati Uniti). La demarcazione tra Est e Ovest era netta. Vent'anni dopo la riunificazione i visitatori possono solo cercare di immaginare quali fossero le forti differenze che distinguevano i due sistemi politici. Anche dal punto di vista architettonico si è assistito a una significativa uniformazione: grazie a consistenti lavori di ristrutturazione, gli edifici prefabbricati della parte orientale sono stati trasformati, tanto che oggi gli appartamenti ai piani alti dei moderni palazzi che si affacciano su Alexanderplatz sono molto ambiti. E chi si trova al Checkpoint Charlie, l'ex posto di blocco su Friedrichstraße che collegava il settore di occupazione russo con quello americano, può facilmente constatare che l'ex Berlino Est è oggi più ricca di boutique e negozi di lusso della parte Ovest.

Il dehors di un bar su Kurfürstendamm

L'antica e nuova capitale tedesca (3,4 milioni di abitanti) è in continuo fermento. Gli sforzi che da anni si stanno sostenendo per creare una città rappresentativa anche dal punto di vista dell'immagine sono notevoli. Si costruisce, si restaura e si ristruttura ovunque. Potsdamer Platz, che intorno alla metà degli anni '90 era un grande cantiere edile, è ormai il nuovo centro cittadino. Il tetto a ombrello del Sony-Center è considerato da tutti un simbolo, così come la struttura in vetro della Hauptbahnhof, la stazione più grande d'Europa riaperta dal 2006, di cui i berlinesi vanno fieri. La Ostbahnhof, in passato la stazione principale della RDT, è invece sede dell'O_2 World dal 2008, una grande sala polivalente circondata da uffici e negozi che ospita concerti di popstar e partite di basket della Lega Alba Berlin. Dietro al Palazzo della Repubblica, un tempo sede della Camera del Popolo della RDT, dal 2020 sarà ricostruito l'ex Castello di Berlino come Humboldt-Forum, un complesso formato dal Museo Etnologico, dal Museo di Arte Asiatica, dalla Biblioteca Centrale e Regionale di Berlino e dalla Humboldt Universität.

Una città in continuo cambiamento

Il riuscito impianto architettonico del nuovo quartiere governativo rende orgogliosi perfino i berlinesi più scettici. Infatti, guardando dalla cupola del palazzo del Reichstag, si possono ammirare a sud la Potsdamer Platz, a nord il monumentale tetto in vetro della nuova Stazione Centrale, a ovest il Bundeskanzleramt (Cancelleria Federale) e a est gli uffici dei parlamentari. Qui è facile incontrare politici a piedi, oltre a diversi personaggi famosi che si ritrovano nei bar e nei ristoranti della zona. E può accadere solo in una città come questa, dove le persone sono considerate in quanto tali e che si tratti di vip è di secondaria importanza. "Vivi e lascia vivere" è il principio seguito da tutti.

A Berlino, infatti, convivono ben 186 nazionalità diverse, fatto che influisce anche sulla vita culturale, arricchita soprattutto dallo scambio con l'Europa dell'Est. Vi sono dj di Bucarest, compagnie di balletto di Kiev con nuovi spettacoli e scrittori di Varsavia che presentano romanzi appena pubblicati. I 200.000 russi e polacchi, ucraini e cechi contribuiscono allo sviluppo e alla crescita non solo di una nazione un tempo divisa, ma anche a quella di un intero continente: è un caso unico al mondo che una capitale faccia parte sia dell'Europa dell'Est che di quella dell'Ovest. La cultura dei tanti slavi di fede ebraica che abitano qui ha perciò riacquisito un ruolo importante. Nei pressi della Nuova Sinagoga, nel vivace quartiere intorno a Oranienburger Straße a Mitte, ad esempio, licei israeliti e caffè che servono specialità kosher si trovano uno vicino all'altro. In aggiunta a ciò, lo stile di vita turco influenza a sua volta le zone occidentali del centro, soprattutto Kreuzberg, Neukölln e Wedding. Nei mercati settimanali, le famiglie allargate comprano intere cassette di melanzane e uva, donne velate contrattano animatamente i prezzi e i venditori pubblicizzano ad alta voce le loro merci. Si respira un'atmosfera orientale che conferisce un tocco caratteristico alla città.

Spesso, nei 770 anni di storia della capitale, gli immigrati hanno dato impulsi culturali ed economici innovativi. Ugonotti, boemi e slesiani hanno trovato qui, nel corso dei secoli, una nuova patria e hanno contribuito a delinearne il volto con le loro abitudini e tradizioni, soprattutto culinarie. Le *Bouletten* (o *Buletten*), ad esempio, termine francese con cui si indicano le polpette di carne, sono ormai una specialità tipicamente berlinese. Furono soprattutto gli esuli per motivi di fede a convergere verso le sponde della Sprea, facilitati dalla nota tolleranza religiosa dei regnanti prussiani. Così nel 1701, sotto Federico I, fu costruita una chiesa per gli ugonotti protestanti, il Französischer Dom su Gendarmenmarkt, mentre per gli slesiani fu edificata verso la fine del XVIII secolo la cattedrale cattolica di St.-Hedwig su Bebelplatz. Nel 1866 venne infine eretta su Oranienburger Straße la più grande sinagoga d'Europa, con 3200 posti a sedere, distrutta durante la Seconda guerra mondiale e poi solo parzialmente ricostruita.

Nel corso della storia la capitale è stata più volte al centro della politica mondiale e la rievocazione del passato quale monito per i posteri svolge ancora oggi un ruolo importante. La dittatura nazista, la persecuzione degli ebrei e le tremende conseguenze del conflitto rivivono in numerosi monumenti commemorativi. Molti edifici storici sono sopravvissuti alla distruzione della città o sono stati ricostruiti successivamente. La Staatsoper Unter den Linden, il Berliner Dom, la Schauspielhaus, il Duomo Francese e quello Tedesco sono solo alcuni straordinari esempi, così come l'Isola dei Musei, un sorprendente complesso che riunisce magnifiche opere del periodo classico, reperti archeologici di valore inestimabile e collezioni storico-artistiche prestigiose, di nuovo accessibili al pubblico dopo importanti lavori di restauro.

L'importanza del rispetto per l'ambiente

Anche il passato più recente, tuttavia, ha lasciato le sue tracce e, poiché i residenti e i visitatori più giovani non hanno vissuto in prima persona la divisione della città, i memoriali come quello al muro a Bernauer Straße o l'Alliiertenmuseum a Zehlendorf hanno la funzione di ricordare quanto accaduto. Il rumore di un Douglas DC3, un antico aereo da trasporto su cui oggi sono proposti interessanti giri turistici, rimanda ad esempio al periodo del "ponte aereo", quando tra il '48 e il '49 la zona occidentale dovette essere completamente rifornita via aerea a causa di un embargo sovietico. A testimoniare l'occupazione delle quattro potenze vincitrici ci sono inoltre strutture educative e centri culturali francesi, inglesi, russi e statunitensi e per questo motivo molti bambini frequentano scuole francesi di musica o licei dove il russo è una delle materie insegnate.

I 400.000 alberi piantati allo scopo di migliorare la qualità della vita degli abitanti di Berlino Ovest fanno sì che la presenza di parchi e zone verdi sia cospicua come in poche altre città di pari grandezza. Quando i berlinesi parlano della qualità della vita, infatti, si riferiscono anche al verde: più del 43% delle strade sono dotate di piste ciclabili e pedonali e il 26% è riservato ai mezzi pubblici. Solo una famiglia su due dispone di un'automobile e i turisti che si muovono sulle due ruote sono sempre più numerosi, anche perché sono moltissime le stazioni per noleggiare una bicicletta. Berlino, inoltre, è la capitale dei negozi biologici fin dai tempi in cui non era di moda: in nessun'altra città tedesca se ne contano così tanti.

La Fontana di Nettuno, davanti al municipio

L'economia della capitale, da par suo, non è esente dai profondi cambiamenti che hanno investito la città nell'ultimo scorcio del Novecento, anche perché gli effetti di una separazione durata 40 anni non possono essere cancellati facilmente. Sovvenzionata fino alla caduta del muro da due differenti sistemi politici e sociali – capitalista occidentale e comunista di stampo sovietico – Berlino fatica a imporsi all'interno della nazione proprio perché le manca una solida e compiuta struttura economica. Sebbene il numero di posti di lavoro nel settore terziario sia in rapida crescita, il tasso di disoccupazione rimane al 12%. Un suo grande punto di forza è la ricerca scientifica: le università, le scuole, gli istituti e i centri specializzati hanno creato addirittura 200.000 posti di lavoro. E anche il settore legato ai mestieri creativi ha segnato un vero e proprio boom, soprattutto nel campo informatico e del design, con ricadute positive sugli scambi commerciali. Non a caso, Berlino è sede della fiera internazionale dello Street- e Urbanwear "Bread & Butter" che con i suoi 100 milioni di euro di incassi all'anno rappresenta un introito importante per l'intera nazione. Ma a dispetto delle difficoltà i berlinesi, come sempre, non si danno per vinti e partendo da idee innovative ed efficaci continuano a creare imprese caratterizzate da dinamismo e flessibilità. È sufficiente passeggiare nei vari quartieri per rendersi conto delle novità e dei dettagli in continua evoluzione; una sensazione che provano gli stessi abitanti della capitale nel vivere la propria città. Berlino è ricca di sorprese e non smette mai di stupire.

Il luogo ideale per i giovani creativi

TENDENZE

1 Che cosa vi piacerebbe?

Ciascuno a suo modo Volete poter decidere che cosa mettere nel vostro panino? Da *Mamo Falafel (Warschauer Str. 47, in foto)* farcite il pane arabo secondo i vostri desideri. Da *Shabuki (Olivaer Platz 9 | www.mrhai.de)*, invece, potete scegliere gli ingredienti che preferite per la vostra zuppa, mentre *Kochhaus Schöneberg (Akazienstr. 1 | www.kochhaus.de)* consegna a domicilio il necessario e la ricetta per cucinare un piatto prelibato. Più comodo di così: scegliete tra antipasti, primi, secondi o dessert, ordinate online e mettetevi ai fornelli.

2 Tutti giù per terra

Alla ricerca dell'equilibrio Negli ultimi tempi, a Berlino, la *slackline* va di moda ed è molto praticata nei parchi della città: consiste nel camminare in equilibrio su una fune tesa, ad esempio, tra due alberi. Chi vuole provare può noleggiare l'attrezzatura necessaria da *Globetrotter (Schloßstr. 78-82)* o da *Peak-Outdoor (Wilhelminenhofstr. 88)*, mentre per trovare altri appassionati e possibili compagni di divertimento bisogna visitare il sito della *Berliner Slackliner-Community (www.slackliner-berlin.de, in foto)*.

3 Spazio alla fantasia

Potsdamer Straße In passato zona abbandonata a se stessa, oggi paradiso per creativi. La famosa *Galerie Klosterfelde (Hausnummer 93 | www.klosterfelde.de)* si è spostata qui e al civico n. 91 ha sede il *Freie Museum (www.freies-museum.com, in foto)*. Anche Patricia Kohl e Salome Sommer hanno ristrutturato una ex fabbrica di letti presente nel quartiere per ospitare la loro collezione di opere d'arte *(Kurfürstenstr. 13-14 | www.sommerkohl.com)*.

A Berlino le novità da scoprire sono tante: le più entusiasmanti in queste pagine

Emissioni zero

4

Eco-innovazioni I berlinesi amano la velocità, ma solo nel rispetto della natura. Le biciclette elettriche di *Erockit (www.erockit.net, in foto)*, ad esempio, sono mezzi di trasporto a basso impatto ambientale: pur essendo azionate dalla forza muscolare, sono corredate di amplificatori di velocità che moltiplicano lo sforzo iniziale fino a 50 volte. Più si pedala e più si procede speditamente. Il 2012, inoltre, è stato l'anno record per il car sharing nella capitale, che ha anche incrementato il numero di auto ibride ed elettriche. Il progetto di ricerca *BeMobility 2.0 (www.bemo bility.de)*, infine, intende aumentare i mezzi di trasporto pubblico e automobili ecologiche. Le infrastrutture sono già state messe a punto: con più di un centinaio di stazioni per ricaricare i veicoli elettrici, la città acquisterà un ruolo di primo piano, fungendo da esempio per gli altri stati europei.

Niente di buono...

5

... a meno che non lo si voglia I propositi della *Haus der guten Taten* (Casa delle buone azioni) di *Schloßstr. 1 (www.coeo-berlin.de)* sono degni del nome che porta l'associazione. Questa società no-profit, infatti, vende prodotti realizzati da persone disabili e reinveste i guadagni in progetti sociali. I *Guerilla-Gardener (www.guerrillagardening.org, www.facebook.com/SmilingGarden, in foto)*, invece, sono impegnati nel settore ambientale. Il loro obiettivo? Migliorare l'aspetto della città a beneficio dei suoi abitanti e dei visitatori seminando fiori e piante negli spazi urbani pubblici e talvolta anche in abitazioni private e nel vecchio aeroporto di Tempelhof.

PAROLE CHIAVE

ACQUA

Sono poche le città europee che possono vantare così tanti laghi, fiumi e canali. In totale ci sono circa 500 km di sponde dove passeggiare, prendere il sole o rilassarsi in ristoranti e club, soprattutto sull'Oberbaumbrücke a Friedrichshain. I bar con sdraio sulla Sprea e le piscine invitano a concedersi un po' di relax. Uno dei fiori all'occhiello della capitale tedesca è il lido sul ● *Wannsee (apr-ott ogni giorno 10-18, estate fino alle 20 | €4 | www.strandbadwannsee.de | S 1, 7 Nikolassee)*, il più grande stabilimento balneare su acque chiuse d'Europa, aperto da più di un secolo. Qui sembra di essere sul Mare del Nord, con la sabbia fine e gli *Strandkörbe*, le poltrone con paravento in vimini.

AEROPORTO

La disputa sull'ingrandimento di Schönefeld non si placa e, dopo 20 anni di cantieri, non se ne vede la fine. I berlinesi, soprattutto coloro che vivono nella zona sud della città, si lamentano delle rotte e del rumore dei velivoli, mentre chi abita nei pressi dell'aeroporto teme un abbassamento della qualità della vita e una svalutazione degli immobili. Al contrario, coloro che risiedono nei quartieri di Spandau e Reinickendorf, dove si trovava l'ex aeroporto di Tegel, possono finalmente dormire sonni tranquilli.

ALTERNATIVO

Teatri off con un centinaio di posti a sedere, piccoli club che propongono spettacoli originali e palchi per concerti

In foto: la sede del Ministero Federale degli Interni affacciata sulla Sprea

I bar sulla Sprea, la ricostruzione del Castello di Berlino e gli alberghi in stile ex Repubblica Democratica: una città dove tutto è possibile

montati nei cortili interni: la vita culturale di Berlino si svolge anche fuori dai palazzi statali. Chi ha già partecipato a una performance del Theater zum Westlichen Stadthirschen o ha ascoltato la musica punk dei Schokoladen sa di che cosa si tratta. Nella capitale tedesca, infatti, sia gli abitanti che gli stranieri possono trovare facilmente uno spazio libero in cui esibirsi sperimentando modalità di rappresentazione tutt'altro che convenzionali. Vista l'ampia proposta per il dopo-cena, a Berlino si possono conoscere le nuove tendenze musicali, teatrali e artistiche; soprattutto di sera sono molti i club allestiti in vecchie fabbriche in disuso o in case disabitate poi riadattate per rispondere alle nuove esigenze, ma bisogna conoscerne gli indirizzi, spesso difficili da reperire. Potete chiedere direttamente agli abitanti della città o cercare su Facebook. Se riuscite a scoprire uno di questi "luoghi segreti", dovete essere fieri di voi: nella maggior parte dei casi non hanno una sede fissa e si spostano continuamente da un luogo all'altro.

AMBIENTE

I berlinesi non sprecano energia: secondo le statistiche producono la minor quantità di CO_2 per abitante della Germania! E solo un individuo ogni due famiglie, vale a dire circa una persona su tre, dispone di un'automobile propria. Molte grandi aziende e agenzie governative, inoltre, sono fornite di sistemi di riscaldamento integrato che sfruttano la combustione di oli vegetali e pannelli solari per scaldare l'acqua: ad esempio, gli uffici governativi e il Deutschen Bundestag. Anche la sede federale della CDU o quella dell'Heinrich-Böll-Stiftung (Verdi) usano il fotovoltaico.
Chi è interessato può prendere parte a una visita guidata sul "traghetto solare" *(tel 0151 54 22 80 44 | www.solarpolis.de)*, a basso impatto ambientale.
Gli abitanti della capitale sono molto attenti anche all'alimentazione e preferiscono prodotti biologici e regionali. Sono infatti numerosissimi i supermercati bio, nonostante il reddito procapite dei berlinesi sia più basso rispetto a quello degli altri tedeschi. Il più grande e fornito si trova a Prenzlauer Berg, sulla Senefelderplatz: su 1600 m^2 di superficie i clienti hanno a disposizione 18.000 prodotti diversi, più di 200 etichette di vini e 180 tipi di formaggio.

ANIMALI

I berlinesi amano gli amici a quattro zampe, in particolare i cani; vi è però il problema degli spazi a loro dedicati e ogni volta che li portano a fare una passeggiata devono munirsi del necessario per ripulire le strade dai "bisognini" lasciati dai fidi compagni. I luoghi a loro destinati, come il Volkspark Friedrichshain e l'Hasenheide di Kreuzberg, sono sempre sovraffollati.
Nella parte nord est della città, inoltre, si trova il più grande canile d'Europa, con una superficie di 16 ettari e un cimitero incluso. Qui ogni anno più di un centinaio di addetti si prende cura di oltre 12.000 animali. *www.tierschutz-berlin.de*

ARTE

Più di 440 gallerie e numerose collezioni fanno di Berlino uno dei centri artistici più importanti del mondo. La capitale tedesca è molto frequentata da esperti che vi si recano nella certezza di trovarvi opere interessanti.
Anche la Street Art riveste una grande importanza. In diversi punti del centro storico, infatti, si possono ammirare i graffiti di artisti come Alias o Emess.
Considerando il numero di residenti, a Berlino c'è la più alta concentrazione di creativi indipendenti di tutta la Germania (6%) e dal 2000 il numero è aumentato almeno del 40%. Ciò dipende anche dai costi relativamente bassi degli affitti di atelier e studi. Qui i giovani, rispetto a città come Parigi, Londra o New York, hanno più possibilità di trovare un loro spazio d'espressione.

CASTELLO

Danneggiato durante la Seconda guerra mondiale e poi demolito per ordine di Berlino Est, l'edificio sta per risorgere. Da quando è stato abbattuto il Palast der Republik, il centro culturale della RDT, l'area è occupata da un prato verde e dalle panchine di legno che lo circondano lo sguardo è libero di spaziare fino alla Fernsehturm. Entro il 2017 saranno erette le mura perimetrali del Castello di Berlino, dietro cui avrà sede l'Humboldt-Forum, con i musei dedicati alle culture extraeuropeee, la Biblioteca del Land e le collezioni della Humboldt Universität.

CORTILI

Berlino è famosa per i complessi residenziali. Non è raro trovare da due a otto edifici collegati da cortili interni e passaggi. Sono stati soprattutto gli Hackesche Höfe (Hof significa cortile) a riportare in auge questo particolare tipo di architettura e a creare, nel caso specifico, uno dei luoghi di aggregazione più vitali della città. Altri esempi di magistrale risanamento sono gli Heckmann-Höfe di Mitte su Oranienburger Straße, i Sophie-Gips-Höfe su Sophienstraße e i Kurt-Berndt-Höfe su Neue Schönhauser Straße. Quest'ultimo complesso fu costruito nel 1911-12 per la società Metropol-Palast ed è stato rimodernato alla fine degli anni '90 dopo la restituzione al precedente proprietario.

DESIGN

Premiata come "capitale del design", Berlino è il primo centro urbano tedesco inserito nella rete mondiale delle città più creative, la "Creative City Network", fondata dall'Unesco. Altre metropoli di questa illustre cerchia internazionale sono Buenos Aires, anch'essa "città del design", ed Edimburgo, "città della letteratura". Attualmente a Berlino vi sono nove istituti che formano i giovani designer, tra cui due accademie di belle arti e tre scuole di moda. Secondo l'amministrazione del Senato per l'Economia gli studenti sarebbero circa 5500 e 8000 i designer e gli artisti che lavorano nella cosiddetta "economia creativa" realizzando mobili, luci e oggetti d'arte figurativa. Le ditte producono un fatturato annuo di circa 800 milioni di euro, un mercato in espansione con ricadute a livello mondiale. La principale manifestazione del settore è il *DMY International Design Festival Berlin (www.dmy-berlin.com)*, che si svolge ogni anno con mostre e sperimentazioni.

DIALETTO

"Ognuno parla con il becco con cui è cresciuto": così potrebbe essere tradotta l'espressione che descrive la parlata dei

Il mercato turco di Kreuzberg con la sua atmosfera orientale

berlinesi, a tratti un po' brusca e ricca di humor. Nonostante il puro dialetto sia poco praticato, i termini gergali abbondano nei più svariati contesti. Lo si nota ad esempio nella tendenza a dare un soprannome a molti edifici pubblici della città: la Haus der Kulturen der Welt è meglio conosciuta come "l'ostrica incinta", mentre la fontana su Breitscheidplatz è la "polpetta in brodo". Bisogna inoltre ricordare che a Berlino il termine *Brötchen* (panino) è usato solo da chi viene da fuori: sulla Sprea si mangiano gli *Schrippen*. E i *Berliner* (bomboloni) sono comunemente conosciuti come *Pfannkuchen*.

MANIFESTAZIONI

In quanto sede del Governo, Berlino è anche naturalmente il centro delle contestazioni. Ogni giorno si tengono circa sette manifestazioni, benché non tutte di protesta. Molte sono ricorrenze, come ad esempio a gennaio la commemorazione di Rosa Luxemburg e Karl Liebknecht, o gli eventi legati alla festività del 1° maggio e il gay pride di giugno in Christopher Street.

Capita che il traffico si blocchi creando una gran confusione, come quando i contadini alla guida dei loro trattori protestano contro una politica agraria troppo severa, oppure quando gli studenti universitari si oppongono ai tagli dei fondi destinati alle università o invece le famiglie chiedono nuovi asili nido per i loro figli riunendosi nella piazza del municipio.

MODA

Le grandi firme della moda si recano regolarmente a Berlino per trarre ispirazione dal modo di vestire fantasioso e audace degli abitanti dei quartieri più trendy della città, ovvero Mitte, Prenzlauer Berg e Friedrichshain. L'abbigliamento è un settore importante anche grazie alle fiere di abiti firmati Bread and Butter e Premium. Molti stilisti berlinesi confezionano i loro modelli esclusivi direttamente nel retrobottega dei negozi in cui sono esposti gli articoli che vengono poi messi in vendita. Tuttavia il consumatore medio tedesco non è molto interessato all'alta moda e per la vita di tutti i giorni preferisce tagli comodi. Pensate che in alcuni quartieri è considerato particolarmente *in* indossare tute da ginnastica e ciabatte da spiaggia!

MULTICULTURALITÀ

A Berlino sono rappresentate circa 190 nazionalità: in alcune vie, soprattutto a Neukölln, Kreuzberg, Moabit e Wedding, vi sono molti arabi e turchi, ma anche russi (soprattutto a Charlottenburg e Marzahn), polacchi e vietnamiti, un tempo assunti come impiegati a contratto per la RDT, che oggi gestiscono supermercati, panetterie, caffè e ristoranti. Tra gli immigrati il tasso di disoccupazione è particolarmente alto: molti turchi che arrivarono in Germania 40 anni fa come lavoratori ospiti, hanno perso il posto dopo la caduta del muro, poiché numerose aziende e fabbriche sono state costrette a chiudere. Per chi non ha almeno un diploma di scuola superiore è difficile essere assunto e il 12% dei giovani stranieri non può accedere a una scuola di formazione poiché non ha terminato il percorso di studi in patria. Il governo sta cercando di risolvere il problema con nuove misure educative, come ad esempio l'obbligo di frequenza di un corso di lingua prima dell'iscrizione a scuola.

OSTALGIE

Il film *Good bye Lenin* di Wolfgang Beckers ha favorito la diffusione dell'*Ostalgie*, la nostalgia per tutto ciò che riguarda la ex RDT. Il design delle anti-

Sul Wannsee, "l'Adriatico" di Berlino

che VEB, *Volkseigene Betriebe* (imprese popolari) è oggi ben quotato e i negozi che vendono posate della Mitropa (compagnia centroeuropea di vagoni letto e ristorante), o mobili prodotti nella RDT sono sommersi di richieste. All'*Ostel*, inoltre, si può dormire in un letto prodotto nella RDT. Tuttavia non deve essere dimenticata l'altra faccia della medaglia: una visita al penitenziario della Stasi a Hohenschönhausen, ad esempio, ricorda i lati oscuri del regime della Germania dell'Est. Nella prigione lavorano oggi come guide alcuni ex carcerati che raccontano ai visitatori la loro detenzione in isolamento e gli interrogatori inumani a cui furono sottoposti.

SCIENZA

Berlino è una delle città più avanzate sotto il profilo scientifico. Dispone infatti di quattro università, oltre alla Charité-Universitätsmedizin, nonché di otto scuole universitarie professionali, tre accademie di belle arti, 18 istituti superiori privati e più di 60 strutture di ricerca. Qui insegnano e studiano circa 200.000 tra scienziati, dipendenti e studenti da tutto il mondo. Un'interessante visione d'insieme del lavoro degli istituti e delle strutture di ricerca è presentata ogni anno a giugno, in occasione della *Lange Nacht der Wissenschaften* (Lunga Notte delle Scienze). *www.langenachtderwissenschaften.de*

UNA GIORNATA IDEALE

Berlino in 24 ore

08:30 PRIMA COLAZIONE

Iniziate la vostra giornata sul roof garden del ristorante ***Käfer* → p66**, sul tetto del ***Reichstag* → p47** (è necessario prenotare). Di qui avrete un primo assaggio di Berlino grazie alle splendida vista panoramica sul centro storico. Non perdete l'occasione di salire sulla cupola di vetro.

09:30 STORIA E POLITICA

Raggiungete ***Potsdamer Platz* → p46** in segway e fate un giro nel cuore della città su questo divertente mezzo di trasporto. Il percorso ideale? Partite da Leipziger Platz, girate a sinistra in Wilhelmstraße, attraversate Unter den Linden e proseguite fino alla Sprea, dove svolterete nuovamente a sinistra. Dopo aver superato il Reichstag e il quartiere governativo potete concedervi una pausa. Andate in direzione della Hauptbahnhof fino al Gustav-Heinemann-Brücke. Qui una scala posta sulle rive del fiume vi conduce al Capital Beach (non dimenticate di legare il segway). Poi continuate verso la ***Porta di Brandeburgo* → p42** e dopo soli cinque minuti arriverete a Potsdamer Platz.

11:30 PAUSA AL CENTRO COMMERCIALE

L'autobus 200 supera il quartiere delle ambasciate e raggiunge Breitscheidplatz con la ***Gedächtniskirche* → p54** e i negozi di Tauentzienstraße. Qui si trova anche il ***KaDeWe* → p81** (in foto). Concedetevi una piacevole pausa pranzo prima di fare un giro per acquistare un bel vestito o qualche specialità gastronomica.

13:30 ARTE O QUARTIERE

Che ne dite di un giro a Kreuzberg? Allora salite sull'autobus M 29. Scendete alla Görlitzer Bahnhof ed esplorate questa zona ricca di bar, boutique e kebab che si estende tra Oranienplatz e Wiener Straße (foto a destra). Da "Görli" passeggiate lungo Oranienstraße, tra panetterie turche e negozi di abbigliamento di stilisti berlinesi. A questo punto potete fare un giro in bicicletta a Prenzlauer Berg, quartiere noto per i suoi caffè, i negozi alla moda e i cinema, le discoteche, i teatri e le sale della ***Kulturbrauerei* → p49**. Per noleggiare una bicicletta rivolgetevi a *Berlin on bike (Knaackstr. 97 | tel 030 43 73 99 99 | www.berlinonbike.de)*, nella Kulturbrauerei stessa.

Per vivere la città in tutte le sue sfaccettature: dal mattino alla sera, con il massimo divertimento

15:30 SULLA TORRE DELLA TELEVISIONE

Potete raggiungere ***Alexanderplatz* → p34** con la U2 (fermata Eberswalder Straße) da Prenzlauer Berg e con la U8 da Kreuzberg. Una volta giunti ad Alexanderplatz salite sulla ***torre della televisione* → p34** e godetevi la vista che si apre dalla piattaforma panoramica, a 203 m di altezza. L'ascensore impiega solo 40 secondi per raggiungere la cima del "teleasparago", appellativo dato dai berlinesi alla ***Fernsehturm***. Oppure optate per una soluzione più economica, ma meno suggestiva, salendo sulla terrazza al quarantesimo piano del ***Park Inn Hotel* → p101**.

16:30 L'ISOLA DELLA CULTURA

Di qui ci vogliono solo pochi minuti a piedi per raggiungere Schlossplatz con la nuova *Humboldtbox* e l'***Isola dei Musei* → p38** (in foto). Le enormi opere architettoniche custodite negli edifici, i reperti archeologici e gli oggetti artistici esposti sono semplicemente straordinari. Soprattutto il ***Neues Museum* → p39**, riaperto dal 2009, merita un'attenzione particolare e la sola Nefertiti vale la visita. Conviene acquistare il biglietto in anticipo, preferibilmente online, per evitare i tempi di attesa all'ingresso. Di fronte al ***Bodemuseum* → p38**, noto per le splendide sculture in legno di Tilman Riemenschneider, potete accomodarvi su una sedia a sdraio dello ***Strandbar Mitte* → p89**, direttamente sulla Sprea, mentre in caso di pioggia potete entrare nel grazioso caffè al primo piano del Bodemuseum.

19:00 A TAVOLA DA ERICH

Per chiudere in bellezza potete cenare al ristorante della RDT ***Domklause* → p72**, sulla Sprea, e approfittare delle specialità dolciarie proposte dal locale. Per un drink potete invece recarvi al bar ***Riva* → p88**, sotto gli archi della S-Bahn: il bancone ha la forma di uno dei più noti transatlantici della storia, il Titanic, e le bevande proposte sono una vera prelibatezza.

Punto di partenza: Reichstag/Unter den Linden. Mezzi di trasporto: segway, autobus 200, M 29, bicicletta, metro 2 o 8

DA VEDERE

CITY INIZIAMO DA...
Alexanderplatz (133 F2-3) ***(L3-4)***: "Alex" e la torre della televisione sono il punto di partenza ideale per una prima visita nella capitale tedesca poiché sono facilmente raggiungibili sia con la metro (2, 5, 8) che con la S-Bahn (3, 5, 7, 75). Volendo potete arrivarci anche in auto: l'ingresso al garage sotterraneo (600 posti) si trova presso lo spartitraffico di Alexanderplatz 6. L'edificio rosso che si affaccia sulla piazza è il municipio. Anche l'Isola dei Musei con il Duomo, il Pergamon- e il Bodemuseum sono a poca distanza.

Perfino i berlinesi non sempre riconoscono il luogo in cui abitano. In centro succede spesso di imbattersi in palazzi sorti improvvisamente su campi prima incolti, di attraversare ponti che non esistevano e di entrare in musei aperti da poco. Nessun'altra città europea cambia così in fretta.

Il boom edilizio si è esteso ormai da tempo anche alla zona occidentale della capitale tedesca. Ovunque sorgono alberghi e gli stabili fatiscenti sul Kurfürstendamm, come il famoso Kranzler-Eck, sono stati rapidamente demoliti per essere sostituiti da strutture moderne. Il quartiere governativo affascina con i suoi edifici ariosi e i turisti fanno la fila per salire sulla cupola di vetro del palazzo del Reichstag.

In foto: i grattacieli di Potsdamer Platz

La capitale si trasforma velocemente con nuovi musei, strade e costruzioni che sorprendono abitanti e visitatori

E c'è ancora molto spazio per nuove idee e progetti. Così presso l'Ostbahnhof è sorta un'arena enorme. Il Castello sarà ricostruito e il Palazzo della Repubblica che si trovava sulla stessa piazza è stato demolito. Accanto alla Hauptbahnhof, la stazione ferroviaria più grande d'Europa riaperta nel 2006, è sorto un nuovo quartiere di uffici e alloggi capace di ospitare migliaia di persone.
Il centro cittadino ha imparato a presentare il suo lato migliore. Chi oggi attraversa la Porta di Brandeburgo, recentemente restaurata, fatica a immaginare che la Pariser Platz che le si apre davanti sia stata a lungo una zona desolata. I visitatori, infatti, si trovano di fronte una città che una ventina di anni orsono non esisteva e difficilmente ne sono consapevoli. Gli architetti sono davvero riusciti nel loro intento: da Potsdamer Platz a Friedrichstraße, l'urbanistica postmoderna ha assimilato i tratti salienti della capitale, integrandosi perfettamente con il nuovo volto di Berlino. E non importa che ancora non ci siano grattacieli. Agli abitanti la città piace così,

Questa è la localizzazione dei quartieri più interessanti di Berlino. Per ognuno di essi trovate una cartina dettagliata in cui sono riportati con un numero tutti i luoghi di interesse descritti

a misura d'uomo. Una delle poche cose che ancora le mancano è un consolidato ruolo economico, per raggiungere il livello di grandi centri a vocazione commerciale come Francoforte.

La vita culturale, viceversa, è indubbiamente un punto di forza. Più di 200 musei, collezioni e archivi garantiscono un panorama superlativo. Pittura, cultura quotidiana, storia della tecnica e del territorio: ci vorrebbero mesi solo per farsi un'idea approssimativa di un'offerta così ampia. E come se non bastasse continuano a emergere nuove proposte.

Il coraggio di trasformarsi qui non è mai mancato. Dov'è possibile trovare un museo costruito esclusivamente per ospitare i resti dissotterrati di un altare? Inaugurato nel 1930, il *Pergamonmuseum* (Museo di Pergamo) è uno dei preferiti e attira ogni anno circa un milione di visitatori. La sua fama si estende a tutta l'*Isola dei Musei*. Il complesso, composto da cinque edifici, contiene tesori che hanno eguali solo al Louvre di Parigi o all'Hermitage di San Pietroburgo. L'idea di creare un centro per l'arte fu del principe ereditario Federico Guglielmo. Tra il 1825 e il 1930 sorsero l'*Altes Museum* (calcografia), il *Neues Museum*, il *Bodemuseum*, la *Nationalgalerie* (pittori europei e tedeschi del XIX secolo) e il *Pergamonmuseum* (collezione di reperti antichi, museo del Medio Oriente, di arte islamica, biblioteca e archivio centrale). Il *Neues Museum* è stato ricostruito su progetto dell'architetto britannico David Chipperfield e dall'autunno del 2009 ospita anche la collezione del museo egizio, prima esposta presso l'Altes Museum. Il *Bodemuseum*, con la sua bella cupola, presenta oggetti del Museo di Arte Bizantina e una collezione di sculture. Dall'originario *Königliches Museum* (Museo Reale) di Federico Guglielmo III è stata creata la Fondazione del Patrimonio Culturale Prussiano di cui fanno parte i Musei Statali, la Biblioteca Nazionale, l'Archivio Segreto di Stato, l'Istituto Ibero-americano, nonché l'Istituto Statale di Ricerca Musicale con il Museo degli Strumenti Musicali, situato presso il Kulturforum nel quartiere di Tiergarten, il centro culturale che faceva da contraltare all'Isola dei Musei di Berlino Est. L'ingresso ai Musei Statali costa dai €4 ai €12. Tuttavia, in caso di mostre temporanee particolari, ad esempio presso la Neue Nationalgalerie, il prezzo del biglietto può essere decisamente più alto. È possibile avere notizie sui musei, le visite guidate e le mostre temporanee contattando il *Museumsinformation Berlin (tel 030 24 74 98 88)* o in internet *www.museumsportal-berlin.de*

MITTE

I tesori custoditi nell'Isola dei Musei sono tra i più importanti reperti storici e artistici del mondo; la Fernsehturm, con la sua piattaforma panoramica a 203 m di altezza, attira moltissimi turisti nelle belle giornate di sole e una foto davanti alla Porta di Brandeburgo, il simbolo della città, è praticamente obbligatoria per tutti coloro che visitano la capitale.

Mitte è in assoluto il quartiere con il numero più alto di monumenti. Percorrendo il viale alberato Unter den Linden, si scopre il centro storico. Ci sono la Humboldt Universität, dove hanno insegnato grandi scienziati come Albert Einstein e

LE SCELTE MARCO POLO

★ **Fernsehturm e Alexanderplatz**
Grande panorama sulla città nel vecchio centro cittadino → p34

★ **Gendarmenmarkt**
La più bella piazza della capitale con mura storiche → p37

★ **Pergamonmuseum**
L'altare di Pergamo fa concorrenza alla maestosa Porta di Ishtar → p39

★ **Unter den Linden**
Il viale alberato su cui si affacciano eleganti edifici storici → p41

★ **Porta di Brandeburgo**
La ristrutturazione ha restituito al simbolo di Berlino il suo antico splendore → p42

★ **Sony-Center**
Un complesso spettacolare dal punto di vista architettonico: il centro moderno su Potsdamer Platz è davvero impressionante → p46

★ **Reichstag**
Un mix riuscito di vecchio e nuovo con una vista favolosa dal punto più alto della cupola di vetro → p47

★ **Jüdisches Museum Berlin**
Un'interessante esposizione sulla cultura ebraica nel moderno complesso del celebre architetto Daniel Libeskind → p53

★ **Schloss Charlottenburg**
Architettura barocca del XVIII secolo con uno straordinario giardino → p56

★ **Schloss Sanssouci**
Il gioiello prussiano di Potsdam: palazzi, padiglioni e un grande parco → p62

Il cuore culturale di Mitte è il Duomo di Berlino sull'Isola dei Musei

Rudolf Virchow, o l'antico arsenale con il Deutsches Historisches Museum. Tra il Gendarmenmarkt, il Nikolaiviertel e la Nuova Sinagoga c'è molto movimento anche di sera: gli innumerevoli ristoranti, bar e club permettono di divertirsi fino a tarda notte. Per fare shopping si può invece andare all'*Hackeschen Markt*, ricco di atelier e negozi di designer berlinesi. L'arte moderna si trova perlopiù a nord della Nuova Sinagoga ed è impressionante la quantità di gallerie internazionali presenti in zona.

1 BERLINER DOM (133 E3) (*K-L4*)

Eretto tra il 1894 e il 1905 sotto la direzione dell'architetto Julius Carl Raschdorf, il Duomo fu gravemente danneggiato durante la Seconda guerra mondiale. La navata principale fu ristrutturata solo intorno alla metà degli anni '90 per potervi celebrare le messe. Dell'antico edificio si erano salvati solo il fonte battesimale, l'altare con le statue degli apostoli e due candelabri. Nella Hohenzollerngruft (Cripta degli Hohenzoller) vi sono circa 90 sarcofaghi tra cui quelli di alcuni monarchi e nobili prussiani. Dalla cupola si gode di una ! vista spettacolare sull'Isola dei Musei e sull'area dove verrà ricostruito il Castello di Berlino. *Apr-set lun-sab 9-20, dom 12-20, ott-marzo lun-sab 9-19, dom 12-19 | ingresso €7 | orazioni lun-sab 12-12.30, lun-ven 18-18.30, messe dom 10, 18 | visite guidate più volte al giorno | Am Lustgarten | www.berliner-dom.de | S 3, 5, 7 Hackescher Markt, autobus 100 Schlossplatz*

2 ! COMPUTERSPIELEMUSEUM (146 A2) (*N4*)

Un joystick sovradimensionato, i primi occhiali 3D e ogni tipo di console per videogiochi, tutte da provare. 300 pezzi esposti su una superficie di 600 m² documentano i 40 anni di storia dell'era digitale. *Mer-lun 10-20 | ingresso €8 | Karl-Marx-Allee 93a | www.computerspielemuseum.de | U 5 Weberwiese*

3 DDR-MUSEUM (133 E3) *(L4)*

Questa retrospettiva sulla vita quotidiana nella RDT può suscitare sentimenti contrastanti soprattutto per chi ne è stato testimone. Il razionamento dei generi alimentari, i jeans dal taglio improbabile, le vacanze naturiste, la macchina da scrivere modello "Erika" e la musica dei Karat e dei City riascoltabile in cuffia: la storia e la cultura della RDT è riassunta in più di 800 m². *Ogni giorno 10-20, sab fino alle 22 | ingresso €6 | Karl-Liebknecht-Str. 1 | Spreepromenade | www.ddr-museum.de | S 3, 5, 7 Hackescher Markt*

4 ! DENKMAL DER BÜCHERVERBRENNUNG (133 D4) *(K4)*

Su Bebelplatz, presso il Teatro dell'Opera di Stato, il monumento dell'artista israeliano Micha Ullman ricorda il rogo dei libri del 10 maggio 1933. Quel giorno vennero date alle fiamme opere di Erich Kästner, Bertolt Brecht, Kurt Tucholsky e di altri autori censurati dai nazisti. L'opera, collocata in un ex tunnel della metropolitana, rappresenta una biblioteca che potrebbe potenzialmente contenere 20.000 libri. Attraverso una lastra di vetro posta sul piano stradale si vedono le mensole desolatamente vuote. *Unter den Linden | autobus 100 Staatsoper*

5 DEUTSCHES HISTORISCHES MUSEUM (133 D3) *(K4)*

Il cuore della mostra permanente del Museo Storico di Berlino, riaperta nel 2006 presso l'antico arsenale, è costituito da ambienti d'epoca dove i visitatori possono letteralmente attraversare la storia della Germania dalle origini ai giorni nostri. Nel nuovo edificio progettato da Ieoh Ming Pei sono presentate mostre temporanee. *Ogni giorno 10-18 | ingresso €6 | Zeughaus (Altbau) | Unter den Linden 2 | www.dhm.de | S 3, 5, 7 Hackescher Markt*

6 DOROTHEENSTÄDTISCHER FRIEDHOF (138 A6) *(J-K3)*

Molti illustri personaggi dell'arte e della cultura riposano in questo cimitero. Recentemente vi è stato sepolto l'ex presidente della Repubblica Federale Tedesca Johannes Rau, accanto a Heinrich Mann, Bertolt Brecht, Helene Weigel, Anna Seghers, Karl Friedrich Schinkel, Johann Gottlieb Fichte e Georg Wilhelm Friedrich Hegel. All'interno

LOW BUDG€T

▶ Mostre gratuite di celebri pittori e fotografi pluripremiati nel seminterrato dello VW-Showroom dell'Automobil-Forum **(132 C4)** ***(K4)***. *Ogni giorno 10-20 | Unter den Linden 21 | Mitte | U-/S-Bahn Friedrichstraße*

▶ La *linea 100* passa davanti a molti dei monumenti principali e consente di fare un giro turistico al prezzo di un semplice biglietto dell'autobus. Fermate: Colonna della Vittoria, Schloss Bellevue, Reichstag e Porta di Brandeburgo.

▶ Si può godere di una fantastica vista sulla città dal tetto dell'hotel *Park Inn* **(133 F2)** ***(L3)*** *(ogni giorno 12-22, inverno a partire dalle 15 | Alexanderplatz 7 | Mitte)* su Alexanderplatz. L'accesso alla terrazza panoramica al trentanovesimo piano ha un costo di soli €3.

DA VEDERE A MITTE

- **1** Berliner Dom
- **2** Computerspielemuseum
- **3** DDR-Museum
- **4** Denkmal der Bücherverbrennung
- **5** Deutsches Historisches Museum
- **6** Dorotheenstädtischer Friedhof
- **7** Fernsehturm e Alexanderplatz
- **8** Friedrichstraße
- **9** Friedrichswerdersche Kirche
- **10** Gedenkstätte Berliner Mauer
- **11** Gedenkstätte Stille Helden
- **12** Gendarmenmarkt
- **13** Hackesche Höfe
- **14** Hamburger Bahnhof
- **15** Karl-Marx-Allee
- **16** Madame Tussauds Berlin
- **17** Museum für Kommunikation

Zona pedonale

18 Museum für Naturkunde
19 Museumsinsel
20 Neue Synagoge
21 Nikolaiviertel
22 Rotes Rathaus
23 St.-Hedwigs-Kathedrale
24 Unter den Linden

L'Orologio del Mondo

si trovano inoltre i resti del Französischer Friedhof, il cimitero costruito per gli ugonotti nel 1780. Un luogo intimo con alberi secolari, dove allontanarsi momentaneamente dal ritmo frenetico della grande città. *Chausseestr. 126 | U 6 Naturkundemuseum*

7 FERNSEHTURM E ALEXANDERPLATZ ★ (133 F2-3) (*L3-4*)

Il ● "Telespargel" ("teleasparago"), la seconda torre della televisione più alta d'Europa, è considerato uno dei simboli della città. Alta 365 m, la sfera in vetro posta sulla cima è stata costruita nel 1966-69 ed è visibile da quasi tutte le zone del centro cittadino. Quando non è nuvoloso, ci sono molti gruppi di visitatori sulla piattaforma a 203 m di altezza. Grazie a un efficiente servizio di sms non è necessario fare la fila per accedervi: i turisti ricevono un messaggio sul telefonino quando è il loro turno, salgono su un ascensore e in soli 40 secondi arrivano in cima. Il ristorante *Sphere (tel 030 24 75 75 37 | €€)* ruota sul proprio asse e compie un giro completo ogni mezz'ora. Se la visibilità è buona si riesce a vedere fino a 40 km di distanza. *Nov-feb ogni giorno 10-24, marzo-ott 9-24 | ingresso €12, VIP-Ticket €19,50 (senza tempi di attesa) | Panoramastr. 1a | www.tv-turm.de*

L'*Alexanderplatz* si trova ai piedi della Fernsehturm; fu dedicata nel 1805 allo zar Alessandro I ed era un tempo utilizzata come mercato e piazza d'armi. Oggi, sull'ampia area, molte persone

fanno shopping o attendono di visitare la Fernsehturm. Dopo la ristrutturazione della piazza, la riorganizzazione del grande magazzino Kaufhof e l'apertura di una filiale di C&A nella *Berolinahaus* (1929), un edificio tutelato dalle Belle Arti, il luogo ha assunto un volto completamente diverso. Solo lo *Weltzeituhr* (Orologio del Mondo) e la *Brunnen der Völkerfreundschaft* (Fontana dell'Amicizia tra i Popoli) testimoniano i tempi passati della Repubblica Democratica. Nei pressi del Rotes Rathaus c'è la *Neptunbrunnen* (Fontana di Nettuno): il dio dei mari si erge su una grande conchiglia con un tridente in spalla come se scrutasse l'orizzonte; da qui deriva il soprannome "Forkenbecken" ("Vasca del Forcone"). Sotto la divinità, quattro donne simboleggiano i fiumi Odra, Vistola, Reno ed Elba. Quando Reinhold Begas consegnò il progetto all'imperatore Guglielmo II, questi fece erigere il monumento davanti al Castello. Solo dopo il restauro del 1969 fu spostata nell'attuale sede vicino al Rotes Rathaus. *Alexanderplatz | U-/S-Bahn Alexanderplatz | autobus 100 Spandauer Straße*

8 FRIEDRICHSTRAßE

(132 C1-6) (*🕮 K4-5*)

Già negli anni '20 la Friedrichstraße era votata al divertimento. Teatri, varietà e bar costeggiano la strada da nord a

BERLINO DALL'ACQUA

Il modo più comodo per attraversare il quartiere storico di Mitte o il quartiere governativo è servirsi di un traghetto. Numerose imbarcazioni percorrono la Sprea in tutte le stagioni. Le fermate principali sono l'Isola dei Musei, Friedrichstraße e la Haus der Kulturen der Welt. Molto interessante è anche il percorso da Mitte a Charlottenburg passando per Kreuzberg, per ritornare a Mitte percorrendo la Sprea e il Landwehrkanal. Il tour di tre ore permette di vedere quasi tutti i monumenti della città e di scoprire curiosi dettagli sulla quotidianità e sul modo di vivere dei berlinesi grazie all'ottima guida di bordo. *Informazioni su orari e prezzi: tel 030 536 36 00 | www.sternundkreis.de*

I bar e i caffè degli Hackesche Höfe sono sempre molto frequentati

sud per 3,5 km, attraversando il quartiere di Mitte. Prima della sua caduta, il muro tagliava in due la via e il famoso Checkpoint Charlie costituiva il passaggio di confine. Oggi lo ricordano un mucchio di sacchi di sabbia e la piccola casupola per il disbrigo delle pratiche. Eleganti centri commerciali si estendono in altezza, come il *Quartier 206* con alcune boutique esclusive. Anche le *Galeries Lafayette* con un grande atrio in vetro sono architettonicamente degne di nota. Il *Friedrichstadtpalast*, invece, era famoso già ai tempi della RDT per il teatro di rivista. *U-/S-Bahn Friedrichstraße*

9 FRIEDRICHSWERDERSCHE KIRCHE

(133 D4) (*K4*)

Con questa chiesa costruita nel 1824-30, Schinkel realizzò uno dei capolavori del neogotico tedesco. All'interno sono esposte statue dei primi anni del XIX secolo. Tema cardine è la scultura classicista, con opere di Johann Gottfried Schadow, Christian Daniel Rauch e altri. *Ogni giorno 10-18 | ingresso libero | Werderscher Markt | U 2 Hausvogteiplatz*

10 GEDENKSTÄTTE BERLINER MAUER

(132 A4-5) (*K2*)

Un tratto di muro rimasto ancora in piedi, con fessure attraverso cui guardare "dall'altra parte" e rivivere la sensazione di una città divisa. Nel centro di documentazione, una mostra rappresenta com'era la vita quotidiana su Bernauer Straße, al tempo parte del distretto di Wedding. Con interessanti fotografie, mappe e oggetti storici. *Mar-dom apr-ott 9.30-19, nov-marzo 9.30-18 | ingresso libero | Bernauer Str. 111 | www.berliner-mauer-dokumentationszentrum.de | S 1, 2 Nordbahnhof*

11 GEDENKSTÄTTE STILLE HELDEN

(133 E2) (*L3*)

Il museo in memoria degli "eroi silenziosi" è un impressionante archivio che riporta le biografie degli ebrei sopravvissuti al Terzo Reich e dei loro salvatori attraverso utili supporti multimediali. *Ogni giorno 10-20 | ingresso libero | Rosenthaler Str. 39 | www.gedenkstaette-stille-helden.de | S 3, 5, 7, 75 Hackescher Markt*

12 GENDARMENMARKT ★

(133 D4-5) (*🕮 K4*)

Con i suoi edifici del XVIII-XIX secolo è considerata la più bella piazza della città. Qui si erge la *Schauspielhaus* con la statua di Schiller, incorniciata dal Französischer Dom e dal Deutscher Dom. Costruita nel 1818-21 da Karl Friedrich Schinkel, è oggi usata come sala da concerto. Il *Französischer Dom (mar-sab 12-17, dom 11-17 | ingresso: campanile €2,50, Museo degli ugonotti €2 | Gendarmenmarkt 5)*, gravemente danneggiato durante la guerra, è stato ricostruito nel 1983. Fu eretto nel 1701-05 per gli 8000 ugonotti che si erano trasferiti a Berlino e una mostra al suo interno illustra la vita di questi primi immigrati.

La torre alta 70 m fu aggiunta solo nel 1780-85. Da qui si gode di un bel panorama sul centro storico di Berlino. Il *Deutscher Dom*, sull'altro lato della piazza, non è più utilizzato come luogo di culto e ospita una mostra sulla storia della Germania. *U 6 Stadtmitte*

13 HACKESCHE HÖFE (133 E2) (*🕮 L3*)

Famosi per la complessa architettura su cortili interni, gli Hackesche Höfe furono costruiti nel 1905-07. Oggi vi si trovano diversi ristoranti, cinema, gallerie, boutique e un teatro di varietà. Intorno a Sophienstraße, con la sua tradizione di artigianato e commercio al minuto, prima della guerra vivevano molti ebrei. Ne è una testimonianza la *Nuova Sinagoga* (*→ p39*) su Oranienburger Straße, oggi parzialmente ricostruita. *S 3, 5, 7, 75 Hackescher Markt*

14 HAMBURGER BAHNHOF

(143 E1) (*🕮 J3*)

La stazione attualmente trasformata in museo presenta uno spazio espositivo di 13.000 m^2. Vi sono opere d'arte degli ultimi sessant'anni, in gran parte messe a disposizione dal collezionista Erich Marx. Il cuore è costituito dai lavori di Warhol, Twombly, Rauschenberg, Lichtenstein, Anselm Kiefer e Joseph Beuys. Nelle mostre temporanee ci sono inoltre opere della Friedrich Christian Flick Collection. *Mar-ven 10-18, sab 11-20, dom 11-18 | ingresso €8, mostre temporanee €12 | Invalidenstr. 50 | www.hamburgerbahnhof.de | S 5, 9, 75 Hauptbahnhof*

15 ! KARL-MARX-ALLEE

(145 D-F 2-3) (*🕮 M-O 3-4*)

Il viale monumentale più lungo della Germania dal punto di vista architettonico ricorda Mosca. Il realismo socialista, conosciuto anche come "stile del pasticcere stalinista", incornicia il pomposo corso, ampio ben 90 m. Fu costruito nel 1952-60 al posto dell'antica Frankfurter Straße, di cui era rimasto solo qualche resto dopo la guerra. Simbolo dell'impressionante strada, su cui si affacciano palazzi residenziali lunghi anche 300 m e alti fino a nove piani, sono le due torri presso la Frankfurter Tor, costruite su modello di quelle dei duomi sul Gendarmenmarkt. Gli edifici furono eretti perlopiù utilizzando i resti delle case bombardate durante la guerra. Il 17 giugno 1953, su quello che fino al 1961 si sarebbe ancora chiamato "Stalinallee", ebbero luogo le rivolte operaie soffocate nel sangue dalle truppe sovietiche. *U 5 Frankfurter Tor*

16 MADAME TUSSAUDS BERLIN

(132 B4) (*🕮 J4*)

Il famoso Museo delle Cere nei pressi della Porta di Brandeburgo espone circa

80 statue a grandezza naturale, tra cui quelle del sindaco in carica Klaus Wowereit, Johnny Depp, Madonna, i Beatles, Oliver Kahn e Angela Merkel. *Ogni giorno 10-19 | ingresso €20,95, online €19 (consiglio: presso le biglietterie automatiche della BVG i biglietti costano fino a €5 in meno) | Unter den Linden 74 | www.madametussauds.com | U-/S- Bahn Brandenburger Tor*

17 ! MUSEUM FÜR KOMMUNIKATION (132 C6) (*K5*)

È considerato il più antico museo delle comunicazioni del mondo. Dopo il restauro (1996-2000), i visitatori possono ammirare un'affascinante mostra con una galleria dedicata ai computer, strumenti interattivi, robot, nonché al primo apparecchio telefonico di Philip Reis e ai Mauritius rosso e blu, i francobolli più famosi del mondo. *Mar 9-20, mer-ven 9-17, sab-dom 10-18 | ingresso €3 | Leipziger Str. 16 | www.mfk-berlin.de | U 2, 6 Stadtmitte*

18 MUSEUM FÜR NATURKUNDE (143 F1) (*J3*)

La collezione del Museo di Scienze Naturali, con più di 25 milioni di reperti zoologici, paleontologici, mineralogici e geologici, è conosciuta a livello mondiale. Dopo il restauro, è possibile visitare il famoso ! scheletro originale di Brachiosaurus brancai, con i suoi 23 m di lunghezza e 13 m di altezza. Centinaia di preparati anatomici di animali permettono di scoprire la grande varietà faunistica locale. *Mar-ven 9.30-18 | ingresso €6 | Invalidenstr. 43 | www.naturkundemuseum-berlin.de | U 6 Naturkundemuseum*

19 MUSEUMSINSEL ● (133 D-E 2-3) (*K-L 3-4*)

Tutti i musei: *ogni giorno 10-18, gio fino alle 22*, Alte Nationalgalerie: *chiuso lun*, Neues Museum: *dom-mer 10-18, gio-sab 10-20 | www.smb.museum | S 3, 5, 7, 75 Hackescher Markt*

Nell'*Altes Museum* sono esposte sculture e opere d'arte degli antichi Greci e Romani. L'arte degli Etruschi, il cuore della collezione, sarà nuovamente visibile una volta ultimati i lavori di ristrutturazione dell'edificio. Fino ad allora, al piano nobile sono esposte opere d'arte greche. Sculture in pietra, figure di terracotta e bronzo, fregi, vasi, gioielli in oro e tesori in argento testimoniano la grande cultura del passato.

Orgoglio dei berlinesi è il *Bodemuseum*, che ha riaperto nel 2006 dopo un lungo restauro. Meritano assolutamente di essere ammirate le collezioni di sculture e di arte bizantina, con quadri che vanno dal primo Medioevo alla fine del XVIII secolo, nonché il gabinetto numismatico con 500.000 pezzi rari.

La *Nationalgalerie*, dopo un radicale lavoro di rimodernamento, è oggi uno degli edifici museali più belli di Berlino con

preziosi dipinti e sculture del XIX secolo. Grazie alle opere di Menzel, Schadow, Blechen e altri si ottengono molte informazioni sull'antica struttura della città, sulla moda e sullo Zeitgeist dell'Impero Tedesco.

Il ★ *Pergamonmuseum* fu eretto appositamente per ospitare l'altare di Pergamo, rinvenuto in Turchia nel XIX secolo dall'ingegnere Carl Humann e da questi fatto ricostruire con un lavoro durato vent'anni, dal 1910 al 1930. Il fregio lungo 113 m è considerato uno dei capolavori dell'arte ellenica e le sculture che lo ornano raffigurano la lotta degli dèi contro i giganti. Nella sala attigua si trova la porta del mercato di Mileto (130 d.C.), un fulgido esempio di architettura romana. Anche le collezioni di arte islamica e dell'Asia anteriore sono uniche al mondo. Fiore all'occhiello: i 30 m della strada processionale che portava a Babilonia, decorata con piastrelle artistiche e immagini di leoni.

Dall'autunno del 2009 è visibile presso il *Neues Museum* il famosissimo busto della regina egizia Nefertiti antico di 3000 anni, nonché la collezione di reperti egizi della Fondazione del Patrimonio Culturale Prussiano. Il museo, uno tra i più belli della città, è stato ricostruito con l'aggiunta di alcuni elementi moderni su progetto di David Chipperfield. Eretto nel 1843-55 sotto la direzione dell'architetto Friedrich August Stüler, l'edificio era rimasto chiuso per sessant'anni a causa dei gravi danni subiti durante la Seconda guerra mondiale. Sono degne di nota anche le decorazioni murarie parzialmente ricostruite.

20 NEUE SYNAGOGE (133 D2) (*Ⓜ K3*)

Quando fu inaugurata nel 1866 era, con i suoi 3200 posti a sedere, la più grande sinagoga del mondo. Oggi è usata solo per esposizioni e come luogo commemorativo. Una volta superati i severi controlli di sicurezza, da una parete di vetro è possibile vedere quella che un

La gradinata dell'altare di Pergamo all'interno del museo

tempo era la sala principale e che oggi è un'area aperta ricoperta di ghiaia. Nella "notte dei cristalli", il 9 novembre 1938, la sinagoga non venne bruciata grazie all'intervento di un coraggioso poliziotto, ma nel 1943 un attentato dinamitardo la danneggiò gravemente. I lavori di ristrutturazione della facciata e dell'imponente cupola dorata, a cui si accede grazie a una scala, sono stati ultimati nel 1988. *Marzo-ott dom-lun 10-20, mar-gio 10-18, ven 10-17 (marzo e ott ven fino alle 14), nov-feb dom-gio 10-18, ven 10-14 | ingresso €3,50, cupola €1,50 | Oranienburger Str. 30 | www.cjudaicum.de | S 1, 2, 25 Oranienburger Straße*

21 NIKOLAIVIERTEL (133 E-F 3-4) (*L4*)

Il Quartiere di San Nicola, con la Nikolaikirche a sud est di Alexanderplatz, è considerato la culla della città, perché nel XIII secolo vi sorsero le prime case di Berlino. Gli attuali edifici, che a prima vista sembrano risalire al XVIII-XIX secolo, in realtà sono stati costruiti per la maggior parte negli anni '80. *U 2 Klosterstraße*

A piedi e in bicicletta sull'Unter den Linden

22 ROTES RATHAUS (133 F3) (*L4*)

Già da lontano si scorge il rosso brillante dei mattoni del municipio costruito nel 1861-70 su Alexanderplatz. Mentre la parte centrale dell'edificio presenta le caratteristiche dello stile tardo rinascimentale italiano, la torre campanaria ricorda quella della Cattedrale di Laon in Francia. All'altezza del primo piano, un fregio composto da 36 tavole narra la storia di Berlino. Gravemente danneggiato durante la guerra, il complesso divenne nel 1958 sede del Magistrat, ossia dell'organo esecutivo e amministrativo di Berlino Est, mentre il Senat di Berlino Ovest aveva gli uffici nel Schöneberger Rathaus Platz. Dalla riunificazione, il Rotes Rathaus è tornato a essere il municipio dell'intera città. *Rathausstr. 15 | tel 030 902 60 | www.berlin.de | U-/S-Bahn Alexanderplatz*

23 ST.-HEDWIGS-KATHEDRALE (133 D4) (*K4*)

Agli inizi del XVIII secolo a Berlino vivevano circa 700 cattolici. Trent'anni più tardi però erano già 10.000. Durante le guerre di Slesia, infatti, molti vi avevano cercato rifugio per via della liberalità dei regnanti e nel 1747 iniziò la costruzione di una nuova chiesa, progettata dall'architetto Jean Legeay insieme con il direttore dei lavori edili del re Johann Boumann il Vecchio. Tuttavia la chiesa barocca, le cui forme ricordano il Pantheon di Roma, fu pronta solo nel 1773, circa trent'anni dopo l'inizio dei lavori. Gravemente danneggiata da un attentato dinamitardo durante la Seconda guerra mondiale, la cattedrale fu ricostruita abbastanza velocemente (1952-63). *Lun-sab 10-17, dom 13-17 | Bebelplatz | U 2 Hausvogteiplatz | autobus 100 Staatsoper*

24 UNTER DEN LINDEN ★
(132-133 B-D 3-4) *(J-K4)*

Ancora oggi il viale che ha inizio presso la *Porta di Brandeburgo* e termina davanti al *Berliner Dom* ha una grande importanza come simbolo e centro artistico, soprattutto grazie all'Isola dei Musei. Dal XVIII secolo sono sorti qui, tra gli altri, il *Kronprinzenpalais* (Palazzo del Principe Ereditario), il *Zeughaus* (Antico Arsenale), nonché la *Staatsoper* e l'attuale *Humboldt Universität*. Alla fine del XIX secolo fu eretto il *Berliner Dom* in stile neobarocco. Dopo la Seconda guerra mondiale, il viale era ridotto a un cumulo di macerie. Gli edifici rimasti furono ristrutturati, a eccezione del Castello, i cui resti furono demoliti su ordine dell'amministrazione comunale di Berlino Est. Al suo posto fu costruito sulle sponde della Sprea il *Palast der Republik*, un centro culturale di grande importanza ai tempi della RDT. Dopo la sua demolizione verrà riedificato in quest'area il Castello di Berlino. All'*Humboldtbox* potete chiedere informazioni sullo stadio di avanzamento dei lavori e ammirare un ! plastico del centro storico. *U-/S-Bahn Brandenburger Tor*

TIERGARTEN

Il parco preferito da chi fa jogging, il quartiere governativo e il centro dei grandi acquisti: Tiergarten è più vario di qualsiasi altro luogo della città.

Il panorama migliore si gode dalla cupola del Reichstag, da cui si ammira il curioso tetto a forma di ombrello del Sony-Center su Potsdamer Platz e la celebre quadriga sulla sommità della Porta di Brandeburgo. A ovest, oltre agli alberi, si intravede la statua dorata della dea sulla Siegessäule (Colonna della Vittoria). Il polmone verde che dà il nome al distretto offre piacevoli momenti di relax, efficaci per contrastare lo stress della grande metropoli, oltre a diversi eventi culturali come gli spettacoli della Philharmonie, i ● ! concerti all'aperto nell'Englischen Garten o ancora le band di pop indiano nell'Haus der Kulturen der Welt.

1 BAUHAUS-ARCHIV (143 D5) *(H5)*

Eccezionale collezione di storia del Bauhaus: mobili, dipinti, design di Ludwig Mies van der Rohe, Walter Gropius e altri. Fu lo stesso Gropius a progettare l'edificio nel 1964. *Mer-lun 10-17 | ingresso sab-lun €7, mer-ven €6 | Klingelhöferstr. 14 | www.bauhaus.de | autobus 100 Lützowplatz*

2 BOTSCHAFTSVIERTEL
(142-143 C-D 4-5) *(G-H5)*

A sud del giardino zoologico sono state riaperte numerose ambasciate. I diplomatici vi risiedevano già prima della Seconda guerra mondiale, ma a testimoniarlo sono rimaste solo le ambasciate restaurate del Giappone e dell'Italia. Gli uffici consolari di Svezia, Norvegia, Islanda, Danimarca e Finlandia sorprendono dal punto di vista architettonico; sono riuniti in un unico edificio *(Botschaft der Nordischen Länder)*, con ambienti pubblici comuni, un ristorante e varie sale espositive. Accanto, l'ambasciata messicana *(Botschaft der Vereinigten Staaten von Mexiko)* ha uno stile decisamente avveniristico, con un foyer alto 18 m, un giardino sul tetto e un'imponente facciata. Vi hanno spesso luogo esposizioni, concerti e letture pubbliche poiché le istituzioni investono molto in programmi culturali. *Botschaft der Nordischen Länder (Gemeinschaftshaus lun-ven 10-*

19, sab-dom 11-16 | Rauchstr. 1 | tel 030 5 05 00 | www.nordischebotschaften.org); Botschaft der Vereinigten Staaten von Mexiko (sala esposizioni lun-ven 9-13 | Klingelhöferstr. 3 | tel 030 2 69 32 30 | embamex.sre.gob.mx/alemania | autobus 100 Nord-Botschaften)

La quadriga della Porta di Brandeburgo

3 PORTA DI BRANDEBURGO ★ ●
(132 A-B4) (*J4*)

Il 3 ottobre 2002, dopo anni di restauri, un milione di spettatori accolse con entusiasmo la nuova Porta di Brandeburgo. I berlinesi sono molto attaccati al loro simbolo, che in verità non ebbe mai funzione di porta della città. Il monumento, alto 20 m, si erge in Pariser Platz dal 1791 e fu costruito su progetto dell'architetto Carl Gotthard Langhans che si ispirò ai propilei dell'acropoli ateniese. La Dea della Vittoria, alla guida del cocchio trainato da quattro cavalli, è considerata la personificazione della pace. Nel 1806, dopo le sue vittoriose campagne militari, Napoleone volle umiliare il popolo berlinese portandosi la quadriga a Parigi. Essa ritornò al suo posto otto anni più tardi, dopo le guerre di liberazione. La dea venne adornata con una croce di ferro, una corona di alloro e un'aquila prussiana per ricordare la lotta contro l'imperatore francese. Dopo la Seconda guerra mondiale, la Porta di Brandeburgo si trovò gravemente danneggiata, ma grazie alla collaborazione delle amministrazioni cittadine di Berlino Est e Ovest la quadriga fu ricostruita sulla base di antichi modelli in gesso. Per volere del governo della RDT si eliminarono la croce di ferro e l'aquila prussiana, e alla dea fu messa in mano un'asta con una corona di fronde di quercia. Solo dopo la riunificazione sono

DA VEDERE A TIERGARTEN

- **1** Bauhaus-Archiv
- **2** Botschaftsviertel
- **3** Porta di Brandeburgo
- **4** Denkmal für die ermordeten Juden Europas
- **5** Filmmuseum Berlin
- **6** Gedenkstätte Deutscher Widerstand
- **7** Hauptbahnhof
- **8** Haus der Kulturen der Welt
- **9** Kulturforum
- **10** Potsdamer Platz
- **11** Regierungsviertel
- **12** Reichstag
- **13** Siegessäule

stati ripristinati gli antichi simboli. *Pariser Platz | U-/S-Bahn Brandenburger Tor*

4 DENKMAL FÜR DIE ERMORDETEN JUDEN EUROPAS

(132 A-B 4-5) (*J4*)

Il monumento in memoria degli orrori dell'Olocausto è stato inaugurato nel 2005. Su progetto dell'architetto newyorkese Peter Eisenman, esso è costituito da 2711 steli in calcestruzzo di differenti altezze che si allineano su una superficie di 19.000 m^2. L'area, la cui forma sinuosa appare sempre diversa a seconda della prospettiva, è accessibile da qualsiasi punto del perimetro. Sotto il piano stradale si trova un *centro informativo (apr-set mar-dom 10-20, ott-marzo 10-19)*.

Wilhelm-/Behrenstraße | www.holocaust-mahnmal.de | U-/S-Bahn Potsdamer Platz

5 FILMMUSEUM BERLIN (132 A6) (*J5*)

Dagli esordi del cinema tedesco ai giorni nostri, il museo custodisce costumi, spezzoni di film e altro. Una sezione a parte è dedicata alle moderne tecniche d'animazione, agli effetti speciali e ai mondi virtuali. Nell'annesso ! *Museo della Televisione* potete riscoprire vecchie serie televisive e telequiz. *Mar-dom 10-18, gio fino alle 20 | ingresso €6 | Potsdamer Str. 2 | tel 030 3 00 90 30 | www.deutsche-kinemathek.de | U-/S-Bahn Potsdamer Platz*

6 GEDENKSTÄTTE DEUTSCHER WIDERSTAND (143 D5) (*H5*)

Un'esposizione permanente documenta l'attività di resistenza compiuta da alcuni gruppi e da singoli cittadini contro la dittatura nazista tra il 1933 e il 1945. *Lun-mer e ven 9-18, gio 9-20, sab-dom 10-18 | ingresso libero | Stauffenbergstr. 13 | www.gdw-berlin.de | U 2 Mendelssohn-Bartholdy-Park*

7 HAUPTBAHNHOF (143 E2) (*J3*)

La più grande stazione ferroviaria d'Europa fu costruita su progetto dello studio d'architettura di Amburgo Gerkan & Partner. Vetro e acciaio dominano in questa sontuosa struttura a più piani con diverse gallerie commerciali e binari sotterranei in direzione nord sud. Qui transitano più di 1000 treni al giorno. *Europaplatz | U-/S-Bahn Hauptbahnhof*

8 HAUS DER KULTUREN DER WELT (143 E3) (*H4*)

L'ex sala congressi, costruita nel 1957 su progetto dell'americano Hugh Stubbins per la Mostra Internazionale dell'Edilizia, suscitò scalpore per l'audace forma del tetto. Dal 1989 la struttura, soprannominata ironicamente dai berlinesi "l'ostrica incinta", è utilizzata dal governo federale come Casa delle Culture del Mondo. È conosciuta a livello internazionale come sede di festival e congressi su tematiche di rilevanza mondiale. *John-Foster-Dulles-Allee 10 | www.hkw.de | autobus 100 Haus der Kulturen der Welt*

9 KULTURFORUM (143 E4-5) (*H5*)

Tutti i musei: *ingresso €8-€10 | www.smb.museum | U-/S-Bahn Potsdamer Platz*
Inaugurata nel 1998, la *Gemäldegalerie (mar-dom 10-18, gio fino alle 22 | Stauffenbergstr. 40)* è una pinacoteca che custodisce alcune delle più importanti opere di pittori europei dal XIII al XVIII

DIVERTIMENTO E RELAX

Il ● *Liquidrom (dom-gio 10-24, ven-sab 10-1 | biglietto giornaliero €29,50 | Möckernstr. 10 | Kreuzberg | tel 030 2 58 00 78 20 | www.liquidrom-berlin.de | U 1, 7 Möckernbrücke)*, presso il Tempodrom **(143 F6)** ***(J5-6)***, non colpisce solo per l'architettura, unica al mondo. In una vasca di acqua salina, dentro una grotta, ci si può rilassare nuotando immersi in un gioco di luci, con una piacevole musica subacquea. La sera si esibiscono alcuni dj con stili che variano dalla musica classica al downtempo. Da non perdere la sauna, il bagno turco e l'ampia proposta di massaggi che spaziano dal balinese alle erbe, a quello agli oli essenziali fino all'hot stone massage.

Il Sony-Center è il cuore di Potsdamer Platz

secolo. 1400 quadri distribuiti su 72 sale e gabinetti illustrano le singole epoche e le differenti correnti artistiche. I dipinti italiani dal XIV al XVIII secolo (tra cui Caravaggio, Botticelli, Raffaello) e la pittura olandese del XV-XVI secolo sono i pezzi forti della collezione. *Mar-mer e ven-dom 10-18, gio 10-22 | Stauffenbergstr. 40*

Nel *Kunstgewerbemuseum (chiuso fino al 2014 per lavori di restauro | Tiergartenstr. 6)*, il Museo delle Arti e Mestieri, sono custoditi tesori di scuola barocca, maiolica di Delft e bicchieri. La collezione comprende inoltre porcellane europee, soprattutto di Meißen e della KPM (Manifattura Reale Porcellane), oggetti da tavola e decorativi del rococò, classicismo e Jugendstil, lavori in oro e argento, nonché abiti e stoffe di seta.

Dal 1984, circa 800 degli oltre 3000 strumenti musicali europei costruiti tra il XVI e il XX secolo sono esposti nel *Musikinstrumenten Museum (mar-mer e ven 9-17, gio 9-22, sab-dom 10-17 | ingresso €4 | Tiergartenstr. 1)*. La collezione di strumenti a fiato della prima metà del XVII secolo proveniente da St. Wenzel presso Naumburg è considerata unica nel suo genere, così come il cembalo di Bach. Alcuni strumenti possono anche essere suonati dai visitatori. Ogni sabato alle due si tiene una dimostrazione del famoso organo da cinema Wurlitzer, costruito più di settant'anni fa.

Nella *Neue Nationalgalerie (mar-mer e ven 10-18, gio 10-22, sab-dom 11-18 | Potsdamer Str. 50)*, la Nuova Galleria Nazionale, un edificio a un piano progettato da Ludwig Mies van der Rohe, prevalgono la pittura e la scultura europea del XX secolo, dal classico moderno all'arte degli anni '60. Possono essere ammirati lavori di Kirchner, Picasso, Klee, Feininger, Dix, Kokoschka e altri. I punti salienti sono rappresentati da cubismo, espressionismo, Bauhaus e surrealismo.

10 POTSDAMER PLATZ

(132 A-B6) (🕮 J4)

A ovest di Potsdamer Platz, i cui edifici originari furono distrutti durante la guerra, dal 1995 è nato un quartiere moderno con centri commerciali, cinema multisala, teatri, casinò, alberghi e un museo del cinema. Davvero imponente il tetto a forma di ombrello del ★ ● *Sony-Center*, progettato da Helmut Jahn. Anche quando fa brutto è possibile passeggiare indisturbati o sedere nei dehors dei bar. Nella *Kollhoff Tower*, l'ascensore più veloce d'Europa porta, in soli 20 secondi, alla ! *terrazza (ogni giorno 10-20, inverno fino alle 18 | €5,50)* con il nuovo *Panoramacafé (www.panoramapunkt.de)* a 93 m di altezza. *U-/S-Bahn Potsdamer Platz*

11 REGIERUNGSVIERTEL

(132 A-B 3-4) (🕮 J4-5)

Intorno al palazzo del Reichstag sorgono moderni edifici del Parlamento che si estendono da ovest a est. Il complesso viene chiamato anche *"Band des Bundes"* ("Fascia della Federazione"). Il Bundeskanzleramt (Cancelleria Federale), a nord ovest, fu eretto su progetto degli architetti Axel Schulte e Charlotte Frank, che realizzarono anche il piano generale per il quartiere governativo. A causa della forma cubica, la cancelleria è ironicamente soprannominata "lavatrice federale" o "lavatrice del cancelliere". La scultura di acciaio situata davanti all'edificio, intitolata "Berlino", è alta 5,50 m ed è stata realizzata dall'artista

La moderna struttura della Camera dei Deputati

basco Eduardo Chillida, morto nel 2002. I quattro bracci che si intersecano simboleggiano la riunificazione tedesca.
A nord del Reichstag si trova la *Paul-Löbe-Haus*, che porta il nome del presidente del Reichstag in carica dal 1924 al 1932. La struttura comprende inoltre 550 stanze per 275 delegati e i loro collaboratori. Sul lato opposto della Sprea, rivolta a est, fa da pendant la *Marie-Elisabeth-Lüders-Haus*. L'edificio, intitolato a una delegata, ospita tra l'altro la Biblioteca del Parlamento, la terza più grande del mondo nel suo genere. Interessante sotto il profilo architettonico sono i *Ministergärten* (Giardini dei Ministeri), con varie sedi consolari a nord est di Potsdamer Platz.

12 REICHSTAG ★
(132 A3-4) (*J4*)

Costruito nel 1884-94 su progetto di Paul Wallot, verso la metà degli anni '90, il palazzo del Parlamento è stato dotato di una cupola di vetro, visitata da tantissimi turisti disposti a sopportare tempi di attesa anche molto lunghi per salire con l'ascensore sul tetto, percorrere il corridoio a spirale che porta fino in cima o sedere sulla terrazza del ristorante *Käfer*. Dall'alto si gode di una splendida vista sul quartiere governativo, sulla nuova stazione dei treni e sul resto della città. Il panorama è davvero spettacolare, soprattutto al tramonto. Dal 1999, al piano di sotto, si riuniscono i delegati del Bundestag tedesco ed è possibile osservarli attraverso il tetto di vetro.
Dopo l'incendio del Reichstag nel 1933 e le battaglie per Berlino, l'edificio venne ricostruito nel 1961-72 e adibito a sede di una mostra sulla storia tedesca oggi visibile presso il Deutscher Dom. Per ospitare il primo Bundestag della Germania riunificata, nel 1990, l'edificio fu completamente ristrutturato e corredato della cupola di vetro su progetto dell'architetto Sir Norman Foster. *Visita alla cupola su prenotazione almeno 2 ore prima, anche sul posto | Besucherdienst Deutscher Bundestag (visite guidate e partecipazione alle sedute plenarie) | tel 030 22 73 00 27 | www.bundestag.de/besuche/index.jsp | Platz der Republik | autobus 100 Reichstag*

13 SIEGESSÄULE (142 C4) (*G4*)

Un tempo la Colonna della Vittoria, alta 67 m, adornava la piazza antistante il Reichstag, ma Hitler fece spostare la dea dorata, chiamata popolarmente anche "Goldelse", sul rondò Großer Stern nel quartiere di Tiergarten. Il monumento fu costruito nel 1864-73 su progetto di Heinrich Strack, per ricordare la vittoria sui danesi. La piattaforma panoramica offre una bella vista sulla città. *Apr-ott lun-ven 9.30-18.30, sab-dom 9.30-19, nov-marzo lun-ven 10-17, sab-dom 10-17.30 | ingresso €2,20 | Straße des 17. Juni | www.monument-tales.de | autobus 100 Großer Stern*

PRENZLAUER BERG/FRIEDRICHSHAIN

Soprattutto in estate, non vi è altra parte della città che vanti una concentrazione così alta di gelaterie biologiche e parchi gioco.

I caffè e i palazzi storici di Kollwitzplatz

Del resto, non c'è da meravigliarsi, in quanto Prenzlauer Berg e Friedrichshain sono tra i distretti con più bambini di tutta Europa. Sono attratti qui anche molti giovani per via della frizzante vita notturna; infatti, il numero di bar, ristoranti economici, club e pub è sorprendente. Oltre agli studenti, a Friedrichshain vivono sempre più persone benestanti. Prenzlauer Berg è un'altra tra le zone più amate dai berlinesi con un alto grado di istruzione e un buono stipendio. E durante il fine settimana molti abitanti dei due distretti si recano al Volkspark Friedrichshain per rilassarsi: le attività preferite sono pattinare, passeggiare o giocare a beach volley.

1 EASTSIDE GALLERY ●
(146 A4) (*N5*)

Tra l'Ostbahnhof e l'Oberbaumbrücke si estende la più grande galleria a cielo aperto del mondo. Su un tratto di muro ancora esistente, lungo 1316 m, 118 artisti di 21 paesi hanno lasciato la loro firma. Le opere più famose sono il *Bacio fraterno* di Dimitri Vrubel e *Berlino-New York* di Gerhard Lahr. *Friedrichshain | Mühlenstraße | www.eastsidegallery.com | U-/S-Bahn Ostbahnhof*

2 KOLLWITZPLATZ
(139 D4) (*L-M2*)

Il complesso di edifici storici, pressoché intatti, che si ergono intorno alla piazza, è tra i più belli di Berlino. Prende il nome dalla pittrice e grafica Käthe Kollwitz, che visse qui dal 1891 al 1943. Nel piccolo giardino al centro, si trova un monumento commemorativo realizzato nel 1958 da Gustav Seitz.

Kollwitzplatz è anche conosciuta per il suo mercato settimanale, personaggi noti della politica e la grande varietà di

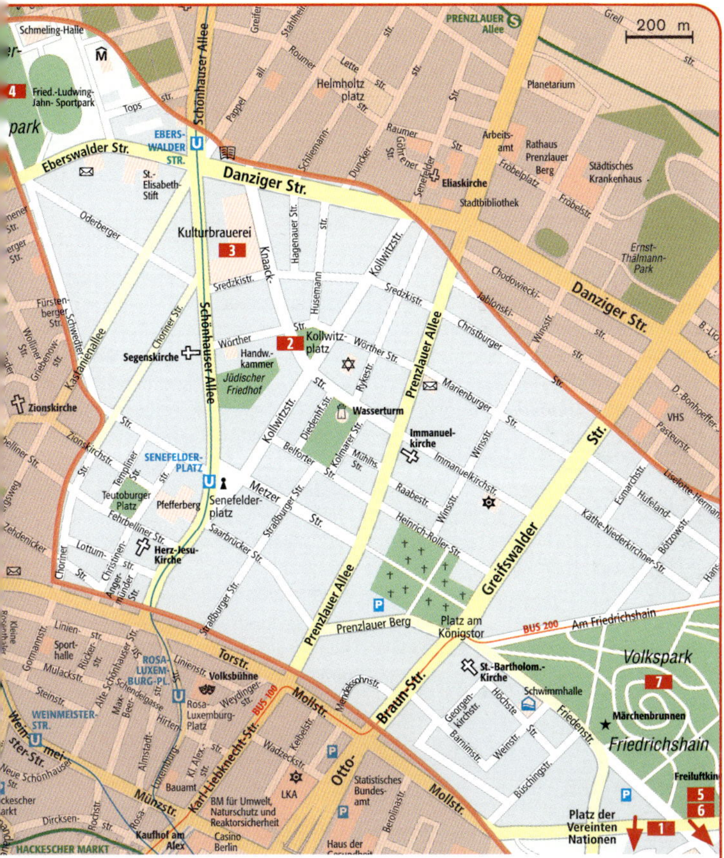

DA VEDERE A PRENZLAUER BERG/FRIEDRICHSHAIN

1 Eastside Gallery
2 Kollwitzplatz
3 Kulturbrauerei
4 Mauerpark
5 Molecule Men
6 Oberbaumbrücke
7 Volkspark Friedrichshain

caffè e ristoranti. *Prenzlauer Berg | U 2 Senefelderplatz*

3 KULTURBRAUEREI (139 D4) *(🕮 L2)*

L'antico birrificio Schultheiss si è imposto con successo come centro culturale del distretto. Un cinema a più sale, strutture per concerti e manifestazioni, nonché una vasta gamma di locali gastronomici e negozi fanno sì che i 25.000 m^2 del grande complesso edilizio siano animati sia di giorno che di notte. La tipica costruzione in mattoni gialli fu realizzata tra il 1890 e il 1910 su progetto del direttore dei lavori edili di re Franz Schwechten, ideatore anche della Kaiser-Wilhelm-

Gedächtnis-Kirche. *Prenzlauer Berg | Knaackstr. 75-97 | U 2 Eberswalder Straße*

4 MAUERPARK
(132 B-C3) *(🕮 K-L 1-2)*

Il parco, sito sull'antico confine tra Berlino Est e Ovest, è frequentato da molti adulti e bambini. Giovani "graffitari" sfruttano ancora un tratto di muro per esercitarsi. Il pezzo forte è rappresentato dalle grandi altalene nella parte meridionale e la fattoria per bambini nella zona nord. Gli spettacoli domenicali di karaoke sono sempre molto affollati ma si tengono solo in estate. *Prenzlauer Berg | Eberswalder Straße | U 2 Eberswalder Straße*

5 ! MOLECULE MEN
(146 B5) *(🕮 O6)*

Dal 1999 davanti alle "Treptower", le torri gemelle del gruppo Allianz, sono situati i Molecule Men, le statue alte 30 m dell'artista statunitense Jonathan Borofsky che simboleggiano l'incontro pacifico tra gli esseri umani; si trovano nel punto di intersezione dei quartieri Friedrichshain, Treptow e Kreuzberg, sulla Sprea. *Eichenstraße | S-Bahn Treptower Park*

6 OBERBAUMBRÜCKE
(146 B4) *(🕮 N5)*

Il più bel ponte di Berlino con una ferrovia sopraelevata, una strada e una passerella sulla Sprea che collega il quartiere di Friedrichshain a quello di Kreuzberg è considerato il capolavoro architettonico del XIX secolo, costruito per una fiera nel 1896. Il significato del nome deriva da "sopra l'albero" *(Oberbaum)* perché in passato la struttura bloccava il passaggio delle imbarcazioni proprio come un tronco, fungendo da frontiera. Durante la ristrutturazione, agli inizi degli anni '90, è stata eretta la nuova parte centrale su

Oberbaumbrücke, in passato punto di passaggio tra Berlino Est e Berlino Ovest

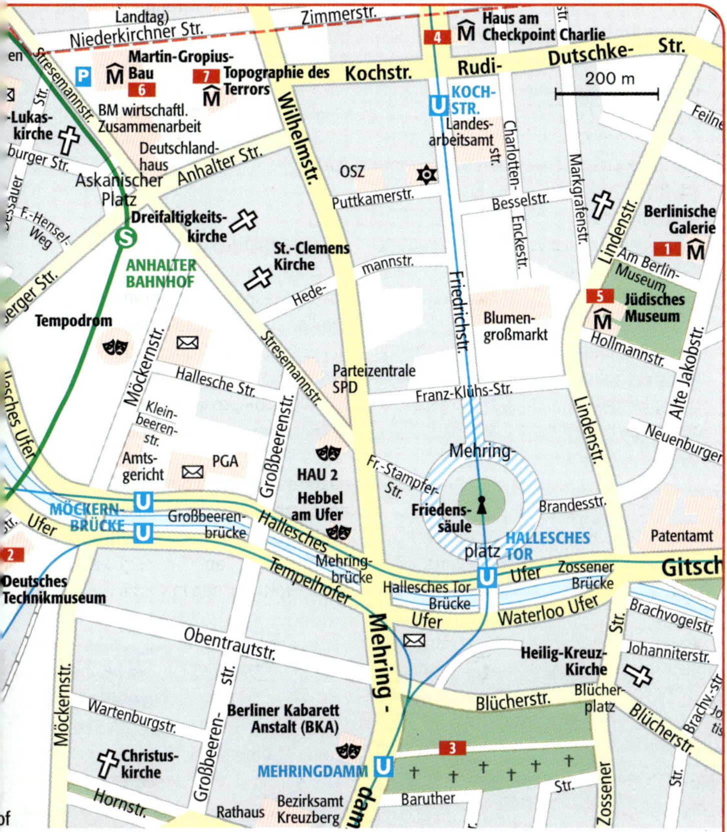

DA VEDERE A KREUZBERG

- 1 Berlinische Galerie
- 2 Black Box Kalter Krieg
- 3 Deutsches Technikmuseum
- 4 Haus am Checkpoint Charlie
- 5 Jüdisches Museum Berlin
- 6 Martin-Gropius-Bau
- Zona pedonale
- 7 Topographie des Terrors

progetto del celebre architetto spagnolo Santiago Calatrava. *Friedrichshain | U 1 Schlesisches Tor*

7 VOLKSPARK FRIEDRICHSHAIN

(145 E-F 1-2) (*M-N3*)

Sui 52 ettari del Volkspark Friedrichshain, a nord, i giovani si divertono con gli skateboard, mentre i genitori con i più piccoli si riposano presso la ● ! *Märchenbrunnen* (*Fontana della Favole*). Non sono solo i bambini ad amare i giochi d'acqua in funzione dal 1913: nove archi a tutto sesto incorniciano diverse vasche in pietra, con fontane, statue dei personaggi delle fiabe dei fratelli Grimm e balaustre con sculture di animali. La fontana è un punto d'incontro apprezzato da impiegati in cerca di relax, da famiglie e coppiette. *Friedrichshain | autobus 142, 200 Am Friedrichshain*

KREUZBERG

Qualcosa di esotico aleggia nell'aria: è l'atmosfera alla turca, che ha impregnato soprattutto le strade della zona nordorientale del distretto, con caffè frequentati esclusivamente da uomini, negozi di frutta e verdura, mercati e panetterie. Nel rione ci sono anche bar, ristoranti e club amati soprattutto dai bohémien turco-tedeschi. Intorno a Oranienstraße vivono molti giovani, motivo per cui la concentrazione di caffè e pub è alta. Le persone benestanti e con un buon grado d'istruzione preferiscono abitare sulla Paul-Lincke-Ufer, in fabbriche trasformate in loft. Di fronte, il martedì e il venerdì, il mercato ricrea un'atmosfera simile a quella dei bazar orientali, con commercianti e clienti turchi.

Lo Jüdisches Museum Berlin

1 ! BERLINISCHE GALERIE
(144 B6) *(K5)*

Nel nuovo museo di arte berlinese spiccano le opere dei "Neuen Wilden", la corrente di cui fa parte il pittore e scultore Rainer Fetting, e di espressionisti come Erich Heckel ed Ernst Ludwig Kirchner. La Neue Sachlichkeit (Nuova Oggettività) è rappresentata invece da lavori di Otto Dix e George Grosz. *Mer-lun 10-18 | ingresso €6 | Alte Jakobstr. 124-128 | www.berlinischegalerie.de | U 1, 6, 15 Hallesches Tor*

2 BLACK BOX KALTER KRIEG
(144 A5) *(K5)*

La recente storia tedesca, dalla vittoria degli Alleati alla caduta dei regimi comunisti, è documentata al punto informativo nero (200 m^2), dove verrà costruito un vero e proprio museo sul tema. *Ogni giorno 9-20 | ingresso €5 | Friedrichstr. 47/Zimmermannstraße | www.bfgg.de/zentrum-kalter-krieg | U 6 Kochstraße*

3 DEUTSCHES TECHNIKMUSEUM
(151 F2) *(J6)*

Il Museo della Scienza e della Tecnica ospita una collezione di veicoli storici, attrezzi per l'artigianato e invenzioni che appassionano grandi e piccini. È necessario più di un giorno per visitare la rimessa ferroviaria con gli antichi trattori stradali o la sezione nautica con circa 1500 oggetti esposti. Nel centro scientifico *Spectrum*, 250 esperimenti illustrano alcuni principi della tecnica. Dal 2005 vi è anche una sezione sull'aeronautica con un'incredibile collezione di velivoli. *Mar-ven 9-17.30, sab-dom 10-18 | ingresso €6 | Trebbiner Str. 9 | www.sdtb.de | U 1, 2 Gleisdreieck*

4 HAUS AM CHECKPOINT CHARLIE
(132 C6) (*K5*)

Collezione permanente sulla costruzione del muro e sulla divisione della città. Documenti inerenti ai vari tentativi di fuga e oggetti impiegati a tale scopo, dal minisottomarino al pallone aerostatico. *Ogni giorno 9-22 | ingresso €12,50 | Friedrichstr. 43 | www.mauer-museum.com | U 6 Kochstraße*

5 JÜDISCHES MUSEUM BERLIN ★
(144 B6) (*K5*)

Nello spettacolare edificio museale dell'architetto newyorkese Daniel Libeskind, la mostra permanente è dedicata ai 2000 anni di cultura ebraica. Per mezzo di tecniche multimediali, di effetti luminosi e delle bizzarre forme delle sale espositive, viene creato un legame emotivo tra il visitatore e gli oggetti esposti. Una delle tematiche è la storia e la persecuzione degli ebrei in Germania dal primo Medioevo ai giorni nostri. *Lun 10-22, mar-dom 10-20 | ingresso €5 | Lindenstr. 9-14 | www.jmberlin.de | U 1, 6, 15 Hallesches Tor*

6 MARTIN-GROPIUS-BAU
(143 F5) (*J5*)

Lo splendido edificio costruito nel 1877-81 su progetto di Heino Schmieden e Martin Gropius (un prozio di Walter Gropius, fondatore del Bauhaus) presenta pregevoli decorazioni a rilievo e mosaici. Originariamente concepito come Museo delle Arti e Mestieri, è oggi utilizzato come suggestiva sala espositiva per mostre temporanee di arte e storia. *Mer-lun 10-20 | ingresso a seconda delle mostre | Niederkirchner Str. 7 | www.gropiusbau.de | S 1, 25 Anhalter Bahnhof*

7 TOPOGRAPHIE DES TERRORS
(144 A5) (*J5*)

Nell'area che un tempo era stata il centro del potere dello stato di polizia nazionalsocialista e delle SS, una mostra a cielo aperto testimonia le atrocità che qui vennero concepite e messe in atto. Su grandi tabelloni sono ritratti, tra gli altri, i volti dei politici condannati a morte e dei combattenti della resistenza. Nel 2010 è stato inaugurato un nuovo centro di documentazione. *Ogni giorno 10-20 | ingresso libero | visite su appuntamento | Niederkirchner Str. 8 | www.topographie.de | S 1, 25 Anhalter Bahnhof*

CHARLOTTENBURG/ WILMERSDORF

Centro dello shopping, quartiere dei buongustai, paradiso per gli amanti della cultura: tutto condensato nei distretti di Charlottenburg tra KaDeWe, Schloss Charlottenburg e Wilmersdorf a sud del Ku'damms.

La percentuale di ristoranti intorno alla Savignyplatz è sorprendente e nel parco del castello chi visita il museo cede volentieri il passo a chi fa jogging. Il Ku'damm è ancora oggi il viale per le spese importanti, mentre i più giovani fanno acquisti all'ombra della Gedächtniskirche. Con il Theater des Westens, la Schaubühne, la Deutsche Oper e il Schillertheater, dove sarà ospitata fino al 2013 la Staatsoper, Charlottenburg fa concorrenza ai palcoscenici della parte orientale della città. A Wilmersdorf si trovano invece molti negozi di articoli tipici e specialità gastronomiche.

1 FUNKTURM (140 B5) *(C5)*
Costruita nel 1926 nel quartiere fieristico, la versione in miniatura della Torre Eiffel di Parigi fu per lungo tempo il simbolo moderno della capitale. Soprattutto ai tempi del muro, la torretta, alta 138 m e chiamata popolarmente "Langer Lulatsch" (ragazzino smilzo), era considerata l'emblema dagli abitanti di Berlino Ovest. A 55 m di altezza si trova un ristorante e 71 m più su la terrazza panoramica. L'antenna è usata per le comunicazioni radio della polizia. Dato che la struttura è spesso chiusa per lavori di manutenzione, è preferibile telefonare prima di visitarla. *Lun 10-20, mar-dom 10-23 | ingresso €4,50 | Charlottenburg | Messedamm | tel 030 30 38 19 05 | S 7, 41, 42 Messe Nord | U 2 Kaiserdamm*

2 KAISER-WILHELM-GEDÄCHTNISKIRCHE (131 E4) *(G5)*
Le nere rovine della chiesa costruita nel 1891-95 per commemorare l'imperatore

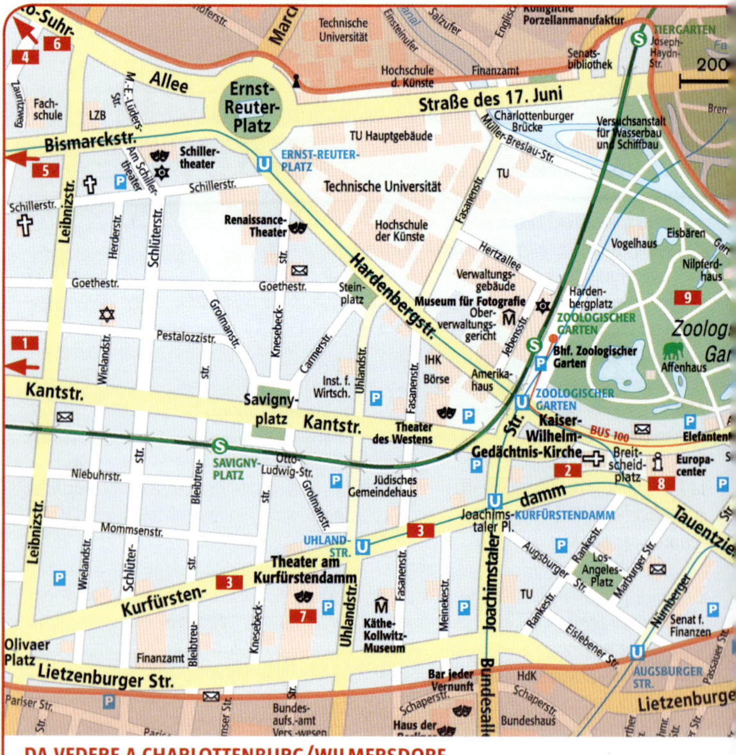

DA VEDERE A CHARLOTTENBURG/WILMERSDORF

1 Funkturm
2 Kaiser-Wilh.-Gedächtniskirche
3 Kurfürstendamm
4 Museum Berggruen
5 Olympiastadion
6 Schloss Charlottenburg
7 The Story of Berlin
8 Weltkugelbrunnen
9 Zoologischer Garten

Guglielmo I si stagliano severe verso il cielo. La struttura fu quasi completamente distrutta durante la Seconda guerra mondiale ma le autorità ecclesiastiche decisero di lasciare in piedi almeno la torre. Accanto sorse nel 1958-61 un ● nuovo complesso di forma ottagonale costruito in vetrocemento blu su progetto di Egon Eiermann. Al piano terra della torre si trova una mostra sulla sua storia. *Ogni giorno 9-19, Memorial Hall lun-sab 10-18, dom 12-17.30, concerto di musica sacra sab 18 | Charlottenburg | Breitscheidplatz | www.gedaechtniskirche-berlin.de | U-/S-Bahn Zoologischer Garten*

3 KURFÜRSTENDAMM ●

(148-149 C-F 1-2) (*D-F 5-6*)

Prima del crollo del muro, il Ku'damm era il principale viale dello shopping di Berlino Ovest e la quintessenza del fascino della metropoli. Attualmente, le sue boutique sono frequentate soprattutto da russi e giapponesi. Negli ultimi anni, inoltre, sono stati demoliti alcuni orrori architettonici degli anni '60 ed è stato costruito il nuovo *Kranzlereck* con uffici, negozi e un caffè. Realizzato nel 1883-86 come corso percorribile a cavallo, ancora oggi questo tratto stradale lungo 3,5 km testimonia l'opulenza architettonica della fine del XIX secolo evidente in alcuni palazzi che lo fiancheggiano. *Charlottenburg | U 1, 9 Kurfürstendamm*

4 MUSEUM BERGGRUEN

(140 C3) (*D4*)

Alcune opere di Picasso e Paul Klee sono il fiore all'occhiello dell'eccezionale collezione raccolta dal commerciante di oggetti d'arte Heinz Berggruen. Il maestoso edificio costruito da Friedrich August Stüler ospita su tre piani alcuni dei primi lavori dell'artista, oltre a dipinti, sculture e schizzi su carta riuniti sotto il titolo "Picasso e il suo tempo". *Mar-dom 10-18 | ingresso €8 |*

La cupola dello Schloss Charlottenburg

Charlottenburg | Schlossstr. 1 | www.smb.museum | S 41, 42 Westend

5 OLYMPIASTADION

(156 C3) (*A-B4*)

Il secondo stadio più grande della Germania può ospitare circa 75.000 spettatori. Costruito nel 1936 in occasione dei Giochi Olimpici su progetto di Werner March, oggi è usato soprattutto dai professionisti del calcio dell'Hertha BSC. I massicci lavori di ristrutturazione per il campionato mondiale di calcio del 2006 hanno ripristinato alcuni elementi architettonici gravemente danneggiati. I posti a sedere sono ora coperti da un tetto. *Ogni giorno 9-19, inverno fino alle 16, giu-15 set 9-20 | visite guidate ogni giorno 11, apr-ott anche 13 e 15, giu-agosto anche 17 | ingresso €7, con visita guidata €10 | Charlottenburg | Olympischer Platz 3 | tel 030 25 00 23 22 | www.olympiastadion-berlin.de | U 2 Olympiastadion*

6 SCHLOSS CHARLOTTENBURG ★

(140-141 C-D 1-2) (*D4*)

Costruita più di 300 anni fa per la regina Sofia Carlotta, questa residenza estiva colpisce non solo per il meraviglioso giardino d'ispirazione francese con i suoi alberi di bosso, ma soprattutto per la signorile architettura nello stile del XVII-XVIII secolo. All'interno sono visitabili gli ambienti un tempo abitati da Federico I e consorte. Nella parte posteriore del parco si trova il mausoleo della regina Luisa, moglie di Federico Guglielmo III di Prussia. *Castello vecchio apr-ott mar-dom 10-18 (nov-marzo fino alle 17), ala nuova apr-ott mer-lun 10-18 (nov-marzo fino alle 17), belvedere apr-ott mar-dom 10-18 (nov-marzo 12-16), mausoleo apr-ott mar-dom 10-18 (nov-marzo 12-17), belvedere (collezione di porcellane della KPM), padiglione nuovo (arti e mestieri del Romanticismo) mar-dom 10-17 | ingresso: castello €10, ala nuova €6, belvedere, padiglione nuovo, mausoleo ognuno €3 | Charlottenburg | Spandauer Damm | www.spsg.de | autobus 145 Luisenplatz*

7 THE STORY OF BERLIN

(140 C5) (*F5*)

I visitatori compiono un viaggio nel tempo attraversando 24 stanze tematiche alla scoperta della storia di Berlino. La presenza di high tech e supporti multimediali affascina soprattutto i più giovani. *Ogni giorno 10-20, ultimo ingresso alle 18 | ingresso €10 | Charlottenburg | Kurfürstendamm 207 | www.story-of-berlin.de | U 1 Uhlandstraße*

8 WELTKUGELBRUNNEN

(131 E4) (*G5*)

La massiccia fontana sita sulla Breitscheidplatz fu realizzata nel 1983 dallo scultore berlinese Joachim Schmettau. Subito battezzata dai berlinesi "Wasserklops" ("polpetta in brodo"), è oggi apprezzata per i suoi colori che ravvivano la Gedächtniskirche e l'Europa-Center. La sfera di granito composta da diversi solidi non è tozza, ma colpisce per l'interessante combinazione di correnti d'acqua, sculture decorative e cascatelle. *Charlottenburg | Breitscheidplatz | U-/S-Bahn Zoologischer Garten*

9 ZOOLOGISCHER GARTEN

(131 E-F 3-4) (*F-G5*)

Lo zoo, in attività da 160 anni, è il più antico di tutta la Germania e con 13.700 animali di 1388 specie diverse è considerato il più ricco del mondo. Tra le attrazioni principali si ricorda ● l'*Aquarium* con la sala dei coccodrilli. *Ogni giorno 9-19, inverno fino alle 17 | ingresso €13, con Aquarium €20 | Charlottenburg | Budapester Str. 5 | www.zoo-berlin.de | U-/S-Bahn Zoologischer Garten*

ALTRI QUARTIERI

ALLIIERTENMUSEUM

(154 A2-3) (*C9*)

Il Museo degli Alleati offre un'esauriente panoramica sulla storia delle potenze occidentali e di Berlino nel periodo compreso tra il 1945 e il 1994. Notevole la documentazione sul ponte aereo del 1948-49. All'esterno è inoltre visibile uno dei cosiddetti "Rosinenbomber" ("bombardieri di uva passa"). *Gio-mar 10-18 | ingresso libero | Zehlendorf | Clayallee 135 | www.alliiertenmuseum.de | U 3 Oskar-Helene-Heim*

BOTANISCHER GARTEN ●

(154 C3) (*E9-10*)

Piante della steppa siberiana, alberi di ciliegio giapponesi, ortaggi tedeschi su 43 ettari di terreno. Fiore all'occhiello sono le grandi serre tropicali tra cui quella con

Gli ippopotami dello Zoo di Berlino

ninfee giganti, bambù e palme. Meravigliosa anche la sala delle orchidee e la collezione di cactacee. *Ogni giorno dalle 9 fino al tramonto | ingresso €6 | Steglitz | ingresso da Unter den Eichen, Königin-Luise-Straße | www.botanischer-garten-berlin.de | S 1 Botanischer Garten*

BRÜCKE-MUSEUM (154 A1) (*🕮 C8*)
In posizione idilliaca presso la foresta del Grunewald, la struttura ospita una collezione di opere degli espressionisti che nel 1905 formarono a Dresda il gruppo artistico noto come "Die Brücke", a cui appartenevano Ernst Ludwig Kirchner, Erich Heckel, Karl Schmitt-Rottluff, Max Pechstein ed Emil Nolde. *Mer-lun 11-17 | ingresso €5 | Dahlem | Bussardsteig 9 | www.bruecke-museum.de | autobus 115 Pücklerstraße*

! GÄRTEN DER WELT (157 E3) (*🕮 0*)
Il più grande giardino cinese d'Europa, con una superficie di 2,7 ettari, offre tra le altre cose un paesaggio roccioso con cascate e un lago con ponti e padiglioni. Davvero interessante la cerimonia del tè nella ● *Casa di montagna di Osmanthus-saft (cerimonia del tè su prenotazione €8 | tel 0179 3 94 55 64)*. Ci sono anche un *giardino giapponese (lun-ven a partire dalle 12, sab-dom a partire dalle 9, visite guidate mar-ven 10.30-12)*, uno orientale, uno balinese e un labirinto. *Ogni giorno a partire dalle 9, apr-set fino alle 20, marzo e ott fino alle 18, nov-feb fino alle 16, visite guidate apr-ott mar-ven 11 e 14 | ingresso €3, inverno €2 | Marzahn | Eisenacher Str. 99 | www.gruen-berlin.de | U 5 Cottbusser Platz, poi autobus 195 Erholungspark Marzahn*

GLIENICKER PARK (156 B4) (*🕮 0*)
Un luogo meraviglioso per passeggiare come ai tempi di principi e principesse sotto le fronde delle querce sulle sponde della Havel. Progettato all'inizio del XIX secolo da Lenné e Schinkel, il parco con una superficie di 116 ettari è formato da aiuole e alberi ben curati, un castello,

padiglioni in stile italiano, fontane, porticati e arcate. Particolarmente suggestivo è il tempietto progettato da Schinkel nel 1835 con colonne corinzie. Sul Ponte di Glienicke verso Potsdam, sul lato sud, durante la Guerra Fredda venivano scambiati gli agenti segreti fatti prigionieri. *Wannsee | Königstraße | autobus 316 Glienicker Brücke*

GRUNEWALD **(154 A1-2)** *(🕮 A-C 5-10)*
Ai tempi del muro il bosco era una meta di escursioni molto frequentata, essendo la più grande area verde di Berlino Ovest. Oggi è più tranquillo, perfino durante il fine settimana. Numerosi laghetti sono balneabili, come il *Teufelssee* e la stessa Havel. Presso il Teufelssee si trova inoltre l'*Ökowerk (tel 030 3 00 00 50)* con un giardino naturale e un allevamento d'api; vi si tengono "corsi di sopravvivenza" per bambini. Sulle sponde del Grunewaldsee, il *Jagdschloss Grunewald (apr-ott mar-dom 10-18, nov-marzo sab-dom 11-16 | ingresso €5)*, costruito nel XVI secolo, ospita una pregevole collezione di dipinti e un museo di caccia. A nord, il *Teufelsberg* è una collina artificiale alta 120 m, creata con i 21 milioni di metri cubi di macerie rimossi dalla città distrutta durante la guerra. *Grunewald | S 7, 9 Grunewald*

HAUS DER WANNSEEKONFERENZ
(156 B4) *(🕮 O)*
Il 20 gennaio 1942, in questa villa con vista sul lago si tenne un incontro tra i delegati del governo e i capi delle SS per decidere come mettere in atto la soluzione finale della questione ebraica. Al pianterreno una mostra presenta alcuni documenti sulla conferenza, sui fatti precedenti e sulle orribili conseguenze. *Ogni giorno 10-18 | ingresso libero | Wannsee | Am Großen Wannsee 56-58 | tel 030 8 05 00 10 | www.ghwk.de | S-Bahn Wannsee, poi autobus 114 Haus der Wannseekonferenz*

JÜDISCHER FRIEDHOF WEISSENSEE
(156 D3) *(🕮 O-P 1-2)*
Nel più grande cimitero ebraico d'Europa, costruito nel 1880, sono sepolti più di 115.000 ebrei berlinesi. L'intero complesso, oltre agli edifici in mattoni rossi, fu progettato da Hugo Licht. Una stele ricorda i sei milioni di vittime uccise dai tedeschi. Tra le personalità di maggiore

UNA PISCINA PARTICOLARE

Vi è venuta voglia di fare un bagno? Un rimorchiatore fuori servizio dal 2004 attraccato sulle sponde della Sprea viene oggi utilizzato come piscina. L'acqua contenuta nella vasca non è quella del fiume e le pareti interne sono state rivestite con la classica copertura blu. Nelle giornate di sole potete rilassarvi sui pontili o sulla spiaggia davanti al *Badeschiff* **(146 B5)** *(🕮 O6)*, mentre di sera alcuni dj mettono musica dal vivo; il luogo è affollato soprattutto nei week end estivi tanto che è spesso necessario aspettare prima di accedervi. In inverno, invece, la vasca viene coperta ed è anche possibile fare la sauna. *Mag-set ogni giorno 8-24, inverno 10-24 | ingresso €4, inverno ingresso con sauna (3 ore) €12, ingresso fino alle 15 €8 | Treptow | Eichenstr. 4 | tel 030 53 32 03 82 | www.arena-berlin.de | S-Bahn Treptower Park*

Il piccolo castello sulla Pfaueninsel

spicco ci sono gli editori Samuel Fischer e Rudolf Mosse e il pittore Lesser Ury. Per entrare gli uomini devono coprirsi il capo con gli *yarmulke* disponibili all'ingresso. *Apr-ott dom-gio 8-17, ven 8-15, nov-marzo fino alle 16, ven fino alle 15 | Weißensee | Herbert-Baum-Str. 45 | tram 12 Albertinenstraße*

PFAUENINSEL ● (156 B4) (*🕮 O*)
Originariamente su questa isoletta di 67 ettari si trovava uno zoo, costruito all'inizio del XIX secolo per volere di Federico Guglielmo III. Oggi ricordano quale fosse la sua funzione iniziale solo i pavoni che girano liberi e il romantico parco. Il piccolo castello bianco, decisamente kitsch, sembra tratto da una scena di un film. Fu edificato per la favorita di Federico Guglielmo II, Wilhelmine Enke. Merita di essere visitata anche la Meierei con la sala delle feste allestita nello stile delle chiese neogotiche. *Castello mag-set mar-dom 10-18, ott mar-dom 10-17; Meierei giu-set lun-ven 10-17, sab-dom 10-18, ott ogni giorno 10-17 | ingresso €3 | Wannsee | Pfaueninselchaussee | traghetti tutto l'anno ogni giorno | €3 | www.spsg.de | tel 030 80 58 68 31 | autobus 218 Pfaueninsel*

! RIXDORF (157 D4) (*🕮 N8*)
Questo villaggio con botteghe di fabbri e fienili, immerso nel mare di case del quartiere di Neuköllner, fu fondato dai Boemi. Qui potete facilmente capire come la grande città di Berlino sia in realtà l'unione di piccoli centri. Interessanti sia il cimitero che la chiesa boema di Betlemme. *U 7 Karl-Marx-Straße*

SOWJETISCHES EHRENMAL
(146 C6) (*🕮 P7*)
Nel Treptower Park si trova uno dei cimiteri di soldati sovietici più grandi della

Il monumento sovietico a Treptow

Germania. Sono degne di nota soprattutto le lapidi tombali che commemorano i 7000 caduti, ma anche la statua in bronzo alta 12 m che raffigura un soldato nell'atto di salvare un bambino tedesco e la grande scultura in granito intitolata alla *Mutter Heimat* (Madre Patria), pesante ben 50 t. Il memoriale fu costruito tra il 1947 e il 1949. *Treptow | Alt-Treptow 1 | S-Bahn Treptower Park*

! STASIGEFÄNGNIS HOHENSCHÖNHAUSEN (157 E3) (*🕮 O2*)

Grandi edifici, muri e filo spinato danno un'idea di come dovevano sentirsi i prigionieri politici in isolamento nel carcere della Stasi. Alcuni ex detenuti guidano i visitatori all'interno della struttura e raccontano delle torture fisiche e psicologiche inflitte ai tempi della RDT. *Visite guidate ogni ora lun-ven 11-15, sab-dom 10-16 | ingresso €5 | Hohenschönhausen | Genslerstr. 66 | tel 030 98 60 83 30 | www.stiftung-hsh.de | tram 6 Genslerstraße*

TEMPELHOFER PARK

(152 A-C 5-6) (*🕮 K-M 7-9*)

Con 1200 m di lunghezza e 5000 locali, l'aeroporto di Tempelhof è il complesso di uffici più grande d'Europa e testimonia ancora oggi la monumentalità dell'architettura nazionalsocialista. Inaugurato nel 1936 in occasione dei Giochi Olimpici, fu concepito come aeroporto internazionale e sede del Ministero dell'Aria del Reich. Dal 2008 non è più operativo, dal 2010 è accessibile al pubblico ed entro il 2017 sarà trasformato in un parco paesaggistico. ! La grande area è frequentata dagli skater, per fare jogging o piacevoli passeggiate.

Nella piazza del ponte aereo sorge un monumento commemorativo chiamato dai berlinesi "Hungerharke" ("rastrello della fame"), soprannome giustificato dal fatto che durante il blocco sovietico del 1948-49 questo era il luogo dove arrivavano i rifornimenti per la città. *Visite guidate lun-ven 16, ven anche 13, sab-dom 11 e 14 | ingresso €12 | Tempelhof | Platz der Luftbrücke | www.tempelhoferfreiheit.de | U 6 Platz der Luftbrücke*

TIERPARK FRIEDRICHSFELDE

(157 E3) (*🕮 S5-6*)

Il giardino zoologico, originariamente progettato come parco da Lenné, affascina per la sua grandezza. Ospita circa 7500 animali di 800 specie diverse. Le maggiori attrazioni sono il "bosco Vari" percorribile a piedi, noto per i lemuri malgasci, "l'asilo degli elefanti" e la "casa degli orsi malesi". Lo *Schloss Frie-*

drichsfelde (mar-dom 10-18), il castello eretto intorno al 1690, ha riaperto al pubblico dopo i lavori di restauro; nel salone si organizzano interessanti concerti di musica. *Ogni giorno 9-19, inverno fino alle 17 | ingresso €12 | Lichtenberg | Am Tierpark 125 | www.tierpark-berlin.de | tel 030 51 53 10 | U 5 Tierpark*

GITE

KÖPENICK (157 E4) *(🕮 O)*
La città sulle acque a sud est di Berlino è famosa per la storia del falso capitano che nel 1906 riuscì a impossessarsi delle casse della città. Dal 1929 Köpenick è parte della capitale, sebbene abbia mantenuto un carattere indipendente. Oltre alla graziosa città vecchia con il castello vale la pena di programmare una gita in giornata al Müggelsee.
Il modo migliore di arrivare a Köpenick è via fiume. In estate dal porto di Treptow partono ogni ora le navi della *Stern- und Kreisschiffahrt (www.sternundkreis.de)*. Il battello turistico vi porterà a monte della Sprea in un'ora, passando accanto ad antichi impianti industriali dei tempi della RDT, al bosco di Plänterwald e agli idilliaci appezzamenti di terra sulle rive del fiume. Scendete quindi sul Luisenhain, nel centro storico di Köpenick. Di fronte si trova il municipio in mattoni rossi. Un anno dopo l'inaugurazione, nel 1906, l'ex calzolaio Wilhelm Voigt vi si introdusse travestito da capitano dell'esercito prussiano, fece arrestare il sindaco e si allontanò con il tesoro della città. Una mostra *(ogni giorno 10-17.30 | ingresso*

IN PERFETTA FORMA!

Il ● *Sultan-Hamam* **(151 E2)** ***(🕮 H6)*** *(ogni giorno 12-23, mar e gio-sab solo per donne, lun 12-23 solo per uomini, dom per tutta la famiglia | 3 ore €16 | Schöneberg | Bülowstr. 57 | tel 030 21 75 33 75 | U 2 Bülowstraße)* è un autentico bagno turco, su 1000 m² di superficie. Potete richiedere anche le ciabatte e la biancheria da bagno pagando un supplemento. Chi vuole può acquistare un pacchetto che prevede un trattamento cosmetico. Pareti decorate e originali colonne in ghisa abbelliscono la *Stadtbad Krumme Straße* **(141 E3)** ***(🕮 E4)*** *(sauna lun 8-23, mar-dom 9-23, telefonare per conoscere gli orari | biglietto giornaliero sauna €11, bagno €4 | Charlottenburg | Krumme Str. 10 | tel 030 34 38 38 60 | U 7 Richard-Wagner-Platz)*: il paradiso del vapore, con biosauna, hammam russo-romano e due saune finlandesi.
La *Stadtbad Neukölln* **(153 F5)** ***(🕮 N8)*** *(sauna mar-gio 10-18, ven-dom 14-22, lun 14-22 solo per donne, telefonare per conoscere gli orari | sauna €14, bagno €4 | Neukölln | Ganghoferstr. 3 | tel 030 68 24 98 12 | U 7 Rathaus Neukölln)*, con due vasche del 1912, presenta un antico hammam con un'originale struttura architettonica e un bel bagno piastrellato fornito di idromassaggio, calidarium, sanarium e sauna alle erbe. Abbandonarsi al relax nella "cisterna isolata" di *The Float* **(139 E3)** ***(🕮 M1)*** *(gio-lun 12-21, inverno ogni giorno 12-21 | €35-€59 | Prenzlauer Berg | Dunckerstr. 12 | tel 030 44 03 65 00 | tram 12 Raumerstraße)* è un vero piacere. Anche diversi tipi di massaggi.

libero) documenta la storia che ispirò lo scrittore Carl Zuckmayer a scrivere la tragicommedia *Il Capitano di Köpenick*. L'opera viene rappresentata sulla piazza antistante il municipio il mercoledì e il sabato alle 11.

Circa 200 m a sud, si trova lo *Schloss Köpenick*, un magnifico palazzo sul fiume recentemente restaurato. Fu eretto come dimora del re Federico I di Prussia nel XVII secolo mentre oggi è sede di un distaccamento del *Museo delle Arti e Mestieri (mar-dom 10-18 | ingresso €4)* con pezzi di artigianato antico. Il grazioso caffè nel parco è l'ideale per una sosta sul fiume Dahme. Sul *Frauentog*, una specie di baia, c'è anche una *stazione di barche a energia solare (marzo-ott 10-19 | www.solarwaterworld.de)*: potrete noleggiarne una al prezzo di €10 all'ora e spostarvi silenziosamente lungo la Sprea e la Dahme. Dalle acque, sulla riva orientale del Frauentog, si ammirano il *Quartiere dei Pescatori*, un tranquillo insediamento con antiche case, e lo *stabilimento balneare sul fiume Krokodil (mag-set ogni giorno 10-18 | ingresso €3)*.

Dal molo sul Luisenhain i battelli proseguono verso il *Müggelsee*. Potrete raggiungere il più grande lago di Berlino in soli 20 minuti anche con le linee del tram numero 60 e 61 dirette a Altes Wasserwerk. Scendete alla fermata di Bölschestraße/Am Wasserwerk e, dopo aver percorso 300 m, arriverete al lago su cui si affacciano un bar e il piccolo ma raffinato ristorante francese *Domaines (www.domaines-berlin.de | €€)*. Attraverso il tunnel sotto la Sprea potrete raggiungere la riva occidentale, dove si trovano alcuni stabilimenti balneari. Una passeggiata lungo le rive vi porterà alla trattoria *Rübezahl*, da cui in estate partono ogni ora dei traghetti da e verso Friedrichshagen. Dalla stazione di Friedrichshagen potrete poi prendere una S-Bahn per tornare velocemente verso il centro cittadino di Berlino.

Informazioni turistiche di Köpenick: *lun-ven 9-18.30, sab 10-16, inverno sab solo fino alle 13 | Alt-Köpenick 31-33 | Am Schlossplatz | tel 030 65 57 55 01 | www.berlin-tourismus-online.de*

POTSDAM **(156 B4-5)** *(🕮 0)*

La capitale del Land Brandenburg colpisce per le ville sfarzose, gli splendidi parchi dei castelli e la storia militare prussiana. Situata a sud ovest di Berlino, sull'altra sponda della Havel, Potsdam può essere raggiunta con i treni della S-Bahn *(linea 7, ogni 10 minuti)*.

Un tempo residenza dei re di Prussia, oggi è una località ricca di cultura e di favolosi parchi. Dal 1990 molte aree della cittadina sono state dichiarate Patrimonio dell'Umanità dell'Unesco, come ad esempio i parchi di Sanssouci, il Nuovo Giardino, Babelsberg e, sulla riva berlinese della Havel, Glienicke e i suoi castelli. Il parco dello ★ *Schloss Sanssouci* è considerato uno splendido esempio di architettura paesaggistica d'ispirazione francese e italiana e da qui inizia la bella passeggiata. Dalla stazione di Potsdam-Stadt, dove ferma la S-Bahn proveniente da Berlino, tra aprile e ottobre parte l'autobus *Expressbus X 15* diretto al parco; la fermata a cui scendere è Schloss Sanssouci *(inverno linea 695)*. Originariamente si trattava solo di un giardino terrazzato fatto allestire nel 1744 da Federico II per coltivarvi frutta e viti. Solo successivamente "il Grande" decise di far costruire una residenza di campagna sopra i terrazzamenti da usare come villa estiva in cui occuparsi di filosofia, musica e letteratura, oltre che come luogo di ricevimento per gli ospiti. Il castello di Sanssouci (dal francese "senza preoccupazioni") fu edificato in soli due anni (1745-47) sotto la direzione

Viti e alberi da frutto davanti allo Schloss Sanssouci

di Georg Wenzeslaus von Knobelsdorff. Accanto alla struttura principale furono erette altre abitazioni, tra cui la *Casa Cinese del tè* e il *Nuovo Palazzo*, l'ultimo e al contempo il più grande edificio del XVIII secolo nel parco di Sanssouci, fatto costruire nel 1763-69 per dimostrare che le guerre con la Slesia non avevano intaccato le casse del re. Una passeggiata conduce all'*Orangerie* da cui ammirare i numerosi giardini tematici.

Dall'uscita est, seguendo i cartelli, in 15 minuti si raggiunge il centro cittadino. Presso la Porta di Nauen si trova il **!** *Quartiere Olandese*, realizzato nel 1732-42 per gli immigrati dei Paesi Bassi, assoldati da Federico Guglielmo I di Prussia come esperti manovali per ampliare gli alloggiamenti delle sue guarnigioni. Oggi, negozietti e bar animano l'atmosfera e fanno sì che il rione sia molto apprezzato.

A nord, nella colonia russa *Alexandrowka* potete ammirare 14 case in legno di inizio Ottocento, regalate dal re Federico Guglielmo III ad alcuni cantanti. Dalla Porta di Nauen si prosegue con la linea dell'autobus 692 per lo *Schloss Cecilienhof (apr-ott mar-dom 10-18, nov-marzo mar-dom 10-17)*, dove nel 1945 ebbe luogo la conferenza di Potsdam tra le quattro potenze vincitrici. Nel castello si trovano una mostra e un albergo con un buon ristorante *(ogni giorno 12-21.30 | tel 0331 3 70 50 | €€)*. Cecilienhof fu l'ultima residenza costruita dagli Hohenzollern nel 1914-17 per il principe ereditario Guglielmo e la moglie Cecilie, nello stile Tudor tipico delle ville di campagna inglesi. Merita una visita anche l'ex fattoria di Hohenzollern, nella parte nordoccidentale della città, nota come *Krongut Bornstedt (ogni giorno 10-19 | Ribbeckstr. 6/7 | www.krongut-bornstedt.de)*, con un birrificio, una panetteria e i laboratori con gli antichi mestieri.

Informazioni a Potsdam: *apr-ott lun-ven 9.30-18, sab-dom 9.30-16, nov-marzo lun-ven 10-18, sab-dom 10-14 | Brandenburger Str. 3 | tel 0331 27 55 80 | www.potsdam.de*

MANGIARE E BERE

La capitale è un paradiso per buongustai. La gamma dei locali spazia dai ristoranti con stelle Michelin di vocazione internazionale alle cucine tradizionali a base di specialità turche e russe.

La gastronomia della regione alpina è particolarmente amata sulla Sprea, con classici quali la *Wiener Schnitzel* (cotoletta impanata), il *Tafelspitz* (bollito di manzo) e la *Kartoffelsalat* (insalata di patate). Anche i ristoranti lounge sono molto frequentati e in alcuni si può addirittura mangiare sdraiati su comode chaise-longue. Chi desidera provare l'alta cucina, ma a costi ragionevoli, può scegliere di pranzare in uno dei ristoranti di classe superiore che offre interessanti menu a prezzi più contenuti rispetto a quelli serali. Da provare anche la più economica cucina locale. I nutrienti piatti con ingredienti regionali freschi sono molto apprezzati. Le zuppe sono uno dei piatti preferiti e vengono servite in diverse varianti in molti locali del centro. Per uno spuntino veloce ci sono invece i ristoranti italiani, spesso gestiti da turchi o altri stranieri (pizze e pasta sono piuttosto buone). Le verdure usate per le insalate, invece, sono spesso coltivate in serra e i condimenti preconfezionati. Per quanto riguarda la cucina turca, l'offerta di locali non è molto ricca se si considerano i 160.000 abitanti di origine anatolica. Per contro, è possibile trovare venditori di kebab quasi a ogni angolo della strada, anche nella zona orientale della città. Anche se pochi sanno che il panino imbottito di carne con insalata è

In foto: il ristorante Margaux

Ristoranti per gourmet e chioschi per spuntini che servono dal sushi al Currywurst: Berlino offre ogni tipo di specialità gastronomica

un'invenzione berlinese tanto quanto il *Currywurst*. Non bisogna poi dimenticare i club e i bar russi, oltre ai locali che propongono specialità slave. Il filetto alla Strogonoff, il *boršč* o i pelmeni sono più buoni se accompagnati da un bel sorso di vodka. Anche la cucina asiatica è ben rappresentata, sebbene numerosi ristoranti cinesi lascino spesso a desiderare. Le rivisitazioni moderne, quali la zuppa di citronella e il pollo Paeng, sono invece gradite. La cucina panasiatica, capace di legare sapori orientali a influenze americane ed europee, riscuote successo. In una grande città come Berlino, la buona tavola è anche una questione di moda.

CAFFÈ E PRIMA COLAZIONE

BONIFAZIUS (153 E3) *(M6)*
Un antico locale ricco d'atmosfera, con caminetto, lampade retrò e mobili antichi. Potete acquistare la poltrona su cui sedete. *Lun-ven 13-20, sab 12-17 | Neukölln | Bürknerstr. 26 | tel 030 63 41 32 12 | U 8 Schönleinstraße*

Il Café Einstein, elegante e tradizionale

CAFÉ EINSTEIN ★ (151 D1) *(🗺 H5)*
Caffè viennese dalla lunga tradizione in quella che fu la villa della diva del cinema muto Henny Porten. La filiale *(Mitte | Unter den Linden 42)* ha uno stile più moderno. Entrambi i locali sono frequentati da personalità di spicco e hanno in comune un ottimo menu con *Tafelspitz* (bollito di manzo) e squisite torte. *Ogni giorno 8-1 | Tiergarten | Kurfürstenstr. 58 | tel 030 26 39 19 18 | www.cafeeinstein.com | U 1 Kurfürstenstraße*

! CAFÉ FREISTIL (155 E3) *(🗺 F9)*
Il primo stabilimento balneare di Steglitz oggi profuma di caffè e invece dei bagnanti ci sono i clienti che leggono il giornale seduti su panchine piastrellate e morbidi cuscini. Vengono organizzati concerti, spettacoli teatrali e presentazioni di libri. *Lun-ven 10-18 | Steglitz | Bergstr. 90 | tel 030 54 77 31 18 | www.stadtbad-steglitz.de | S 1 Feuerbachstraße*

CAFÉ LIEBLING (139 D3) *(🗺 M1-2)*
Accogliente caffè all'angolo sulla Helmholtzplatz, con quotidiani a disposizione dei clienti e calde bevande esotiche con ingredienti freschi, come ad esempio il tè con arancia, zenzero e menta. Limitata ma raffinata scelta di torte; a pranzo anche zuppe. *Lun-ven a partire dalle 9, sab-dom a partire dalle 10 | Prenzlauer Berg | Raumerstr. 36a/ Dunckerstr. | tel 030 41 19 82 09 | tram 12 Raumer Straße*

CAFÉ IM LITERATURHAUS
(131 D5) *(🗺 F5)*
Concedetevi un po' di relax nella curata villa con serra dopo una passeggiata sul Ku'damm. Ci si sente rinascere davanti a un caffè, alle ottime torte o ai piatti del giorno preparati con ingredienti freschi. *Ogni giorno a partire dalle 9.30 | Charlottenburg | Fasanenstr. 23 | tel 030 8 82 54 14 | U 1 Uhlandstraße*

RISTORANTE KÄFER CON GIARDINO PENSILE NEL DEUTSCHEN BUNDESTAG (132 A3) *(🗺 J4)*
L'unica sede parlamentare del mondo ad avere un ristorante sul tetto si trova a Berlino; la vista è fantastica e la qualità è garantita della gastronomia Käfer. Il menu prevede piatti elaborati che in

estate si possono gustare sulla bella terrazza. Si consiglia di prenotare in anticipo per evitare la coda, prendere subito l'ascensore ed entrare dall'ingresso laterale. *Ogni giorno 9-16.30 e 18.30-24, prima colazione 9-10 | Mitte | Platz der Republik 1 | www.feinkost-kaefer.de | U-/ S-Bahn Friedrichstraße*

FUSSBADCAFÉ ● (138 C5) *(🕮 L2)*
Caffè e salone di bellezza allo stesso tempo: potete sorseggiare un tè o un caffè con i piedi immersi in una vasca d'acqua profumata con essenze e petali di rosa. Il costo per un trattamento lungo 20 minuti, comprensivo di bibita e fetta di torta, è di €17 (è necessario prenotare). *Lun-ven 10-20, sab-dom 10-18 | Mitte | Zionskirchstr. 32 | tel 030 49 78 73 79 | www.fussbadcafe.de | U 8 Bernauer Straße*

MANOLO (139 D4) *(🕮 L2)*
Osservare uno degli incroci più trafficati della città sorseggiando un caffellatte e mangiando una fetta di torta o una macedonia. Anche la scelta di giornali e l'arredamento da caffè viennese, con comode panche rivestite in pelle, rendono accogliente il locale self service. Se si conosce il tedesco, all'ingresso vi è una postazione con lettore cd per ascoltare racconti di autori berlinesi. *Ogni giorno a partire dalle 7 | Prenzlauer Berg | Schönhauser Allee 45/Danziger Straße | tel 030 24 62 79 58 | U 2 Eberswalder Straße*

MEIN HAUS AM SEE ●
(138 B5) *(🕮 K3)*
Qui potete sorseggiare l'ultimo o il primo caffè della giornata, anche alle 4 del mattino. Design curato, molti divani e poltrone, opere di Street Art alle pareti. *Ogni giorno a partire dalle 9 | Mitte | Brunnenstr. 197-198 | tel 030 23 88 35 61 | www.mein-haus-am-see.blogspot.com | U 8 Rosenthaler Platz*

OXYMORON (133 E2) *(🕮 L3)*
Bel caffè-ristorante con fascino in stile liberty. Potete approfittare della ricca scelta per la prima colazione o della cucina mediterranea proposta sia a pranzo che a cena; anche la carta dei vini è buona e i cocktail rinfrescanti. *Ogni giorno a partire dalle 8 | Mitte | Rosenthaler Str. 40-41 | tel 030 28 39 18 86 | www.oxymoron-berlin.de | S-Bahn Hackescher Markt*

LE SCELTE MARCO POLO

★ **Café Einstein Tiergarten**
Caffè eccellente, servizio cortese e il fascino unico della tradizione viennese → p66

★ **Fischers Fritz**
Haute cuisine servita nel ristorante dell'albergo, non solo per gli amanti del pesce → p68

★ **Margaux**
Lo chef vizia i suoi clienti con ottimi piatti d'ispirazione francese → p68

★ **Clärchens Ballhaus**
Nel più bel giardino interno del centro storico potrete gustare pizza e polpette; servizio rapido → p69

★ **Horváth**
Cucina per gourmet in un ambiente semplice ma elegante, nel cuore di Kreuzberger Kiez → p71

★ **Sage Restaurant**
L'architettura industriale e i tavoli bianchi creano un piacevole contrasto → p73

CAFFÈ E PRIMA COLAZIONE

PRINCESS CHEESECAKE
(138 B8) (*L3*)
Qui potrete assaggiare torte decorate con cura e dolci preparati esclusivamente con ingredienti biologici, come del resto suggerisce il nome del locale. Chi ama la pasticceria a base di formaggio fresco non può perdere la cheesecake proposta. *Ogni giorno 12-19 | Mitte | Tucholskystr. 37 | tel 030 28 09 27 60 | S 1, 2, 25 Oranienburger Straße*

SANKT OBERHOLZ (138 C5) (*L3*)
Caffè molto in voga con connessione wi-fi e seggiolini da arbitro di tennis davanti all'ingresso. Dall'alto i clienti godono della vista su uno degli incroci più movimentati della città. L'interno è più tranquillo; grande scelta di specialità a base di caffè. *Lun-ven a partire dalle 8, sab-dom a partire dalle 9 | Mitte | Rosenthaler Str. 72a | tel 030 24 08 55 86 | www.sanktoberholz.de | U 8 Rosenthaler Platz*

I TEMPLI DEL GUSTO

Facil (132 A6) (*K4*)
Sotto il tetto in vetro (in estate all'aperto) al quinto piano del *Mandala-Hotel* potrete gustare pesce lupo o panzanella con quaglie. Menu €45-€100. *Chiuso sab-dom | Tiergarten | Potsdamer Str. 3 | tel 030 5 90 05 12 34 | www.facil.de | U-/S-Bahn Potsdamer Platz*

Fischers Fritz ★ (132 C4) (*K4*)
Nel sofisticato locale dell'albergo *The Regent Berlin*, il cuoco a due stelle Christian Lohse vizia i suoi clienti con creazioni come i tranci di rombo con salsa di crostacei e zafferano adagiati su un purè di patate alla provenzale. A mezzogiorno si serve un menu di tre portate a €49. *Ogni giorno a partire dalle 6.30 | Mitte | Charlottenstr. 49 | tel 030 20 33 63 63 | www.fischersfritzberlin.de | U 6 Französische Straße*

Margaux ★ (132 B4) (*J4*)
Château Margaux ha fatto da padrino a questo tempio della gastronomia dagli interni dorati, in posizione eccellente. Lo chef Michael Hofmann riesce sempre a conquistare la stella Michelin grazie a manicaretti d'ispirazione vagamente francese. Ricercata scelta di vini. Portate principali a circa €40. *Mar-sab a partire dalle 19 | Mitte | Unter den Linden 78 | tel 030 22 65 26 11 | margaux-berlin.de | S 1 Brandenburger Tor*

Restaurant Tim Raue (144 B5) (*K5*)
Lo chef Tim Raue, molto conosciuto dal pubblico televisivo e premiato con una stella Michelin, nel 2010 ha aperto con sua moglie un ristorante a Kreuzberg. La cucina, d'ispirazione asiatica, è di alto livello. Con il musetto di maiale, i funghi shimeji e il granchio reale conta di conquistare anche la seconda stella. Menu da sei portate a €148. *Mar-sab 12-14 e 19-22 | Kreuzberg | Rudi-Dutschke-Str. 26 | tel 030 25 93 79 30 | www.tim-raue.com | U 6 Kochstraße*

VĂU (133 D4) (*K4*)
L'ambiente sobrio, con sedie cantilever della Thonet e arte moderna, si abbina in modo perfetto con la lineare politica gastronomica di Kolja Kleeberg. Portate principali a partire da €40. *Lun-sab 12-14.30 e 19-22.30 | Mitte | Jägerstr. 54/55 | tel 030 2 02 97 30 | www.vau-berlin.de | U 6 Französische Straße*

THEODOR TUCHER (132 B4) *(🕮 J4)*
Nell'elegante caffè-biblioteca accanto alla Porta di Brandeburgo, chi conosce il tedesco può immergersi nella lettura di libri di recente edizione comodamente seduto sulle poltrone della galleria. Quando poi l'appetito si fa sentire, si può scendere al piano inferiore per gustare gli ottimi piatti della cucina berlinese. *Ogni giorno a partire dalle 7 | Mitte | Pariser Platz 6a | tel 030 22 48 94 64 | tucheram-tor.de | S 1 Brandenburger Tor*

LOCALI CON GIARDINO

CLÄRCHENS BALLHAUS ★
(138 B6) *(🕮 K3)*
In estate ci si può accomodare anche nel tranquillo cortile interno. I simpatici ristoratori servono buone *Buletten* biologiche, pizza e torte. *Ogni giorno a partire dalle 10 | Mitte | Auguststr. 24 | tel 030 2 82 92 95 | www.ballhaus.de | S-Bahn Oranienburger Straße | €*

! DECKSHAUS (145 D4) *(🕮 L4)*
Sprotten (sardine), *Buletten* e *Matjes* (aringhe marinate) nel porto antico, sul ponte del rimorchiatore Jeseniky. Un luogo splendido dove sorseggiare una birra di fronte alla Sprea. *Ogni giorno a partire dalle 12, inverno chiuso lun | Mitte | Märkisches Ufer 1z | tel 030 21 79 14 04 | www.deckshaus.de | U 2 Märkisches Museum | €*

FREISCHWIMMER (146 B5) *(🕮 O6)*
In posizione idilliaca sulle rive di un canale. Frequentato soprattutto nelle belle giornate per le bevande fresche e la creativa cucina estiva. Clientela giovane. ! Noleggio di canoe e kayak. *Lun-ven a partire dalle 12, sab-dom a partire dalle 10 | Kreuzberg | Vor dem Schlesischen Tor 2a | tel 030 61 07 43 09 | www.freischwimmer-berlin.com | U 1 Schlesisches Tor | €*

SCHOENBRUNN (139 E6) *(🕮 N3)*
Frequentato sia da famiglie che dai giovani alla moda del quartiere di Prenzlauer Berg, che ne apprezzano la pizza, i piatti di pasta, gli antipasti e gli ottimi dessert: nel Volkspark Friedrichshain, il luogo ideale dopo una passeggiata attraverso il parco. Con un grande Biergarten. *Ogni giorno a partire dalle 10 | Friedrichshain | Am Schwanenteich | tel 030 4 53 05 65 25 | www.schoenbrunn.net | tram 10 Kniprodestraße/Danziger Straße | €*

VĂU, un hotel stellato vicino al Gendarmenmarkt

Lo chef Loriano Mura, del ristorante Bocca di Bacco

LOCALI TRADIZIONALI

HENNE (145 D5) *(M5)*
Un classico se si vuole mangiare un ! croccante polletto allo spiedo. Frequentato da famiglie di Kreuzberg, studenti, intellettuali e clienti fissi che accompagnano volentieri il cibo con una buona birra. A volte bisogna attendere per sedersi. *Mar-sab a partire dalle 19, dom a partire dalle 17 | Kreuzberg | Leuschnerdamm 25 | tel 030 6 14 77 30 | www.henne-berlin.de | U 8, 15 Kottbusser Tor |* €

PRATER (138 C4) *(L2)*
Locale tradizionale dove gustare piatti alla griglia accompagnati da buona birra. Nelle giornate di sole molte famiglie e studenti si trasferiscono nel Biergarten per la cena. *Ogni giorno a partire dalle 12, inverno solo di sera | Prenzlauer Berg | Kastanienallee 7-9 | tel 030 4 48 56 88 | www.pratergarten.de | U 2 Eberswalder Straße |* €-€€

WELTRESTAURANT MARKTHALLE (153 E-F1) *(M5)*
Sauerbraten (stufato di manzo), gulasch, zuppe e piatti simili. Carta per la prima colazione, proposta del giorno a pranzo e menu serale. Un classico dall'ambiente sobrio, amato sia dalla generazione del '68 che da quelle più giovani. *Ogni giorno a partire dalle 10 | Kreuzberg | Pücklerstr. 34 | tel 030 6 17 55 02 | www.weltrestaurant-markthalle.de | U 1, 15 Görlitzer Bahnhof |* €-€€

ZUR LETZTEN INSTANZ (145 D3) *(L4)*
Una pietra miliare della cultura gastronomica berlinese. "All'ultima istanza" anche i nomi dei piatti per via del vicino tribunale, come ad esempio il *Kreuzverhör* (interrogatorio in contraddittorio) o l'*Anwaltsfrühstück* (prima colazione dell'avvocato). *Lun-sab 12-1 | Mitte | Waisenstr. 14-16 | tel 030 2 42 55 28 | www.zurletzteninstanz.de | U 2 Klosterstraße |* €-€€

RISTORANTI €€€

BOCCA DI BACCO (132 C4) *(🕮 K4)*
I ravioli di pesce lupo con crema di gamberi, il carpaccio di polipo o il carré di agnello in crosta di erbe sono molto apprezzati da uomini d'affari e politici. Selezionata carta dei vini. Suggestiva l'atmosfera della cantina, con più di 500 etichette italiane e grandi tavoli di legno. Gradita la prenotazione. *Lun-sab a partire dalle 12, dom a partire dalle 18 | Mitte | Friedrichstr. 167-168 | tel 030 20 67 28 28 | www.boccadibacco.de | U 6 Französische Straße*

HORVÁTH ★ (147 D-E2) *(🕮 M6)*
L'ambiente non è così elegante, ma gli ingredienti e le creazioni gastronomiche sono eccellenti. L'alta classe è assicurata dallo chef Sebastian Frank, vincitore di una stella Michelin: piatti elaborati, come tranci di halibut gratinati con purè di zucca o filetto di manzo su ragù di tuberi in salsa di vino rosso. *Mar-dom a partire dalle 18 | Kreuzberg | Paul-Lincke-Ufer 44a | tel 030 61 28 99 92 | www.restaurant-horvath.de | U 1, 8 Kottbusser Tor*

LOCHNER (142 C5) *(🕮 H5)*
Semplice arredamento per una cucina d'alta classe. La sella d'agnello all'irlandese con scalogno al vino rosso accompagnata da crespelle di erba cipollina è una vera poesia, così come la coda di rospo su ravioli di guancia di bue e spinaci. Ottima la carta dei vini. *Mar-dom a partire dalle 18 | Tiergarten | Lützowplatz 5 | tel 030 23 00 52 20 | www.lochner-restaurant.de | U 1, 15 Nollendorfplatz*

PARIS-MOSKAU (143 D2) *(🕮 H3)*
Nell'antica *Fachwerkhaus* (casa con intelaiatura a traliccio), sopravvissuta alla massiccia ristrutturazione operata nel quartiere governativo, si può gustare una cucina locale di alta classe: tra i vari piatti anche il lucioperca della Havel, *"Himmel und Erde"* (purè di patate e mele) e *Blutwurst* arrosto. *Lun-ven a partire dalle 12, sab-dom a partire dalle 18 | Tiergarten | Alt-Moabit 141 | tel 030 3 94 20 81 | www.paris-moskau.de | S-Bahn Hauptbahnhof*

RISTORANTI €€

AIGNER (132 C4) *(🕮 K4)*
Raffinata cucina austriaco-tedesca in un ambiente classico: il salmerino di torrente con insalata "del viticoltore del Palatinato" è servito con un Sauvignon blanc e seguito da canederli di *Blutwurst* su crauti alla Riesling accompagnati da un *Cuvée Horcher* di produzione propria. *Ogni giorno a partire dalle 12 | Mitte | Französische Str. 25* | *tel 030 2 03 75 18 50 | www.aigner-gendarmenmarkt.de | U 2 Französische Straße*

BANDOL SUR MER (144 B1) *(🕮 K3)*
Un locale francese che propone una cucina rustica, sia che prendiate il manzo in casseruola con la scorzonera, sia che ordiniate una portata a base di pesce lupo. Accanto vi è un bistrot gestito dallo stesso proprietario. *Ogni giorno a partire dalle 18 | Mitte | Torstr. 167 | tel 030 67 30 20 51 | U 8 Rosenthaler Platz*

! BIEBERBAU (150 A-B5) *(🕮 G7)*
Cucina tedesca arricchita di lievi inflessioni mediterranee per creare piatti davvero originali. Stinco di maiale con tartufo, taglierini con il lucioperca e una selezione di formaggi alla maître Philippe. Delizioso. Un luogo d'incontro apprezzato da pittori, scultori e abitanti del quartiere. *Ogni giorno a partire dalle 18 | Wilmersdorf | Durlacher Str. 15 | tel 030 8 53 23 90 | www.bieberbau-berlin.de | U-/S-Bahn Bundesplatz*

SPECIALITÀ

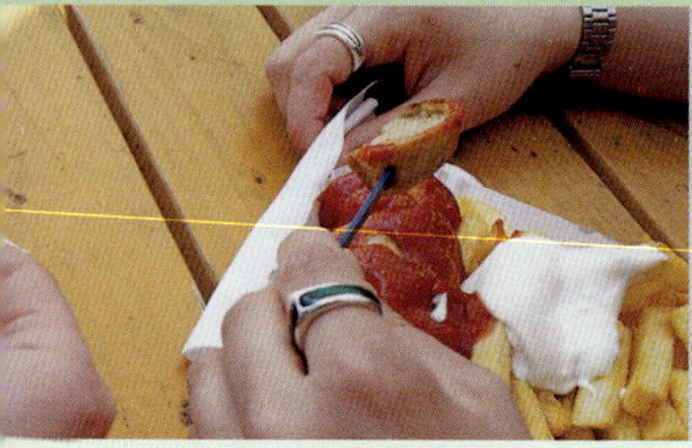

▶ **Berliner Weiße** – birra di frumento con sciroppo di asperula o di lampone. "Mit Schuss" si trasforma in una classica bibita per signore, che tanto piace alle berlinesi ma che gli uomini non considerano degna di nota

▶ **Buletten** – quasi tutte le macellerie vendono queste polpette già cotte e molti bistrot le propongono nella sfiziosa variante al curry. La parola è importata dal francese: circa 300 anni fa gli ugonotti usavano il termine *boulette* con il significato di "pallina" (foto a destra)

▶ **Currywurst** – potete acquistare la salsiccia arrostita con ketchup e curry (foto a sinistra) a ogni angolo di strada. La ricetta fu inventata più di cinquant'anni fa dalla proprietaria di un noto bistrot, Herta Heuwer

▶ **Döner Kebab** – pane arabo farcito con carne di vitello alla griglia e insalata. Una specialità che ormai è apprezzata quanto i piatti tradizionali

▶ **Eisbein** – stinco di maiale salmistrato servito con cremosa purea di piselli; ancora più sfizioso se accompagnato da un buon bicchierino di *Korn* (acquavite di grano)

▶ **Kasseler** – succulenta costina di maiale affumicata; fu un macellaio di Berlino di nome Kassel a renderla famosa in tutto il mondo. È quasi obbligatorio accompagnarla con una buona razione di crauti

▶ **Quark mit Leinöl** – un piatto comune nel menu di molte famiglie berlinesi: *Quark* (tipo di ricotta) condito con olio di lino e un pizzico di sale e servito con patate lesse. Semplice e buono!

▶ **Schmalzstulle** – fetta di pane guarnita con abbondante strutto di maiale e leggermente salata

▶ **Schokolade** – i più golosi dovrebbero assolutamente provare la cioccolata berlinese. Le ditte Hamann e Fassbender & Rausch ne producono di eccellente ormai da decenni

DOMKLAUSE (133 E3) *(🕮 L4)*
Il ristorante della RDT serve specialità in passato apprezzate anche da Honecker & Co. Il cuoco Hans-Jürgen Leucht, sous-chef al Domklause del Palasthotel, stupisce i clienti con le sue creazioni. *Ogni giorno a partire dalle 10 | Mitte | Karl-Liebknecht-Str. 1 | tel 030 8 47 12 37 37 | www.ddr-restaurant.de | S-Bahn Hackescher Markt*

ENGELBECKEN (140 C5) *(🕮 D5)*
Cucina alpina di stagione a Berlino, sul Lietzensee. Ambiente accogliente e cibo sostanzioso: *Weißwürstl* (salsiccia bian-

ca), arrosto di maiale con canederli e cavolo rosso, *Leberkäse* (carne e fegato con spezie pancetta e uovo servito a fette) con senape *Händlmaier* e *Brezel* o gnocchi con burro e salvia. Ottime le torte. Carne bio. *Ogni giorno, lun-ven a partire da 17, sab a partire dalle 16, dom a partire dalle 12 | Charlottenburg | Witzlebenstr. 31 | tel 030 6 15 28 10 | www.engelbecken.de | U 2 Sophie-Charlotte-Platz*

ENTRECÔTE (144 B5) (*K5*)

L'indirizzo giusto per gli amanti della bistecca. Specialità francesi come carne di Angus e rognone di agnello in salsa al Madeira. *Lun-ven a partire dalle 12, sab-dom a partire dalle 18 | Mitte | Schützenstr. 5 | tel 030 20 16 54 96 | www.entrecote.de | U 2, 6 Stadtmitte*

HOSTARIA DEL MONTE CROCE (152 B3) (*K6*)

L'Italia a portata di mano. Alle sette e mezza in punto viene servito un menu da nove portate. I piatti cambiano ogni settimana. Il vino, spillato direttamente dalla botte, è compreso nel prezzo. È consigliabile prenotare. *Mar-sab a partire dalle 19.30 | Kreuzberg | Mittenwalder Str. 6 | tel 030 6 94 39 68 | www.hostaria.de | U 7 Gneisenaustraße*

LUTTER & WEGNER NEL WEINHAUS HUTH (143 F5) (*J5*)

La *Wiener Schnitzel* e il *Sauerbraten* sono i piatti preferiti dai clienti abituali. Vendita diretta di vini, nell'edificio più antico di Potsdamer Platz. *Ogni giorno a partire dalle 11 | Tiergarten | Alte Potsdamer Str. 5 | tel 030 25 29 75 24 | U-/S-Bahn Potsdamer Platz*

NOCTI VAGUS (145 D1) (*M3*)

Il "ristorante al buio" offre uno spettacolo diverso ogni giorno. L'assenza di luce intensifica le sensazioni gustative e olfattive e il cuoco propone ai clienti nuove esperienze aromatiche: sella di coniglio con salsa al vino di prugne o fragole con pepe verde. *Ogni giorno a partire dalle 18 | Mitte | Saarbrücker Str. 36-38 | tel 030 74 74 91 23 | www.noctivagus.de | U 2 Senefelderplatz*

RIO GRANDE (146 A4) (*N5*)

Il fiume più grande di Berlino è la Sprea: qui potete assaporare scaloppine accompagnate da gnocchi al burro o cenare con pollo fritto, insalata di patate e strudel di mele, con vista sul corso d'acqua. Molto piacevole la terrazza. *Lun-ven 11.30-24, sab-dom 10-24 | Kreuzberg | May-Ayim-Ufer 9 | tel 030 61 07 49 81 | www.riogrande-berlin.de | U 1 Schlesisches Tor*

SAGE RESTAURANT ★ (145 F5) (*N5*)

Pizza e trota servite in un ex complesso industriale in mattoni affacciato sulla

Lo chef consiglia...

Sprea: uno dei migliori ristoranti di Berlino. Bella la saletta fumatori, con camino. *Lun-sab a partire dalle 15, inverno mar-sab a partire dalle 18 | Kreuzberg | Köpenicker Str. 18-20 | tel 030 7 55 49 40 71 | www.sage-restaurant.de | U 1 Schlesisches Tor*

SARAH WIENER NELL'HAMBURGER BAHNHOF (143 E-F1) *(J3)*
Piatti tipici delle regioni alpine con ingredienti freschissimi nell'ala laterale del museo dell'Hamburger Bahnhof. Bella terrazza sulla riva del Nordkanal. Filiali: *Chausseestraße 8 (Mitte)* e nella *Kaffeehaus* del *Museum für Kommunikation (Mitte | Leipziger Str. 16)*. *Lun-ven 12-16 e 18-23, sab 18-23 | Mitte | Invalidenstr. 50-51 | tel 030 70 71 36 50 | www.sarahwiener.de | U-/S-Bahn Hauptbahnhof*

SCHNEEWEISS (146 C3) *(O5)*
Il nome, "Bianco come la neve", si riferisce all'arredamento; le uniche cose colorate sono le portate. La *Wiener Schnitzel*, gli *Spätzle* (gnocchetti) e il formaggio di capra rievocano le atmosfere alpine. *Lun-ven a partire dalle 18, sab-dom a partire dalle 10 | Friedrichshain | Simplonstr. 16 | tel 030 29 04 97 04 | www.schneeweiss-berlin.de | U-/S-Bahn Warschauer Straße*

UMSPANNWERK OST (146 A2) *(N4)*
In un'ex centrale elettrica si servono vino, cocktail e birra, oltre a gnocchi e *Wiener Schnitzel*. Grande sala con soffitti alti 7 m e cucina a vista. Divertenti gli ! spettacoli durante la cena. *Ogni giorno a partire dalle 11.30 | Friedrichshain | Palisadenstr. 48 | tel 030 42 80 94 97 | www.umspannwerk-ost.de | U 5 Weberwiese*

LOW BUDG€T

▶ I tranci di pizza riccamente farciti della *Focacceria* **(138 C5)** ***(L2)*** sono molto sostanziosi (€1,50 al pezzo). *Ogni giorno a partire dalle 11 | Mitte | Fehrbelliner Str. 24 | tel 030 44 03 27 71 | U 8 Rosenthaler Platz*

▶ Il miglior pollo fritto della città, ma anche bollito di manzo e strudel alla ricotta a prezzi contenuti: al *Schmuck's Restauration* **(145 D4)** ***(L4-5)*** del Märkischen Museum. *Lun-ven 11.30-14.30 | Mitte | Am Köllnischen Park 1 | tel 030 22 33 65 17 | U 8 Heinrich-Heine-Straße*

▶ Il ● *Curry 36* **(152 A3)** ***(K6)*** *(Kreuzberg | Mehringdamm 36 | U 6, 7 Mehringdamm)* è il chiosco di spuntini preferito di Kreuzberg: serve ottimi Currywurst (circa €1,50), patatine fritte e zuppa di piselli (€2,50). Potete sedere al bancone e rimanerci fino a notte inoltrata.

RISTORANTI €

BABA ANGORA (141 F5) *(F5)*
Conquista i suoi clienti con una cucina turca di classe superiore, con piatti a base di agnello, verdure grigliate e ottimi dessert. Locale accogliente con candele e panche, menu turistico a pranzo. *Lun-ven a partire dalle 12 | Charlottenburg | Schlüterstr. 29 | tel 030 3 23 70 96 | www.babaangora.de | S-Bahn Savignyplatz*

GASTHAUS LENTZ (141 D5) *(E5)*
Un classico che piace soprattutto agli abitanti del quartiere appartenenti alla generazione del '68. Viene anche servita birra Kölsch e la musica non disturba la conversazione. Il piatto del giorno è sempre diverso a pranzo e potete ordinare *Buletten* o i *Landjäger* (salami cacciatorini). *Ogni*

giorno a partire dalle 9 | Charlottenburg | Stuttgarter Platz 20 | tel 030 3 24 16 19 | www.gasthaus-lentz-berlin.de | S-Bahn Charlottenburg

GNADENBROT (150 C2) (*🕮 G6*)
Gulasch, arrosto e patate al forno: è questa la combinazione vincente della trattoria in pieno centro città. Vicino al quartiere di Schöneberg, nel locale si nota l'influenza della scena gay berlinese. I tavoli sono imbanditi nello stile tipico degli anni '70: self service, tovaglie a quadretti e stuzzicadenti. *Ogni giorno a partire dalle 9 | Schöneberg | Martin-Luther-Str. 20a/Motzstraße | tel 030 21 96 17 86 | www.raststaette-gnadenbrot.de | U 4 Victoria-Luise-Platz*

KIMCHI PRINCESS (153 E2) (*🕮 M6*)
Famoso ristorante di Kreuzberger che propone piatti coreani cotti alla griglia. Interni di design, con pareti in lamiera rosse e tavoli di legno. *Mar-dom a partire dalle 18 | Kreuzberg | Skalitzer Str. 36 | tel 0163 4 58 02 03 | www.kimchiprincess.com | U 1 Görlitzer Bahnhof*

! MERCAN (153 E2) (*🕮 M6*)
Specialità turche in un ambiente semplice ma molto accogliente: particolarmente apprezzati i fagioli bianchi, le verdure grigliate, l'agnello, le polpette e il riso al latte. *Ogni giorno a partire dalle 11 | Kreuzberg | Wiener Str. 10 | tel 030 61 28 58 41 | U 1 Görlitzer Bahnhof*

! NÖ! WEINGALERIE (144 A4) (*🕮 K4*)
Locale piccolo ma raffinato con atmosfera familiare. La degustazione di cinque vini scelti dal cliente, accompagnati da spiedini di formaggio e baguette, ha un costo di €15. *Lun-ven a partire dalle 12, sab a partire dalle 19 | Mitte | Glinkastr. 23 | tel 030 2 01 08 71 | www.cafe-noe.de | U 2, 6 Stadtmitte*

La Focacceria è buona ed economica

SASAYA (139 D3) (*🕮 M1*)
Servizio simpatico e piatti raffinati ma dal prezzo contenuto. La qualità delle portate a base di pesce crudo attira anche molti clienti giapponesi, il che è un ottimo biglietto da visita. *Gio-lun a partire dalle 12 | Prenzlauer Berg | Lychener Str. 50 | tel 030 44 71 77 21 | U 2 Eberswalder Straße*

TARTANE (132 C1) (*🕮 K3*)
Hamburger, ali di pollo, Coca-Cola e insalata o roast beef con patate *à la Yucatan*. Vale la pena. *Ogni giorno a partire dalle 18 | Mitte | Torstr. 225 | tel 030 44 72 70 36 | U 6 Oranienburger Tor*

! TOCA ROUGE (132 C1) (*🕮 K3*)
Arredamento eccentrico con una caricatura artistica di Mao sopra l'ingresso. Combinazione di ricette asiatiche. *"A better tomorrow"*, ad esempio, è una portata a base di lucioperca al vapore. Ottimo il *"Seven Seconds"*: involtino di roast beef con cetrioli, funghi e salsa alla senape. *Lun-ven a partire dalle 12, sab-dom a partire dalle 17 | Mitte | Torstr. 195 | tel 030 84 71 21 42 | S 1, 2 Oranienburger Straße*

SHOPPING

INIZIAMO DA...

Per chi ama le griffe popolari il grande centro commerciale **Alexa**, in Alexanderplatz (Mitte), e **Tauentzienstraße**, vicino alla Gedächtniskirche (Charlottenburg), sono un vero paradiso. Lì si trova anche il **KaDeWe,** il grande magazzino della parte ovest. Chi preferisce invece le piccole boutique o i negozi di designer berlinesi deve recarsi agli **Hackesche Höfe** o nella vecchia o nuova **Schönhauser Straße** (Mitte). Per ninnoli vari e merce di seconda mano un buon indirizzo è ad esempio **Bergmannstraße**, a Kreuzberg.

Berlino ha così tante vie di negozi e boutique che non è possibile farne un elenco completo. Infatti, se si volesse cercare un centro cittadino inteso come area più ricca di esercizi commerciali non lo si troverebbe. Il motivo è che ogni distretto ha una propria zona commerciale.

A Mitte, ad esempio, c'è l'esclusiva Friedrichstraße. La clientela delle *Galeries Lafayette* e del *Quartier 206* è internazionale come la stessa merce esposta.

Su Alexanderplatz ci sono invece il più grande Kaufhof della Germania e il centro commerciale *Alexa*.

Orgoglio di Charlottenburg sono il Kurfürstendamm per il design e Tauentzienstraße con i grandi magazzini *Wertheim*, *Peek & Cloppenburg* e il *KaDeWe*.

In foto: il Quartier 206

A Berlino, i negozi e i grandi magazzini non si trovano solo in centro: ogni quartiere ha la sua strada per gli acquisti

Schlossstraße, a sud, è invece frequentata dagli abitanti di Zehlendorf e di Steglitz.
E poi ci sono tante piccole strade con negozietti interessanti, come Goltzstraße, a Schöneberg, famosa per le boutique di moda e i mobili, o Reuterstraße, a Neukölln, con la maggior concentrazione di antiquari e articoli di seconda mano dell'intera città.
Anche i dintorni degli Hackesche Höfe, nel distretto di Mitte, sono famosi per la moda e il design.

ANTIQUARIATO

BERLINER ANTIKMARKT

(132 C3) (*K4*)

Bambole antiche, giocattoli, orologi, gioielli e dipinti sono esposti da 35 antiquari situati tra le arcate della stazione della S-Bahn di Berlin-Friedrichstraße. Il negozio di pupazzi di peluche *Bärenstark* propone anche pezzi antichi. *Mer-lun 11-18 | Mitte | Georgenstraße/S-Bahn-Bögen 190-203 | www.berliner-antikmarkt.de | U-/S-Bahn Friedrichstraße*

I dolci di Istanbul della Confiserie Orientale

DÜWAL (130 B4) *(🕮 F5)*
Gli amanti dei libri antichi sapranno apprezzare l'offerta di questo famoso negozio. Le preziose opere sono impilate fino al soffitto. *Lun-ven 15-18, sab 11-14 | Charlottenburg | Schlüterstr. 17 | www.duewal.de | S-Bahn Savignyplatz*

! PLATTEN PEDRO (135 D6) *(🕮 D-E3)*
Il più grande antiquario di dischi di Berlino con circa 200.000 singoli. Qui c'è tutto ciò che il cuore di un collezionista può desiderare: dalla musica popolare all'hard rock. *Lun-ven 10-18, sab 10-14 | Charlottenburg | Tegeler Weg 102 | www.platten-pedro.de | U 7 Mierendorffplatz*

BELLEZZA

NIVEA-HAUS (132 C4) *(🕮 K4)*
Un'ampia scelta di prodotti cosmetici. Lasciatevi tentare dal salone di bellezza: un trattamento per il viso di 20 minuti con una bevanda inclusa costa €20. Chi si sente contratto può approfittare per farsi fare un massaggio al collo e alle spalle. *Lun-sab 10-20 | Mitte | Unter den Linden 28 | tel 030 20 45 61 60 | www.nivea.de | U-/S-Bahn Brandenburger Tor*

THE ENGLISH SCENT
(130 B3) *(🕮 E-F5)*
Noto per le eccentriche essenze britanniche altrimenti introvabili nelle altre profumerie della città. Quasi tutte le fragranze provengono da produttori che riforniscono anche la famiglia reale inglese. Commessi esperti vi consiglieranno il profumo che più si avvicina ai vostri gusti. *Lun-mar e gio-ven 10-14 e 15-18.30, mer fino alle 14, sab 10-15 | Charlottenburg | Goethestr. 15 | www.english-scent.de | S-Bahn Savignyplatz*

SPECIALITÀ GASTRONOMICHE

! CONFISERIE ORIENTALE
(144 B1) *(🕮 K3)*
Uno dei migliori pasticceri di Istanbul ha ideato appositamente per questo nego-

zio dei confetti al marzapane, miele e altri ingredienti. Potete provarli con un buon caffè o farvi confezionare le prelibatezze in scatole regalo da portare a casa. *Mar-ven 11-19, sab 12-18 | Mitte | Linienstr. 26 | www.confiserie-orientale.de | S 1, 2, 25 Oranienburger Straße*

GOLDHAHN & SAMPSON
(139 D-E3) *(M1)*
Si fa un viaggio virtuale nei profumi di tutto il mondo tra le innumerevoli spezie di questo negozio. Nel retro del locale si tengono corsi di alta cucina. Limitata ma raffinata selezione di vini e alcolici. *Lun-ven 8-20, sab 10-20 | Prenzlauer Berg | Dunckerstr. 9 | www.goldhahnundsampson.de | U 2 Eberswalder Straße*

! KERNKRAFT BERLIN
(146 C4) *(P5)*
Il paradiso per coloro che amano noci, nocciole e affini: sugli alti scaffali sono esposte noccioline al wasabi e al peperoncino, mandorle ricoperte di cioccolato e molti stuzzichini di ogni parte del mondo. Chi preferisce sgranocchiare qualcosa di più morbido potrà riempirsi le tasche di frutta essiccata e zenzero candito. *Lun-ven 10-19, sab 10-15 | Friedrichshain | Neue Bahnhofstr. 33 | www.kernkraft-berlin.de | S 5, 9, 75 Ostkreuz*

VEGANZ (138 C2) *(O)*
Il primo supermercato vegan d'Europa vende ogni sorta di prodotto alimentare o accessorio vegetale ed ecologico: la domenica dalle 11 alle 17, nel caffè annesso, viene servito un ottimo brunch dove potete provare diverse prelibatezze *(€12,90 a persona). Lun-sab 9-21 | Prenzlauer Berg | Schivelbeiner Str. 34 | tel 030 44 03 60 48 | www.veganz.de | U-/S-Bahn Schönhauser Allee*

WHISKY & CIGARS (133 E1) *(L3)*
Locale accogliente con poltrone da club dove assaporare sigari di Cuba, della Repubblica Dominicana e dell'Honduras ed eventualmente sorseggiare uno dei 1000 whisky disponibili. La li-

LE SCELTE MARCO POLO

★ **Trödelmarkt am 17. Juni**
Il classico mercatino delle pulci di Berlino → p81

★ **KaDeWe**
Vale la pena visitarlo anche solo per il piano dedicato alla gastronomia → p81

★ **Quartier 206**
Ambiente raffinato, ampia scelta e nessuna frenesia tipica dei grandi magazzini → p83

★ **14 oz.**
Non solo le celebrità e i personaggi famosi possono fare shopping in un locale simile a un salotto di una casa privata → p83

★ **Trippen**
Calzature trendy in legno e pelle, in uno show room che sembra una vera e propria galleria → p84

★ **Sterling Gold**
Sontuosi abiti da ballo degli anni '50-'80, con strass e paillettes, per gli amanti del vintage → p85

★ **Markt am Maybachufer**
Le famiglie turche comprano intere cassette di verdura e i venditori fanno a gara a chi grida più forte → p85

sta comprende malti scozzesi, raffinati bourbon, blended whisky e rum. Particolarmente interessanti le degustazioni serali. *Lun-ven 11-19, sab 11-18 | Mitte | Sophienstr. 8-9 | www.whisky-cigars.de | U 8 Weinmeisterstraße*

VARIE

! AUS BERLIN (133 F2) *(🕮 L3)*
Gli articoli di più di 200 designer e produttori berlinesi ravvivano il triste prefabbricato di fronte al Kaufhof. In questo negozio si trova di tutto, dalle cerate della Frisia Orientale alle pillole contro il mal d'amore. Sugli scaffali è esposta anche la vodka Gorbatschow, prodotta a Reinickendorf. Saltuariamente anche con dj set. *Lun-sab 11-19 | Mitte | Karl-Liebknecht-Str. 17 | www.ausberlin.de | U-/S-Bahn Alexanderplatz*

ECO SHOWROOM (133 F1) *(🕮 L3)*
In questo negozio luminoso potete acquistare prodotti sostenibili ed equo-solidali; da modaiole giacche in canapa ai mobili: impossibile non trovare qualche cosa di bello da portare a casa. *Lun-sab a partire dalle 12 | Mitte | Almstadtstr. 35 | www.ecoshowroom.de | U 8 Weinmeister straße*

INTERSHOP 2000 (146 B4) *(🕮 O5)*
In questa ex cooperativa di consumo potete trovare (quasi) tutto ciò che serviva nella vita quotidiana ai tempi della RDT: stoviglie Mitropa, portauova o gagliardetti della Freie Deutsche Jugend. Ideale per gli spiriti nostalgici e per chi ama il design socialista. *Mer-ven 14-18, sab-dom 12-18 | Friedrichshain | Danneckerstr. 8 | U-/S-Bahn Warschauer Straße*

KPM (131 D-E 1-2) *(🕮 F4)*
Qui è possibile acquistare la famosa porcellana della Königliche Porzellan Manufaktur oltre ad assistere a interessanti laboratori di produzione, prendere parte a visite guidate e accedere alle mostre temporanee. In uno spazio situato dall'altra parte del cortile potete trovare alcuni prodotti di seconda scelta più economici. *Lun-sab 10-18 | ingresso KPM Welt €10 | Tiergarten | Wegelystr. 1 | www.kpm-berlin.de | S 7, 9, 75 Tiergarten*

LUXUS INTERNATIONAL
(138 C4) *(🕮 L2)*
Le ultime creazioni e fantasiose invenzioni di 120 designer berlinesi presentate in un piccolo negozio. Dal peluche a forma di kebab alla spilletta per chi odia il calcio. Molto apprezzato il gioco di carte "Currywurstbuden Quartett". *Lun-sab 11-20, dom 13.30-19.30 | Prenzlauer Berg | Kastanienallee 101 | www.luxus-interna tional.de | U 2 Eberswalder Straße*

MERCATINI

AM MAUERPARK (138 C3) *(🕮 L1-2)*
Il più grande mercatino delle pulci di Berlino non offre solo cianfrusaglie o mobili retrò. Molti designer vendono qui le loro prime collezioni, perlopiù t-shirt stampate, bigiotteria e borse alla moda. La clientela è formata soprattutto da giovani a caccia di nuovi trend che amano anche concedersi una piacevole pausa in uno dei numerosi bar all'aperto. *Dom 10-17 | Prenzlauer Berg | Eberswalder Straße | U 2 Eberswalder Straße*

BOXHAGENER PLATZ (146 C3) *(🕮 O5)*
Una piccola piazza con un romantico mercatino, prezzi bassi e clientela giovane, costituita soprattutto da studenti che vivono nel quartiere. Comodamente seduti nei caffè si possono osservare i venditori occasionali alle prese con le trattative sui prezzi. *Dom 9-16 | Friedrichshain | Boxhagener Platz | U 5 Samariterstraße*

FLOWMARKT NEUKÖLLN
(153 E2-3) *(M6)*

Al mercatino delle pulci di Maybachufer potete trovare t-shirt alla moda realizzate da designer berlinesi, ninnoli retrò e altri accessori da cucina, molto apprezzati anche dalla gente del quartiere. Con musica dal vivo e *Wurstgrill. 3ª dom del mese 9-16 | Neukölln | Maybachufer | www.nowkoelln.de | U 8 Schönleinstraße*

Nei mercatini dell'usato si trova davvero di tutto

TRÖDELMARKT AM 17. JUNI ★
(131 D-E2) *(F-G4)*

Il mercatino delle pulci più famoso della zona occidentale. Molti venditori di oggetti di antiquariato, capi d'abbigliamento, gioielli e musica sono veri commercianti e hanno prezzi più alti. Ma spesso è possibile contrattare. Nella parte superiore, in direzione della Colonna della Vittoria, potete trovare diverse cianfrusaglie, mentre in quella inferiore, verso Ernst-Reuter-Platz, vi sono i venditori di opere d'arte. *Sab-dom 10-17 | Charlottenburg | Straße des 17. Juni | S-Bahn Tiergarten*

GRANDI MAGAZZINI

DUSSMANN (132 C3) *(K4)*

Sui quattro piani del "grande magazzino della cultura" sono esposti cd, dvd, video, libri, giochi e software. Le offerte speciali invitano a rovistare tra gli scaffali. Nel reparto dedicato alla musica è possibile ascoltare pezzi registrati su tutti i supporti audio in vendita. *Lun-ven 10-24, sab 10-23.30 | Mitte | Friedrichstr. 90 | www.kulturkaufhaus.de | U-/S-Bahn Friedrichstraße*

GALERIES LAFAYETTE (132 C4) *(K4)*

Il paradiso per lo shopping con un eccellente reparto di specialità gastronomiche, moda internazionale e un'architettura straordinaria. *Lun-sab 10-20 | Mitte | Friedrichstr. 76-78 | U 6 Französische Straße*

KADEWE ★ ● (131 F5) *(G5)*

Merita una visita anche solo per la zona dedicata alle specialità gastronomiche: qui c'è (quasi) tutto, dalle ostriche alla citronel-

La struttura architettonica delle Galeries Lafayette è sorprendente

la. Anche l'ampia scelta di grandi firme nel reparto di abbigliamento è straordinaria. 380.000 articoli disponibili su 60.000 m² di superficie. *Lun-gio 10-20, ven 10-21, sab 9.30-20 | Schöneberg | Tauentzienstr. 21-24 | U 1, 2, 3 Wittenbergplatz*

MODA

CACHE CŒUR (139 D5) *(L2)*

Capi d'abbigliamento vintage di stilisti berlinesi, per uomo e per donna. In offerta i vestiti più vecchi, degli anni '60, mai di seconda mano (motivo per cui risultano piuttosto costosi). Scarpe di Givenchy, abiti di Alexander McQueen o cappelli di pelliccia e telefoni di design: pezzi che hanno fatto la storia. *Mar-ven 14-20, sab 12-18 | Prenzlauer Berg | Schönhauser Allee 174 | www.cachecoeur.de | U 2 Senefelderplatz*

DE LA REH (131 E5) *(G6)*

Moda *eco friendly*: capi d'abbigliamento e accessori di materiali naturali, stile e design dall'elegante al casual, ma sempre originale e alternativo. Molto trendy. *Lun-sab 11-20 | Schöneberg | Nürnberger Str. 23 | www.delareh.de | U 1, 2, 3 Wittenbergplatz*

! NIX (133 D2) *(K3)*

Colori tenui, stoffe resistenti e tagli sobri sono la formula di successo di Barbara Gebhardt. Un mantello o una gonna di

Nix farà bella figura sia a teatro che in ufficio. *Lun-sab 11-20 | Mitte | Oranienburger Str. 32 | www.nix.de | S 1, 2, 25 Oranienburger Straße*

QUARTIER 206 ★ (132 C5) (*🗺 K4*)
Elegante grande magazzino di alta moda con creazioni di Cerrutti, Yves Saint-Laurent, Rive Gauche, Strenesse, Gabriele Strehle e Gucci. Nel department store ci sono offerte speciali. *Lun-ven 10.30-19.30, sab 10-18 | Mitte | Friedrichstr. 71 | U 6 Französische Straße*

TAUSENDSCHÖN (139 D3) (*🗺 M1*)
Moda trendy e colorata. Jeans, gonne, felpe sono realizzati con cotone proveniente da agricoltura biologica e sono colorate con tinture rigorosamente naturali. Anche le ballerine di canapa e gli stivali in gomma non sono fatti con materiali artificiali. *Lun-sab 12-20 | Prenzlauer Berg | Raumerstr. 12 | tram M 2 Marienburger Straße*

THATCHERS (138 C4) (*🗺 L2*)
Bianco e nero, stoffe trasparenti e sfumature di grigio sono gli ingredienti della moda classica con tagli a volte particolari. Gli abiti da sera e da cocktail sono il fiore all'occhiello del marchio: sensuali e originali. C'è una filiale anche negli Hackesche Höfe a Mitte. *Lun-sab 11-19 | Prenzlauer Berg | Kastanienallee 21 | www.thatchers.de | U 2 Eberswalder Straße*

THE CORNER (133 D4) (*🗺 K4*)
La haute couture incontra lo street wear e gli accessori di lusso. Questo grande negozio con bar è perfetto per rilassarsi guardando giacche e vestiti di Balenciaga, Chloé, YSL o Givenchy. C'è anche una filiale a Charlottenburg *(Knesebeckstr. 32)*. *Lun-ven 10.30-19.30, sab 10-19 | Mitte | Französische Str. 40/Markgrafenstr. | www.thecornerberlin.de | U 6 Französische Straße*

WERTVOLL (139 E5) (*🗺 M2*)
Materiali biologici, riciclati o fibre naturali per biancheria intima, camicie e vestiti. Marchi come People Tree, G=9,8 e Boa Studio; eque condizioni di lavoro e parte dei guadagni in beneficienza. *Lun-ven 10-20, sab 10-18 | Prenzlauer Berg | Marienburger Str. 39 | www.wertvoll-berlin.com | tram M 2 Marienburger Straße*

14 OZ. ★ (133 E2) (*🗺 L3*)
Un mix di griffe famose e molte occasioni (soprattutto jeans). Il proprietario del negozio è Karl-Heinz Müller, l'organizzatore della fiera della moda "Bread & Butter". Volendo è possibile anche fare acquisti in un salotto privato dall'atmosfera più raccolta. Müller ha riservato alcune camere al primo piano appositamente per questo. *Lun-sab 11-20 | Mitte | Neue Schönhauser Str. 13 | www.14oz.net | U 8 Weinmeisterstraße*

SCARPE

! JÜNEMANNS PANTOFFEL-ECK
(139 D6) (*🗺 L3*)
Nel piccolo negozio-laboratorio le tradizionali pantofole di feltro sono impilate fino al soffitto. I prodotti di questa azienda familiare attiva da circa un secolo sono ormai diventati oggetti di culto e vengono addirittura esportati oltreoceano. *Lun-ven 9-18 | Mitte | Torstr. 39 | www.pantoffeleck.de | U 2 Rosa-Luxemburg-Platz*

LUCCICO (138 C6) (*🗺 L3*)
Un design fuori dall'ordinario e una lavorazione accurata con un buon rapporto qualità-prezzo: il negozio nel triangolo dello shopping berlinese è sempre pieno. Filiali anche in Oranienburger Str. 23 (outlet) e in Bergmannstr. 8. *Lun-ven 12-20, sab 11-20 | Mitte | Weinmeisterstr. 12 | www.luccico.de | U 8 Weinmeisterstraße*

Da Trippen le scarpe sono esposte come vere e proprie opere d'arte

TRIPPEN ★ (133 E2) *(L3)*
Calzature in legno e cuoio di eccellente qualità che fanno tendenza in tutto il mondo. Lo show room con i modelli esposti in piccole nicchie illuminate sembra una galleria più che un negozio. Pubblicizzato con lo slogan "amico dell'ecologico e facile da indossare": la filosofia seguita è quella di creare modelli personalizzati che si discostano dalla produzione di massa. *Lun-ven 11-20, sab 10-20 | Mitte | Rosenthaler Str. 40/41 | Hackesche Höfe IV & VI | www.trippen.com | S-Bahn Hackescher Markt*

ZEHA (138 B5) *(K3)*
Marchio di culto a Berlino, con classici mocassini in pelle e scarpe da ginnastica di ottima qualità. Altre filiali a Kurfürstendamm 188-189 (ingresso Schlüterstraße) e a Prenzlauer Allee 22. *Lun-ven 12-20, sab 10-18 | Mitte | Brunnenstr. 195 | www.zeha-berlin.de | U 8 Rosenthaler Platz*

SECONDA MANO

MADONNA (130 A5) *(E5)*
Ampia scelta di splendidi capi di design e di marca, di seconda mano. Cappotti di Versace, maglioncini di Jil-Sander e completi di Chanel tutti come nuovi. Probabilmente errori di acquisto da parte delle prime acquirenti. Nella Mommsenstr. 43 c'è una filiale con abbigliamento per uomo. *Lun-ven 12-19, sab 11-16 | Charlottenburg | Mommsenstr. 57 | S-Bahn Charlottenburg*

MEMORY (139 D5) *(L2)*
A prima vista regna una gran confusione di valigie, vestiti e scarpe, ma se si guarda con maggiore attenzione i vari oggetti

esposti sono di alta qualità: abiti di Prada degli anni '80 o vestiti optical degli anni '70. Con caffè. *Lun-sab 14-19 | Prenzlauer Berg | Schwedter Str. 2 | U 2 Senefelderplatz*

STERLING GOLD ★ (133 D2) (*K3*)
Il luccichio degli abiti da sera e da ballo ricoperti di strass e paillettes è inebriante. Ci sono anche eleganti cappotti in cashmere; modifiche sartoriali su richiesta. *Lun-ven 12-20, sab 12-18 | Mitte | Oranienburger Str. 32 | Heckmann-Höfe | www.sterlinggold.de | S 1, 2, 25 Oranienburger Straße*

MERCATI SETTIMANALI

! KARL-AUGUST-PLATZ
(141 E5) (*E5*)
Prodotti provenienti da ogni parte d'Europa fanno di questo mercato un vero paradiso delle specialità gastronomiche. I buongustai, non solo di Charlottenburg, sono attirati da formaggio di malga e carote biologiche, pasta fresca, marmellate e molto altro. *Mer 8-13, sab 8-14 | Charlottenburg | Karl-August-Platz | U 7 Wilmersdorfer Straße*

KOLLWITZMARKT (139 D4) (*M2*)
Frequentato dagli abitanti del quartiere e dalle giovani famiglie per acquistare frutta e verdura biologica, carne e specialità gastronomiche di produttori regionali. Il giovedì si tiene un mercato biologico, il sabato vi è una maggiore offerta di prodotti. *Gio 12-19, sab 9-16 | Prenzlauer Berg | Kollwitzplatz | U 2 Senefelder Platz*

MARKT AM MAYBACHUFER ★
(147 E2-3) (*M6*)
Al Mercato dei Turchi si trova tutto ciò di cui può avere bisogno una famiglia numerosa. Uva, pomodori e melanzane sono venduti a cassetta. È facile incontrare anche giovani tedeschi, vestiti elegantemente, intenti ad acquistare antipasti e formaggi biologici. *Mar e ven 11-18.30 | Neukölln | Maybachufer | U 8 Schönleinstraße*

WINTERFELDTMARKT (151 D2) (*H6*)
Gli studenti che vivono a Schöneberg amano fare la spesa in questo mercato, dove è anche possibile sedere in uno dei molti caffè per guardare il viavai della gente e rilassarsi dopo gli acquisti. *Mer 8-14, sab 8-16 | Schöneberg | Winterfeldt platz | U 1, 2 Nollendorfplatz*

LOW BUDG€T

▶ Per gli amanti dello stile retrò: *Arm & Sexy* **(153 E4) (*M7*)** *(mer 14-19, gio 14-18, ven 14-19, sab 12-17 | Reuterstr. 62 | www.arm-und-sexy.de | U 7 Hermannplatz)*, a Neukölln, propone oggetti degli anni '30-'70, dalla radiolina al portauovo.

▶ Il *Marc-O'Polo-Outlet* **(142 C4) (*D4*)** *(lun-ven 10-18.30 | Kaiserdamm 7 | U 2 Sophie-Charlotte-Platz)* è il posto giusto per qualche buon affare.

▶ Jeans e t-shirt della stagione passata a buon prezzo da *Maaßen 10* **(151 D2) (*L1*)** *(lun-ven 10-19, sab 10-18 | Maaßenstr. 10 | U 1, 2 Nollendorfplatz)*.

▶ *Logo An- und Verkauf* **(146 A3) (*K7*)** *(lun-ven 12-19, sab 10-16 | Bergmannstr. 10 | U 7 Gneisenaustraße)* offre cd e dischi, nuovi e usati, a prezzi davvero convenienti: indie, pop, rock, hip hop.

DI SERA

INIZIAMO DA...
Una buona possibilità di divertirsi spendendo poco è Neuköllner Kiez, intorno a **Weserstraße** *(U 7, 8 Hermannstraße)*. Troverete numerosi bar e club di tendenza (ad esempio il Riva e il Weekend) anche a Mitte, tra **Alexanderplatz** e **Hackeschem Markt** o nelle vicinanze di **Oberbaumbrücke**, il punto di collegamento tra Kreuzberg e Friedrichshain. Al Watergate potete scatenarvi in pista ammirando la Sprea, mentre a poca distanza, alla Ostbahnhof, potrete mettervi in coda per entrare in uno dei club più famosi del mondo, il Berghain.

La notte a Berlino non è fatta solo per dormire. Danzare fino al mattino, sedere al bancone di un pub bevendo birra, assistere a un concerto, andare a teatro o al cinema sono tutte attività che appagano e mettono di buon umore sia i residenti che i turisti.

Chi ama la vita notturna difficilmente troverà un'altra città con un'offerta così ampia di locali, bar e cultura in genere. Nella capitale si fanno concorrenza quasi 300 locali, circa 30 teatri di cabaret e varietà, più di 130 cinema, innumerevoli bar e pub. In alcune strade di Mitte, per garantire ai residenti notti tranquille, nei limiti del possibile, l'Ufficio Distrettuale è restio a concedere le licenze. Eppure ogni anno in estate chi abita vicino ai bar litiga con i proprietari perché i clienti

In foto: il bar Newton su Charlottenstraße

Prima a teatro, dopo in un bar e poi a ballare: a Berlino ci si diverte fino alle prime luci dell'alba

chiacchierano fino a tarda notte sul marciapiede disturbando la quiete pubblica. Ma finora sono stati i gestori ad avere la meglio. Può allora succedere che qualcuno, svegliato dal baccano, si vesta e scenda a bersi una birra sotto casa.

BAR

BILLY WILDER'S (143 F4) (*🕮 J5*)
Un posto unico in città, con addirittura 85 tipi diversi di vodka. Anche la scelta dei cocktail non è niente male: ordinatene uno tra i 120 proposti. Ambiente chic con elementi art déco. Perfetto dopo una serata al cinema o un concerto nel vicino teatro. *Chiuso dom | Tiergarten | Potsdamer Str. 2 | tel 030 26 55 48 60 | www.billywilders.de | U-/S-Bahn Potsdamer Platz*

CSA (146 A2) (*🕮 N4*)
Dall'architettura russa al minimalismo moderno: uno dei migliori indirizzi per gli appassionati di design. Sorseggiate un Mai Tai godendovi il viavai sul viale e rilassatevi sulle comode poltrone in pelle della zona

Il Riva, in Dircksenstraße, è un bar ricco d'atmosfera

lounge. *Ogni giorno a partire dalle 19 | Friedrichshain | Karl-Marx-Allee 96 | tel 030 29 04 47 41 | www.csa-bar.de | U 5 Weberwiese*

GAINSBOURG ★ (130 C4) (*🗺 F5*)
Arredato nello stile di un American Bar, è il luogo di ritrovo dei bohémien di Charlottenburg che amano sorseggiare un cocktail, magari ascoltando brani dell'artista francese a cui è dedicato il locale. *Ogni giorno a partire dalle 16 | Charlottenburg | Jeanne-Mammen-Bogen 567-577 | tel 030 3 13 74 64 | www.gainsbourg.de | S-Bahn Savignyplatz*

KUSCHLOWSKI (153 E-F4) (*🗺 M7*)
Piccolo bar-salotto con camino. Vengono serviti diversi tipi di vodka perché la proprietaria del locale è russa. *Ogni giorno a partire dalle 20 | Neukölln | Weserstr. 202 | tel 0176 24 38 97 01 | www.kuschlowski.de | U 7, 8 Hermannplatz*

NEWTON (132 C5) (*🗺 K4*)
Le foto di nudo del maestro Helmut Newton, morto nel 2004, distolgono l'attenzione dei clienti dai drink miscelati con maestria. Oltre ai cocktail sono servite anche ostriche e champagne. Al primo piano vi è una lounge con umidificatori per chi ama fumare il sigaro. *Dom-gio 10-3, ven-sab 10-4 | Mitte | Charlottenstr. 57 | tel 030 2 02 95 40 | www.newton-bar.de | U 6 Französische Straße*

RIVA (133 E2) (*🗺 L3*)
Sotto l'arcata di un ponte della S-Bahn, i clienti prendono posto a un bancone dalla forma ovale attorno a un mobile portabottiglie che a sua volta riproduce il famoso transatlantico Titanic. Per esteti con un debole per i cocktail curati. *Ogni giorno a partire dalle 18 | Mitte | Dircksenstr. 142 | tel 030 24 72 26 88 | www.riva-berlin.de | S-Bahn Hackescher Markt*

SOLAR ★ ☀ (152 A1) (*🗺 J5*)
Dopo la salita con l'ascensore esterno in vetro, potrete bere un drink e ammirare la città dal sedicesimo piano dell'edificio. Anche piatti mediterranei. *Ogni giorno a partire dalle 18 | Kreuzberg | Stresemannstr. 76 | tel 0163 7 65 27 00 | www.solar-berlin.de | S 1, 25 Anhalter Bahnhof*

STRANDBAR MITTE ● (133 D2) *(K3)*
In estate, giovani e meno giovani si incontrano sulla Sprea per un cocktail, un caffè o una birra al chiosco; sedie a sdraio, sgabelli e un magnifico panorama sull'Isola dei Musei. *Mag-set ogni giorno a partire dalle 10 | Mitte | Monbijoustr. 3 | www.strandbar-mitte.de | S 1, 25 Oranienburger Straße*

! WEINBAR RUTZ (144 A1) *(K3)*
Sugli scaffali di questo elegante bar ci sono addirittura 1001 bottiglie di vino diverse. La lista è lunghissima e un sommelier aiuta i clienti nella difficile scelta. Ottima anche la proposta gastronomica. *Mar-sab a partire dalle 16 | Mitte | Chausseestr. 8 | tel 030 24 62 87 60 | www.rutz-weinbar.de | U 6 Oranienburger Tor*

CLUB

ADAGIO (132 A6) *(J5)*
Grande night club sotto il teatro di Potsdamer Platz. Non ci si annoia mai in questo allegro ambiente dall'aspetto barocco con cinque bar e una grande pista da ballo. *Ven a partire dalle 23, sab a partire dalle 22 | ingresso €10 | Tiergarten | Marlene-Dietrich-Platz 1 | tel 030 2 58 98 90 | www.adagio.de | U-/S-Bahn Potsdamer Platz*

A TRANE (130 C4) *(F5)*
L'elegante jazz club dal sobrio stile moderno offre ogni giorno un programma dal vivo. I concerti sono sempre affollati perché di solito i biglietti per gli spettacoli hanno un costo relativamente basso. *Ogni giorno a partire dalle 21 | Charlottenburg | Bleibtreustr. 1/ Pestalozzistr. | tel 030 3 13 25 50 | www.a-trane.de | S-Bahn Savignyplatz*

BERGHAIN/PANORAMABAR ★
(146 A3) *(N5)*
Grande club conosciuto ormai in tutto il mondo dai fan della techno e della musica elettronica. Nell'ex centrale termoelettrica, con soffitti alti 18 m, gli amanti della notte tra i 20 e i 40 anni hanno a disposizione quattro bar e due piani per

LE SCELTE MARCO POLO

★ **Gainsbourg**
American Bar con ottimi cocktail, nel cuore di Charlottenburg → p88

★ **Solar**
Club al sedicesimo piano con una splendida vista su Berlino e piatti mediterranei; si sale con un'ascensore di vetro → p88

★ **Berghain/Panoramabar**
Club di tendenza in un'antica centrale termoelettrica → p89

★ **Tausend**
Arredamento moderno, ottimi drink e dj → p91

★ **Bar jeder Vernunft**
Spettacoli, varietà e cucina di classe nel tendone a specchi → p91

★ **Friedrichstadtpalast**
Il più grande palcoscenico del mondo con ballerini di prim'ordine → p94

★ **Philharmonie**
Il paradiso per gli amanti della musica classica: l'acustica del "Circo di Karajan" è a dir poco fenomenale → p95

★ **Deutsches Theater**
Il teatro più famoso della Germania: un must di qualità → p97

ballare; opere d'arte appese alle pareti e atmosfera molto rilassata. *Ven-sab a partire dalle 24 | ingresso €12 | Friedrichshain | Am Wriezener Bahnhof | S-Bahn Ostbahnhof*

COOKIES (132 C4) (*K4*)
Una vera e propria istituzione in città. I giovani berlinesi si danno appuntamento in questo ex cinema per ballare e divertirsi in compagnia: house, musica elettronica e ottimi cocktail. *Mar e gio a partire dalle 22 | ingresso €10-€15 | Mitte | Unter den Linden/ Friedrichstr. | U 6 Französische Straße*

LOW BUDG€T

▶ Ai concerti gratuiti degli studenti della *Hochschule für Musik Hanns Eisler* di *Charlottenstr. 55* **(144 A4)** ***(K4)*** *(U 2, 6 Stadtmitte)* e *Schlossplatz 7* **(133 E4)** ***(L4)*** *(U 2 Hausvogteiplatz)* scoprirete i talenti di domani. *Prenotazioni: tel 030 2 03 09 21 01 | www.hfm-berlin.de*

▶ Il giovedì dalle 19 alle 22, la serata "Rock at Sage" del *Sageclub* **(145 D4)** ***(M5)*** *(Köpenicker Str. 76 | tel 030 2 78 98 30 | www.sage-club.de | U 8 Heinrich-Heine-Straße)* è gratuita.

▶ Il martedì l'ingresso ai *Cinestar-Centern* (indirizzi sulle riviste cittadine) costa circa €6.

▶ Al *frannz-Club* **(139 D4)** ***(L2)*** *(Schönhauser Allee 36 | tel 030 7 26 27 93 33 | www.frannz.de | U 2 Eberswalder Straße)* le serate indie e pop rock del giovedì costano solo €4. Approfittatene!

! HAFENBAR (138 A5) (*J3*)
Un locale aperto da quasi mezzo secolo, arredato in modo curioso con gomene di navi, acquari e oblò. Serate dedicate agli Abba, alla musica di successo e al rock per gli amanti del ballo dai 20 ai 50 anni. Cocktail e *Korn* (acquavite di grano). *Solo ven (canzoni tedesche di successo a partire dalle 21) e sab (karaoke a partire dalle 21) | ingresso €5-€8 | Mitte | Chausseestr. 20 | tel 030 2 82 85 93 | www.hafenbar-berlin.de | U 6 Naturkundemuseum*

PURO (131 E-F4) (*G5*)
Sky lounge al ventesimo piano dell'Europa-Center con pista da ballo e interni d'ispirazione giapponese, per i nottambuli dai 20 anni in su. Splendida vista sulla città. *Gio-ven a partire dalle 21, sab a partire dalle 22 | ingresso €8 | Charlottenburg | Tauentzienstr. 9-12 | tel 030 26 36 78 75 | www.puro-berlin.de | U 1, 2, 3 Wittenbergplatz*

QUASIMODO (131 D4) (*F5*)
Jazz club tradizionale con concerti di musicisti famosi. Hanno suonato qui quasi tutti i nomi più noti del funky, soul e jazz, da Defunkt a Jasper van't Hof. *Ogni giorno a partire dalle 21 | ingresso €12-€22 | Charlottenburg | Kantstr. 12a | tel 030 3 12 80 86 | www.quasimodo.de | U-/S-Bahn Zoologischer Garten*

SPINDLER & KLATT IN DER HEERESBÄCKEREI (146 A4) (*N5*)
Club-ristorante d'ispirazione asiatica con atmosfera lounge, in un vecchio magazzino. Si può mangiare anche stando distesi. Gradevole il dehors sulla Sprea. *Ristorante ogni giorno a partire dalle 20, club ven-sab a partire dalle 23, inverno chiuso dom-gio | ingresso €12 | Kreuzberg | Köpenicker Str. 16-17 | tel 030 3 19 88 18 60 | www.spindlerklatt.com | U 1 Schlesisches Tor*

TAUSEND ★ (132 B3) *(🕮 J4)*
Drink preparati con maestria e un arredamento semplice ed elegante come in un film di James Bond. Dj della scena dub ed elettronica garantiscono il giusto sound di sottofondo. *Ogni giorno 9-16.30 e 18.30-24, prima colazione 9-10 | ingresso fino a €12 | Mitte | Schiffbauerdamm 11 | tel 030 27 58 20 70 | www.tausendberlin.com | U-/S-Bahn Friedrichstraße*

TRESOR (145 D4) *(🕮 M5)*
Nell'ex centrale elettrotermica si esibiscono dj internazionali della musica techno. Per raggiungere la pista da ballo si deve attraversare un tunnel lungo 30 m. L'ambiente è semplice, di stampo industriale, e la musica non è adatta agli animi più sensibili. Clientela molto giovane e multietnica. *Mer e ven-sab a partire dalle 24 | ingresso €7-€15 | Mitte | Köpenicker Str. 70 | tel 030 62 90 87 50 | www.tresorberlin.de | U 8 Heinrich-Heine-Straße*

WATERGATE (146 A5) *(🕮 N5-6)*
Ultima pista da ballo prima della Sprea, con vista sul fiume e sull'Oberbaumbrücke. Persone di buona estrazione sociale tra i 25 e i 40 anni ballano a ritmo di drum'n'bass e soul in un ambiente moderno ed elegante. *Mer e ven-sab a partire dalle 24 | ingresso €10-€15 | Kreuzberg | Falckensteinstr. 49 | tel 030 61 28 03 94 | www.water-gate.de | U 1 Schlesisches Tor*

WEEKEND (145 D2) *(🕮 L-M3)*
Ballare al dodicesimo piano della ex *"Haus des Reisens"* ("Casa del Viaggiatore") della RDT, di fronte ad Alexanderplatz. Per gli amanti della house music tra i 20 e i 40 anni. La bella terrazza al quindicesimo piano, con bar e vista sulla città, è aperta solo in estate. *Gio-sab a partire dalle 23 | ingresso €10-€15 | Mitte | Alexanderplatz 5 | www.weekend-berlin.de | U-/S-Bahn Alexanderplatz*

Chansons e commedie al Bar Jeder Vernunft

CABARET E VARIETÀ

BAR JEDER VERNUNFT ★
(131 E6) *(🕮 F6)*
Il meraviglioso tendone a specchi merita la visita. Ma è degno di nota soprattutto l'originale programma con star della canzone e della commedia, tra cui Max Raabe e i fratelli Pfister. Mentre si assiste allo spettacolo è possibile ordinare un piatto o semplicemente una bevanda fresca. *Prevendita lun-sab 12-18.30, dom 15-17.30 | biglietti €19-€37 | Wilmersdorf | Schaperstr. 24 | tel 030 8 83 15 82 | www.bar-jeder-vernunft.de | U 1, 9 Spichernstraße*

DIE STACHELSCHWEINE
(131 E-F4) (*🗺 G5*)
Un'istituzione a Berlino Ovest, con divertenti spettacoli di cabaret su temi politici per chi conosce bene il tedesco. *Biglietti €13-€28 | Charlottenburg | Tauentzienstr. 9-12 | Europa-Center | tel 030 2 61 47 95 | www.diestachelschweine.de | U 9, 15 Kurfürstendamm*

DISTEL (132 C3) (*🗺 K3-4*)
Locale attivo da più di cinquant'anni dove spesso, ai tempi del muro, era velatamente criticato il governo della RDT. Oggi è soprattutto il capitalismo a costituire l'argomento principale degli spettacoli proposti. *Prevendita lun-ven 11-18, sab-dom 11-17 | ingresso €13-€29 | Mitte | Friedrichstr. 101 | tel 030 2 04 47 04 | U-/S-Bahn Friedrichstraße*

TIPI, DAS ZELT (143 E3) (*🗺 H4*)
Vi si esibiscono famosi divi dello spettacolo, come Georgette Dee e Tim Fischer, ma anche cori a cappella e percussionisti africani. Simpatica atmosfera proprio accanto alla Cancelleria Federale. *Tiergarten | Große Querallee | prenotazioni: tel 030 39 06 65 50 | www.tipi-das-zelt.de | S 1, 2 Brandenburger Tor*

! UFA-FABRIK (157 D4) (*🗺 J10*)
L'intera gamma della cultura underground in quelli che un tempo erano gli edifici delle produzioni cinematografiche UFA: circo interattivo per bambini, cabaret, varietà. *Tempelhof | Viktoriastr. 10-18 | tel 030 75 50 30 | www.ufafabrik.de | U 6 Ullsteinstraße*

CINEMA

Circa 300 sale cinematografiche di diverse dimensioni garantiscono un'ampia scelta di spettacoli. Il programma aggiornato e gli indirizzi dei singoli cinema sono disponibili anche sulle riviste berlinesi Zitty e tip.

Il tendone del Tipi è il punto di riferimento per le arti minori, la musica e il varietà

BIRRERIE

DIENER – TATTERSALL (130 C4) *(🗺 F5)*
Alle pareti del locale sono esposte le foto di ospiti famosi, tra cui Billy Wilder e Manfred Krug. Molti attori e artisti vi tornano volentieri per birra e *Buletten*. Ovviamente anche i clienti comuni sono i benvenuti. *Ogni giorno a partire dalle 18 | Charlottenburg | Grolmanstr. 47 | tel 030 881 53 29 | www.diener-tattersall.de | S-Bahn Savignyplatz*

! KACHELLOUNGE (153 F4) *(🗺 N7)*
Una delle birrerie più accoglienti di Berlino, con stufe rivestite di piastrelle, poltrone e divani. Regolarmente frequentato da una clientela giovane e molto affollato fino a mezzanotte. *Ogni giorno a partire dalle 19.30 | Neukölln | Weichselstr. 54 | U 7 Rathaus Neukölln*

LEMKE (133 E2) *(🗺 L3)*
Il birrificio sotto l'arcata del ponte della S-Bahn offre molte birre e piatti alla griglia. Zona all'aperto in estate. *Ogni giorno a partire dalle 12, buffet lun-ven 12-15 | Mitte | Dircksenstraße, S-Bahn-Bogen 143 | tel 030 24 72 87 27 | www.brauhaus-lemke.de | S-Bahn Hackescher Markt*

MÖBEL OLFE (153 D2) *(🗺 M6)*
Divertimento sfrenato nel cuore di Kreuzberg, a Kottbusser Tor. Vodka e birra polacca scorrono a fiumi man mano che procede la serata. Frizzante clientela etero e gay. *Mar-dom a partire dalle 18 | Kreuzberg | Reichenberger Str. 177 | tel 030 23 27 46 90 | www.moebel-olfe.de | U 1, 8 Kottbusser Tor*

RESTAURATION SOPHIEN 11
(133 E1) *(🗺 L3)*
Accogliente trattoria con romantico cortile interno accanto agli Hackesche Höfe, dove rilassarsi con *Buletten* e birra a prezzi contenuti. *Lun-ven a partire dalle 17, sab-dom a partire dalle 16 | Mitte | Sophienstr. 11 | tel 030 283 21 36 | www.sophien-elf.de | S-Bahn Hackescher Markt*

ROCK'N'ROLL-HERBERGE
(153 F1) *(🗺 M5)*
Nel foyer di questa pensione molto in voga tra i musicisti potrete giocare a biliardo e calcio balilla. Forse incontrerete una rock star di domani. Chi non ce la facesse poi a tornare a casa può sempre dormire in una delle sette camere messe a disposizione. *Ogni giorno a partire dalle 10 | Kreuzberg | Muskauer Str. 11 | tel 030 61 62 36 00 | www.rnrherberge.de | U 1 Görlitzer Bahnhof*

STÄNDIGE VERTRETUNG
(132 B3) *(🗺 K3-4)*
Tra i clienti abituali molti sono originari di Bonn e vengono qui per bere una birra Kölsch, prodotta nella loro regione. Proprio come in Renania Settentrionale-Vestfalia qui il Carnevale è festeggiato a dovere. *Ogni giorno a partire dalle 9 | Mitte | Schiffbauerdamm 8 | tel 030 282 39 65 | U-/S-Bahn Friedrichstraße*

YORCKSCHLÖSSCHEN ●
(152 A3) *(🗺 J6)*
"Datato ma accogliente", con concerti dal vivo in uno dei più antichi e amati jazz club della città. In estate c'è un Biergarten. *Lun-sab 17-3, dom a partire dalle 10 | Kreuzberg | Yorckstr. 15 | tel 030 215 80 70 | www.yorckschloesschen.de | U 6, 7 Mehringdamm*

CONCERTI, MUSICAL, DANZA E OPERA

ADMIRALSPALAST (132 C3) *(🗺 K3-4)*
L'antico palazzo dei divertimenti del 1911 è rinato: teatro, musical e gare di improvvisazione animano il palcosceni-

co situato proprio accanto alla stazione di Berlin-Friedrichstraße. *Mitte | Friedrichstr. 101 | tel 030 47 99 74 99 | U-/S-Bahn Friedrichstraße*

DEUTSCHE OPER (130 A2) (*🕮 E4*)
Un tempo considerata la risposta di Berlino Ovest alla Staatsoper, nel settore orientale della città, oggi si dedica soprattutto a interpretazioni originali. *Charlottenburg | Bismarckstr. 35 | tel 030 34 38 43 43 | www.deutscheoperberlin.de | U 2 Deutsche Oper*

FRIEDRICHSTADTPALAST ★
(132 C2) (*🕮 K3*)
Il numero 1 tra i palcoscenici di Berlino. Spettacoli moderni per cui sono previsti sorprendenti scenografie ed effetti speciali. Eccezionale la compagnia di ballo, oltre al gruppo musicale e alla giovane compagnia di attori. *Mitte | Friedrichstr. 107 | tel 030 23 26 23 26 | www.friedrichstadtpalast.de | U 6 Oranienburger Tor*

GRIPS-THEATER (131 F1) (*🕮 G4*)
Un'istituzione a Berlino: qui si esibiscono giovani e meno giovani, esponendosi alla critica del pubblico. La "linea 1" seguita ormai da 25 anni da Volker Ludwigs continua ad avere un grande successo. Riempie le sale anche la "linea 2 – L'incubo", intrapresa nel 2009. *Moabit | Altonaer Str. 22 | nella stazione metro di Hansaplatz | tel 030 3 97 47 40 | www.grips-theater.de | U 9 Hansaplatz*

HEBBEL AM UFER (152 A2) (*🕮 K6*)
Spettacoli originali con punte d'eccellenza per quanto riguarda la danza. Questo teatro sperimentale, infatti, si dedica in particolare al balletto. Produzioni d'avanguardia e ospiti speciali su tre palcoscenici. *Kreuzberg | palcoscenico 1 (Stresemannstr. 29), palcoscenico 2 (Hallesches Ufer 32),*

LIBRI E FILM

▶ **Il signor Lehmann** – Il romanzo dell'autore e musicista Sven Regener costituisce un monumento allo spirito del tempo della Berlino Ovest prima della caduta del muro (Feltrinelli, 2003).

▶ **Russendisko** – Wladimir Kaminer narra la storia di un giovane immigrato russo che giunge nella Berlino surreale degli anni '90, descritta con humor e umanità, dove personaggi eccentrici animano la cultura underground della capitale (Guanda, 2004).

▶ **Berlin Alexanderplatz** – Il romanzo di Alfred Döblin pubblicato nel 1929 è un classico sempre apprezzato. La storia di un piccolo uomo che tenta invano di rifarsi una vita, dopo essere uscito dal carcere, ha un fascino senza tempo (Rizzoli, 1981). Grandiosa la trasposizione cinematografica di Rainer Werner Fassbinder con Günter Lamprecht nel ruolo del protagonista (1980).

▶ **Lola corre** – Nel suo primo grande successo, Tom Tykwer presenta la vera natura degli abitanti di Berlino: sempre di fretta e spesso squattrinati (1998).

▶ **Good bye Lenin** – Film pluripremiato del regista Wolfgang Becker sul tema della riunificazione. Una storia drammatica ricca di spunti umoristici (2003).

La Staatsoper Unter den Linden è il grande teatro della musica

palcoscenico 3 (Tempelhofer Ufer 10) | tel 030 25 90 04 27 | www.hebbel-am-ufer.de | U 1, 6 Hallesches Tor

KONZERTHAUS AM GENDARMENMARKT (133 D5) (*K4*)
Nel teatro, costruito nel 1818-21 sotto la direzione di Karl Friedrich Schinkel, si esibisce oggi soprattutto la Berliner Sinfonie-Orchester. Purtroppo però non tutti i posti offrono una buona acustica. *Prevendita lun-sab 12-19, dom 12-16 | Mitte | Am Gendarmenmarkt | tel 030 2 03 09 21 01 | www.konzerthaus.de | U 2, 6 Stadtmitte*

! NEUKÖLLNER OPER (153 F6) (*N8*)
Nonostante si tratti di un teatro relativamente piccolo, le rappresentazioni proposte sono divertenti e le performance di arte canora perlopiù inusuali. Il cartellone è ricco di spettacoli interessanti. *Neukölln | Karl-Marx-Str. 131-133 | tel 030 68 89 07 77 | www.neukoellneroper.de | U 7 Karl-Marx-Straße*

PHILHARMONIE ★ (143 E4) (*J5*)
La città è sede della Berliner Philharmoniker diretta dal 2002 da Simon Rattle. L'acustica della struttura progettata dall'architetto Hans Scharoun è superlativa. Il martedì alle 13, da settembre a giugno, ● ! si tengono concerti gratuiti. *Prevendita lun-ven 15-18, sab-dom 11-14 | Tiergarten | Herbert-von-Karajan-Str. 1 | tel 030 25 48 89 99 | www.berliner-philharmoniker.de | U-/S-Bahn Potsdamer Platz*

STAATSOPER UNTER DEN LINDEN (133 D4) (*K4*)
Poiché i sontuosi interni del più antico teatro d'opera della città iniziavano a deteriorarsi, sono stati avviati i lavori di restauro che dureranno presumibilmente fino al 2015. La programmazione sotto la direzione del maestro Daniel Barenboim è

pertanto spostata presso il *Schillertheater (Charlottenburg | Bismarckstr. 110). Mitte | Unter den Linden 7 | tel 030 20 35 45 55 | www.staatsoper-berlin.de | U 6 Französische Straße*

THEATER DES WESTENS
(131 D4) *(🗺 F5)*
Teatro di musical in una struttura del XIX secolo. Si esibirono qui anche Josephine Baker e Hildegard Knef. *Charlottenburg | Kantstr. 12 | prenotazioni: tel 01805 44 44 (*) | www.stage-entertainment.de | U-/S-Bahn Zoologischer Garten*

THEATER AM POTSDAMER PLATZ
(132 A6) *(🗺 J5)*
Un palcoscenico famoso per la musica. Al momento riscuote grande successo *"Hinterm Horizont"* ("Oltre l'orizzonte"), un inno a Berlino e alla sua storia realizzato dalla rockstar nazionale Udo Lindenberg in collaborazione con lo scrittore Thomas Brussig e il regista Ulrich Waller. *Tiergarten | Marlene-Dietrich-Platz 1 | tel 01805 44 44 (*) | www.stage-entertainment.de | U-/S-Bahn Potsdamer Platz*

DANZA

GRÜNER SALON (133 F1) *(🗺 L3)*
Il giovedì si balla il tango nell'ala laterale del teatro Volksbühne; il venerdì un'orchestra suona musica swing; il martedì serata di salsa e il sabato concerti. *Mitte | Rosa-Luxemburg-Platz | tel 030 6 88 33 23 90 | www.gruener-salon.de | U 2 Rosa-Luxemburg-Platz*

HAVANNA (151 D4) *(🗺 H7)*
Diverse aree dedicate a salsa, merengue, bachata e musica afro-americana; i ballerini possono quindi cambiare genere, oltre che sorseggiare drink ghiacciati. *Mer (solo salsa a partire dalle 21) e ven-sab a partire dalle 22 | Schöneberg | Hauptstr. 30 | tel 030 7 84 85 65 | www.havanna-berlin.de | U 7 Kleistpark*

SPORT PER TIFOSI

Dopo i Mondiali del 2006, gli appassionati di calcio visitano volentieri l'*Olympiastadion (→ p55)*, dove giocano i calciatori dell'*Hertha BSC* (gadget nei più grandi centri commerciali di Berlino). Potete acquistare i biglietti online oppure chiamare il *tel 01805 57 00 70 (*)*. La sede principale si trova presso lo Stadio Olimpico **(156 C3)** *(🗺 A4) (Hanns-Braun-Str. | Friesenhaus II | tel 030 3 00 92 80 | www.herthabsc.de)*. La *FC Union (www.fc-union-berlin.de)*, invece, gioca all'*An der Alten Försterei* **(157 E4)** *(🗺 O)*, al Köpenicker Stadtpark di Wuhlheide. Ticket in biglietteria oppure via internet. Chi si interessa di basket può seguire l'*Alba Berlin (www.albaberlin.de)*. La sede in cui disputa le sue partite è l'arena dell'*O_2 World* **(146 A4)** *(🗺 N5) (Mühlenstr. 12-30)*, in Friedrichshain. Biglietti: *tel 01805 57 00 11 (*)* e alla *Max-Schmeling-Halle* **(138 C3)** *(🗺 L1) (lun-ven 10-19, sab 12-17 | Am Falkplatz 1 | prenotazioni: tel 030 44 30 44 30)*. Se sono fortunati, i tifosi di hockey su ghiaccio possono vedere una partita in diretta degli *Eisbären Berlin (www.eisbaeren.de)*. Prenotazioni per i biglietti del DEL-Spiele: *tel 030 97 18 40 40* oppure online. Anche per loro lo stadio di casa è l'*O_2 World* presso la Ostbahnhof (vedi sopra).

TEATRO

Berlino è famosa per i suoi spettacoli: gli attori e i registi che presentano qui le loro produzioni hanno di sicuro raggiunto l'apice nel panorama nazionale.

BERLINER ENSEMBLE

(132 B-C2) *(🗺 J-K3)*

Fu sede della compagnia fondata da Bertolt Brecht. Per questo le sue opere hanno ancora oggi un ruolo dominante; in programma vi sono anche altri drammaturghi. Gli spettacoli registrano spesso il tutto esaurito. *Mitte | Bertolt-Brecht-Platz 1 | tel 030 28 40 81 55 | www.berliner-ensemble.de | U-/S-Bahn Friedrichstraße*

DEUTSCHES THEATER ★

(132 B2) *(🗺 J3)*

Un centinaio di anni fa, sotto la direzione di Max Reinhardt, era il teatro più famoso di tutta la Germania. Oggi si cerca di riportarlo all'antico splendore. Il repertorio prevede drammi dei grandi classici. *Mitte | Schumannstr. 13a | tel 030 28 44 12 25 | www.deutschestheater.de | U 6 Oranienburger Tor*

MAXIM GORKI THEATER

(133 D3) *(🗺 K4)*

La più antica sala da concerto della città, quasi distrutta durante la Seconda guerra mondiale e usata come teatro dall'amministrazione militare sovietica, oggi propone opere ambiziose di giovani autori e grandi classici. La compagnia, molto motivata, porta in scena drammaturgia russa e non solo. *Mitte | Am Festungsgraben 2 | tel 030 20 22 11 15 | www.gorki.de | S-Bahn Hackescher Markt*

SCHAUBÜHNE (149 D2) *(🗺 E6)*

La compagnia, divenuta famosa sotto la direzione di Peter Stein, fa concorrenza al Volksbühne con opere dal tono critico e anticonformista. *Wilmersdorf | Kurfürstendamm 153 | tel 030 89 00 23 | www.schaubuehne.de | U 7 Adenauerplatz*

Teatro nelle Sophiensaele

! SOPHIENSAELE (133 E1) *(🗺 L3)*

L'allestimento è rudimentale, ma lo spirito creativo inesauribile. Nonostante i mezzi modesti, i drammi che vengono messi in scena sono davvero coinvolgenti. *Mitte | Sophienstr. 18 | tel 030 2 83 52 66 | www.sophiensaele.com | S-Bahn Hackescher Markt*

VOLKSBÜHNE (133 F1) *(🗺 L3)*

Registi di culto come Frank Castorf provocano il pubblico con rappresentazioni anticonformiste. *Mitte | Rosa-Luxemburg-Platz | tel 030 24 06 57 77 | U 2 Rosa-Luxemburg-Platz*

DOVE DORMIRE

Nella capitale il turismo è un settore in forte crescita. Nemmeno ai tempi immediatamente successivi alla caduta del muro si registrava un numero così alto di visitatori come negli ultimi anni. Non c'è da meravigliarsi quindi che nascano dappertutto nuovi alberghi.

Oggi Berlino offre ai suoi ospiti più di 117.000 posti letto. E l'architettura delle strutture ricettive è degna di nota: il design trendy di molti edifici come quello del *Q!* o il *Grand Hyatt* su Potsdamer Platz, con piscina termale affacciata sui tetti della città, garantisce uno standard di alto livello dal punto di vista dell'arredamento interno. Il fiore all'occhiello è il *Radisson Blu Hotel* di fronte al Duomo. Sopra la lobby c'è un acquario alto sei piani attraversato da un ascensore. Le piccole pensioni, invece, non hanno bisogno di impressionare, poiché godono di un vantaggio che non ha prezzo rispetto agli alberghi: l'atmosfera familiare. Molti ospiti apprezzano più una buona prima colazione preparata e servita direttamente dal gestore o dalla padrona di casa che un ricercato buffet di lusso. Grazie all'ampia offerta di ostelli, pensioni private e appartamenti, è possibile dormire a prezzi decisamente contenuti se paragonati a quelli di altre città di pari dimensioni. Le catene di alberghi come il *Motel One* dispongono di diverse strutture ma pure le sistemazioni proposte dai privati sono molto apprezzate. Anche con un budget limitato è facile organizzare al meglio il proprio soggiorno nella capitale. Informazioni sugli alberghi: *tel 030*

In foto: l'Hotel de Rome, a Bebelplatz

Gli alberghi fanno a gara per offrire un servizio di lusso, ma anche le piccole pensioni danno piena soddisfazione

25 00 25 | www.visitberlin.de. Un elenco degli hotel può essere richiesto al *Berlin Tourismus & Kongress GmbH (Am Karlsbad 11 | 10 785 Berlin)*.

ALBERGHI €€€

BRISTOL HOTEL KEMPINSKI BERLIN
(131 D5) *(⊞ F5)*
Un classico sul Ku'damm. L'accogliente arredamento permette agli ospiti di rilassarsi dopo avere visitato la città. La suite presidenziale su due piani, la più grande della città, si trova in questo albergo. *301 camere e suite | Charlottenburg | Kurfürstendamm 27 | tel 030 88 43 40 | www.kempinski-berlin.de | U 1 Uhlandstraße*

ELLINGTON ★ (131 E5) *(⊞ G5)*
Elegante e semplice allo stesso tempo, accogliente e adatto alle famiglie, con un meraviglioso giardino estivo nel cortile interno. Il primo figlio fino ai 12 anni dorme gratuitamente in camera con i genitori. Ogni bambino in più paga €25. *285 camere e suite | Schöneberg |*

Nürnberger Str. 50-55 | tel 030 68 31 50 | www.ellington-hotel.com | U 1, 2, 3 Wittenbergplatz

L'ascensore che attraversa l'Acquarium del Radisson Blu

NHOW ★ (146 B4) *(🕮 N-O5)*
Il design di Karim Rashid e gli studi di registrazione attirano una clientela creativa. Gli interni in stile retrò-futurista dell'hotel-ristorante *Fabric*, sulle sponde della Sprea, sono un mix del film *Alice nel paese delle meraviglie* e *Star Trek*. *304 camere | Friedrichshain | Stralauer Allee 3 | tel 030 2 90 29 90 | www.nh-hotels.de | U-/S-Bahn Warschauer Straße*

Q! ★ (130 C5) *(🕮 L3)*
La lounge ha un design sinuoso e il banco della reception ricorda quello di un cocktail bar. Premiato a livello internazionale. *72 camere, 4 appartamenti, 1 attico | Charlottenburg | Knesebeckstr. 67 | tel 030 8 10 06 60 | www.loock-hotels.com/q-hotel-berlin | U 1 Uhlandstraße*

RADISSON BLU ★ (133 E3) *(🕮 L4)*
Nella lobby dell'hotel a cinque stelle situato sulla Sprea, di fronte al Duomo, si trova l'acquario cilindrico più grande del mondo (un milione di litri d'acqua). Un ascensore attraversa l'immensa vasca in vetro fino al sesto piano. *427 camere | Mitte | Karl-Liebknecht-Str. 3 | tel 030 23 82 80 | www.radissonblu.com/hotel-berlin | S-Bahn Hackescher Markt*

ALBERGHI €€

ARTE LUISE KUNSTHOTEL
(132 A-B 2-3) *(🕮 J3)*
Ogni camera è stata progettata da un decoratore diverso, senza nulla togliere al comfort e alla comodità (internet, tv, aria condizionata). Frequentato anche da artisti. *50 camere | Mitte | Luisenstr. 19 | tel 030 28 44 80 | www.luise-berlin.com | U-/S-Bahn Friedrichstraße*

ARTEMISIA (149 E2) *(🕮 E6)*
In questo hotel sono ammesse solo le donne. Le camere sono arredate con gusto e la terrazza sul tetto offre una piacevole visita sulla città. *19 camere | Wilmersdorf | Brandenburgische Str. 18 | tel 030 8 73 89 05 | www.frauenhotel.info | U 7 Konstanzer Straße*

BOGOTA (130 B5) *(🕮 E6)*
Albergo tranquillo con molti clienti abituali; nei pressi del Ku'damm, in posizione centrale. Le camere sono ordinate e ariose, l'atmosfera è familiare e il servizio davve-

ro cortese. *116 camere | Charlottenburg | Schlüterstr. 45 | tel 030 8 81 50 01 | www.hotel-bogota.de | U 7 Adenauerplatz*

DORINT NOVOTEL AM TIERGARTEN

(131 E2) (*F4*)

Hotel funzionale e moderno nelle immediate vicinanze della stazione della S-Bahn di Tiergarten. Ambienti semplici ma spaziosi. Con sauna. Il sabato e la domenica si tiene un mercatino delle pulci quasi davanti all'ingresso dell'edificio. Numerose le testimonianze lasciate dallo scrittore Uwe Johnson, che vi soggiornò più volte. *274 camere, 11 suite | Tiergarten | Straße des 17. Juni 106-108 | tel 030 60 03 50 | www.novotel.com | S-Bahn Tiergarten*

IBIS BERLIN CITY OST

(145 E5) (*M4*)

In posizione centrale sulle rive della Sprea, con un buon rapporto qualità-prezzo. *242 camere | Friedrichshain | An der Schillingbrücke 2 | tel 030 25 76 00 | www.ibishotel.com | S-Bahn Ostbahnhof*

! DAS LITERATURHOTEL

(155 F1) (*G8*)

Il salone, arredato con mobili in stile Biedermeier, è utilizzato per presentazioni di libri, incontri con gli autori e manifestazioni culturali. Atmosfera intima, con terrazze, giardino e parcheggio. Frequentato dallo scrittore Uwe Johnson tra il 1974 e il 1984. *18 camere | Friedenau | Fregestr. 68 | tel 030 8 59 09 60 | www.literaturhotel-berlin.de | S 1, 25 Friedenau*

PARK INN BERLIN ALEXANDERPLATZ

(145 D2) (*L3*)

L'edificio di 40 piani si trova su Alexanderplatz. Le camere si differenziano per comfort e dimensioni e gli ospiti ricevono dei buoni sconto per la Galeria Kaufhof, il grande magazzino situato accanto all'albergo. All'ultimo piano c'è una ! magnifica terrazza panoramica *(estate a partire dalle 12, inverno a partire dalle 15 | €3). 1012 camere | Mitte | Alexanderplatz 7 | tel 030 2 38 90 | www.parkinn-berlin.de | U-/S-Bahn Alexanderplatz*

LE SCELTE MARCO POLO

★ Ellington
Ambiente moderno ed elegante nello storico edificio di un'ex azienda commerciale → p99

★ Nhow
Top-design hotel con arredi di Karim Rashid → p100

★ Q!
Pluripremiato albergo dal design ricercato e atmosfera lounge, a Charlottenburg → p100

★ Radisson Blu
Il gigantesco acquario a sei piani, raggiungibile con un ascensore in vetro, lascia a bocca aperta → p100

★ Hotel Concorde
Camere di lusso nel moderno edificio ideato dal grande architetto Alfred Kleihues → p102

★ Heart of Gold Hostel
Non lontano da Mitte, il quartiere di tendenza; stanze luminose e tranquille a prezzi medio-bassi → p104

★ Ackselhaus
Il laghetto di pesci rossi e il giardino balinese conferiscono un tocco esotico agli appartamenti → p105

★ Miniloft Mitte
Meravigliosa architettura e servizio cordiale → p105

THE WEINMEISTER (144 C2) (*K3*)
Un albergo di design con una fantastica beauty spa al sesto piano e una terrazza sul tetto. Ogni stanza è dotata di computer Mac e docking station per iPhone. Aperto 24 su 24. *84 camere | Mitte | Weinmeisterstr. 2 | tel 030 75 56 67 46 14 | www.the-weinmeister.com | U 8 Weinmeisterstraße*

ALBERGHI €

FABRIK (146 B5) (*N6*)
Il posto ideale per chi ama la vita notturna di Kreuzberger. Il prezzo dipende dalle dimensioni della stanza (a partire da €18). *45 camere | Kreuzberg | Schlesische Str. 18 | tel 030 6 11 82 54 | www.diefabrik.com | U 1 Schlesisches Tor*

ALBERGHI DI LUSSO

Adlon Kempinski (132 B4) (*J7*)
Una perfetta riproduzione dell'albergo di lusso distrutto durante la Seconda guerra mondiale. Servizio di alta classe. *382 camere, 78 suite | €224-€16.000 | Mitte | Unter den Linden 77 | tel 030 2 26 10 | www.hotel-adlon.de | S 1, 2, 25 Brandenburger Tor*

Grand Hyatt (143 E5) (*J5*)
L'albergo a cinque stelle di Potsdamer Platz unisce eleganza e modernità. Il punto forte è la zona benessere che si trova all'ultimo piano, con piscina in acciaio e una fantastica vista panoramica sulla città. *342 camere e suite | €170-€3470 | Tiergarten | Marlene-Dietrich-Platz 2 | tel 030 25 53 12 34 | www.berlin.grand.hyatt.de | U-/S-Bahn Potsdamer Platz*

Hotel Concorde ★ (131 D-E5) (*F5*)
Albergo a cinque stelle dal design purista, con ampie stanze e suite. Si trova nelle immediate vicinanze della Gedächtniskirche. L'edificio di 17 piani in stile liberty fu progettato da Jan Kleihues. *311 camere e suite | €130-€342 | Charlottenburg | Augsburger Str. 41 | tel 030 8 00 99 90 | U 3, 9 Kurfürstendamm*

Hotel de Rome (133 D4) (*K4*)
Tempio del lusso su Bebelplatz accanto alla Staatsoper. Le camere e le suite sono arredate in modo moderno con qualche rimando alla tradizione schinkeliana. Molto bella la terrazza sul tetto dotata di bar. *146 camere e suite | €430-€4630 | Mitte | Behrenstr. 37 | tel 030 4 60 60 90 | www.hotelderome.com | U 6 Französische Straße*

The Ritz-Carlton Berlin (132 A6) (*J5*)
Hotel di alta classe in posizione centrale, a Potsdamer Platz: design elegante, grande area wellness e lusso ovunque si guardi. *303 camere e suite | €250-€14.500 | Mitte | Potsdamer Platz 3 | tel 030 33 77 77 | www.ritzcarlton.com | U-/S-Bahn Potsdamer Platz*

Schlosshotel im Grunewald (148 A5) (*C7*)
Elegante palazzo storico nei pressi del Ku'damm con parco signorile, area wellness e ristorante di classe superiore. Il design dell'arredamento interno è di Karl Lagerfeld. *53 camere e suite | €239-€5000 | Wilmersdorf | Brahmsstr. 10 | tel 030 89 58 40 | www.schlosshotel berlin.com | S 7, 9 Grunewald*

Esterni sobri e interni di classe: The Ritz-Carlton a Potsdamer Platz

GASTEINER HOF (149 F4) (*🕮 F7*)
Piccolo hotel nella zona ovest della città con un buon rapporto qualità-prezzo. Economiche le doppie con bagno e doccia in camera. *22 camere | Wilmersdorf | Gasteiner Str. 8 | tel 030 8 62 01 70 | www.gasteiner-hof.de | U 7 Blissestraße*

KARIBUNI (153 F5) (*🕮 N7*)
Non distante dal vecchio aeroporto di Tempelhof, un albergo a conduzione familiare in una casa tipica di Berlino, con dipinti appesi alle pareti e mobili di ispirazione africana. Il nome dell'hotel significa "benvenuto" in lingua Afrikaans. *11 camere, 1 appartamento | Neukölln | Neckarstr. 2/ Karl-Marx-Str. | tel 030 6 87 15 17 | www.karibuni-hotel.de | U 7 Rathaus Neukölln*

MOTEL ONE (131 D4) (*🕮 F5*)
Hotel di design con camere economiche. Ci sono filiali su Alexanderplatz (Mitte), su Moritzplatz (Kreuzberg) e nei pressi di Schloss Bellevue (Tiergarten). *250 camere | Charlottenburg | Kantstr. 7-11a | tel 030 31 51 73 60 | www.motel-one.de | S 7, 9, 75 Zoologischer Garten*

OSTEL (145 F4) (*🕮 N5*)
La quintessenza dell'*Ostalgie*: un prefabbricato con mobili originali dell'RDT e un ritratto di Erich Honecker nell'atrio. Ottima posizione nelle immediate vicinanze dell'Ostbahnhof. Anche il ristorante della struttura serve piatti tipici della Germania orientale. *79 camere, 1 appartamento | Friedrichshain | Wriezener Karree 5 | tel 030 25 76 86 60 | www.ostel.eu | S 7, 8, 9 Ostbahnhof*

PETERS (130 C4) (*🕮 F5*)
Confortevoli stanze per non fumatori adatte anche a famiglie, in un tipico edificio storico all'angolo di Savignyplatz. Nelle vicinanze ci sono ottimi bar e ristoranti. *34 camere | Charlottenburg | Kantstr. 146 | tel 030 3 12 22 78 | www.pension-peters-berlin.de | S-Bahn Savignyplatz*

Sull'Eastern Comfort ci si fa cullare dalle onde della Sprea

OSTELLI DELLA GIOVENTÙ

EASTERN COMFORT
(146 A-B4) *(N5)*

I clienti delle due piccole imbarcazioni-albergo possono dormire presso l'Oberbaumbrücke, sulla Sprea, cullati dal lieve moto ondoso del fiume. Il panorama che si apre dagli oblò è compreso nel prezzo (€12-€78 a notte). *42 cabine | Friedrichshain | Mühlenstr. 73-77 | tel 030 66 76 38 06 | www.eastern-comfort.com | U-/S-Bahn Warschauer Straße*

EASTSEVEN (138 C5) *(L2)*

Premiato nel 2009 come miglior ostello tedesco. Singole, doppie e dormitori da 3 a 8 posti letto (€13-€37 a persona). Molti bagni comuni con docce. Giardino. *Prenzlauer Berg | Schwedter Str. 7 | tel 030 93 62 22 40 | www.eastseven.de | U 2 Senefelderplatz*

GENERATOR (0) *(O3)*

Il più grande ostello di tutta la Germania, con 900 posti letto, è situato nei pressi della stazione della S-Bahn di Landsberger Allee. A partire da €15. *241 camere | Prenzlauer Berg | Storkower Str. 160 | tel 030 4 17 24 00 | www.generatorhostels.com | S 41, 42 Landsberger Allee*

HEART OF GOLD HOSTEL ★
(132 C2) *(K3)*

Vicino alla zona festaiola di Oranienburger Straße, stanze luminose e tranquille. A partire da €10. Dopo sei giorni di permanenza un pernottamento è gratuito. *140 camere | Mitte | Johannisstr. 11 | tel 030 29 00 33 00 | www.heartofgold-hostel.de | U 6 Oranienburger Tor*

HÜTTENPALAST (153 E4) *(M7)*

Dormire nella hall di una fabbrica di Neuköllner è un'esperienza unica. Tre roulotte e altrettante casette in legno, tutte confortevoli. Caffè e giardino-terrazza. La struttura dispone anche di stanze per famiglie, libere da barriere architettoniche. *Neukölln | Hobrechtstr. 65-66 | tel 030 37 30 58 06 | www.huettenpalast.de | U 7, 8 Hermannplatz*

THREE LITTLE PIGS (144 A6) *(J5)*

Vicino a Potsdamer, potete soggiornare in un ex convento con stanze da 2-8 posti letto. Doppie con bagno: €32 a persona. *80 camere | Kreuzberg | Stresemannstr. 66 | tel 030 32 66 29 55 | www.three-little-pigs.de | U-/S-Bahn Potsdamer Platz*

APPARTAMENTI

ACKSELHAUS ★ (139 D5) *(M2)*
Appartamenti d'ispirazione asiatica, cortile interno balinese e vasca di pesci rossi. Chi prenota una stanza al pianterreno deve passare sul ponticello di sassi che attraversa il laghetto. Incantevole. *35 camere | Prenzlauer Berg | Belforter Str. 21 | tel 030 44 33 76 33 | www.ackselhaus.de | U 2 Senefelderplatz | €€€*

LUX ELEVEN (144 C2) *(L3)*
Appartamenti dai colori chiari e arredati con stile, dotati di cucina con lavastoviglie e microonde. L'ideale per un soggiorno prolungato. C'è anche un ristorante con cucina tedesca e mediterranea. *72 appartamenti | Mitte | Rosa-Luxemburg-Str. 9-13 | tel 030 9 36 28 00 | www.lux-eleven.com | U 8 Weinmeisterstraße | €€€*

MINILOFT MITTE ★
(143 F1) *(J3)*
Insignito di un premio per la straordinaria struttura architettonica. Appartamenti in stile classico o moderno, leggermente stravaganti, vicino alla stazione centrale. Servizio cortese e molto simpatico. Gestione rispettosa dell'ambiente con fornitura elettrica ecologica e prodotti del commercio equo e solidale. *14 appartamenti | Mitte | Hessische Str. 5 | tel 030 8 47 10 90 | www.miniloft.com | U 6 Naturkundemuseum | €€*

! PFEFFERBETT (138 C5) *(L2)*
Stanze con 2-8 posti letto, in un ex birrificio di Berlino (a partire da €12). Una doppia con bagno privato, televisore e accesso a internet costa circa €60. *43 posti letto, 3 appartamenti | Prenzlauer Berg | Christinenstr. 18-19 | tel 030 93 93 58 58 | www.pfefferbett.de | U 2 Senefelderplatz*

STANZE PRIVATE

Camere e appartamenti presso privati prenotabili sui siti *www.123berlinzimmer.de* e *www.urban-apartments.com*. Esistono inoltre numerose *Mitwohnagenturen*, agenzie specializzate in B&B e co-abitazioni, tra cui ricordiamo *Freiraum (Kreuzberg | Wiener Str. 14 | tel 030 6 18 20 08 | www.freiraum-berlin.com)*.

LOW BUDG€T

▶ La società di costruzioni *WBM* **(146 C3)** *(**P4**) (Scharnweber Str. 23-27 | tel 030 24 71 53 29 | www.wbm.de | U 5 Samariterstraße)* affitta dieci graziosi appartamenti uso foresteria a prezzi contenuti, nei quartieri di Mitte e Friedrichshain.

▶ Un po' fuori mano, l'ostello *Am Wannsee* è situato in posizione idilliaca sulle acque del lago e dispone anche di stanze per famiglie. Pernottamento a partire da €17 a persona. *Nikolassee* **(0)** *(**0**) (Badeweg 1 | tel 030 803 20 34 | www.jh-wannsee.de | S 1, 7 Nikolassee)*

▶ Dormire in un'amaca o in un letto principesco alla *Pension 11. Himmel* **(157 E3)** *(**0**) (5 camere | Wittenberger Str. 85 | tel 030 93 77 20 52 | www.pension-11himmel.de | S 7 Ahrensfelde)*, a Marzahn, in un edificio prefabbricato. Una notte con prima colazione costa €22.

PASSEGGIATE IN CITTÀ

Gli itinerari sono segnati in verde nell'atlante della città, nella carta estraibile e nel risvolto di copertina

1 DOVE SORGEVA IL MURO

Sono rimasti pochi segni dei lunghi anni in cui Berlino era divisa in due parti da cemento, filo spinato, campi minati e torrette di guardia. In alcuni luoghi, tuttavia, si percepisce ancora qualcosa dell'atmosfera che regnava allora. Vale la pena di fare una passeggiata lungo l'antico tracciato del muro, soprattutto tra il Checkpoint Charlie e la stazione di Berlin-Friedrichstraße. Durata: circa 2 ore.

L'itinerario ha inizio presso il Checkpoint Charlie. Del vecchio passaggio di frontiera per i viaggiatori provenienti da paesi esteri occidentali sono rimasti solo la casetta per il disbrigo delle pratiche di confine e i grandi poster che ritraggono un soldato russo e uno statunitense. Nel museo del muro, **Haus am Checkpoint Charlie** **→ p53**, è documentata la storia di diversi tentativi di fuga, oltre alle condizioni di vita dell'Est e dell'Ovest: 254 persone furono uccise dalle guardie di confine della RDT proprio mentre cercavano di scavalcare il muro.

Lasciandovi alle spalle la pila di sacchi di sabbia, svoltate a sinistra in Zimmerstraße, dove un tempo era preclusa la vista sul marciapiede opposto. La casa all'angolo è l'edificio in stile barocco più antico del vecchio sobborgo di Friedrichstadt; quando fu eretto nel 1735 era costituito da un unico piano.

Percorrendo Zimmerstraße si costeggiano abitazioni affacciate su Berlino Est.

In foto: il Checkpoint Charlie, in Friedrichstraße

MAUERMUSEUM THE WALL LE MUR

Tra il nuovo centro e l'antico confine: sulle tracce della complessa storia di una capitale unica al mondo

Infatti, il vero confine non era il muro, bensì una linea "virtuale" che correva parallela 2,5 m più a ovest. Gli abitanti e i passanti che camminavano lungo Zimmerstraße si trovavano quindi a Berlino Est. In questa via era perciò vietato circolare in auto e i residenti erano costretti a muoversi a piedi in un tratto lungo circa 300 m, una limitazione sicuramente poco piacevole in caso di trasloco. Per gli evasori fiscali e i criminali, invece, era il luogo ideale per gli affari, perché polizia e ufficiali, non avendo accesso a Berlino Est, non potevano effettuare pignoramenti. Nell'edificio con la facciata in mattoni, sul lato opposto, si trovava il Ministero degli Affari Esteri della RDT, la base d'appoggio per la Stasi e nelle cantine il deposito di armi.

Lungo Wilhelmstraße, in direzione del Martin-Gropius-Bau, si trova uno degli ultimi tratti del muro, composto di lastre di cemento alte quasi 4 m. La parete è scalcinata perché turisti indisciplinati hanno portato a casa alcuni pezzetti da tenere come ricordo, soprattutto quelli con tracce di graffiti, particolarmente apprezzati dato che ai tempi delle due Germanie il muro era considerato la più lunga galleria artistica del mondo, almeno per quanto riguarda il lato su Berlino Ovest, tanto che molti artisti famosi, tra cui Thierry Noir e Keith Haring, hanno voluto decorarlo.

A sinistra c'è lo spazio espositivo **Topographie des Terrors → p53**, il quartiere generale da cui Gestapo e SS pianificavano atti terroristici e praticavano torture e uccisioni, seminando morte e terrore. Un nuovo centro di documentazione completa la mostra a cielo aperto con 15 stazioni, tra cui compaiono un pezzo di muro vicino all'elegante Sala delle Vittime e uno accanto all'edificio commemorativo che sorgeva in questa zona.

Nel **Martin-Gropius-Bau → p53** l'ex museo di arte applicata inaugurato nel 1881 e gravemente danneggiato durante la Seconda guerra mondiale, sono allestite mostre temporanee su tematiche storiche, scientifiche e artistiche. L'edificio è intitolato all'architetto, un prozio del famoso artista del Bauhaus Walter Gropius. In passato non era possibile usare l'ingresso principale e i visitatori vi accedevano dalla porta sul retro. Invece l'edificio di fronte, nello stile del tardo rinascimento italiano, si trovava già sul lato orientale del tracciato del muro. Inaugurato nel 1892 come Camera dei Rappresentanti della Prussia, dal 1993 ospita il **Berliner Abgeordnetenhaus** (Parlamento del Land di Berlino) un tempo parte della vicina **Haus der Ministerien** (sede dei Ministeri della RDT). Dopo i danni apportati durante la guerra, fu solo parzialmente ristrutturato dalla RDT.

Seguendo le targhette di rame sulla pavimentazione stradale si giunge a Stresemannstraße, da cui si intravede sulla destra **Potsdamer Platz → p46**. I nuovi edifici nascondono quello che era il tracciato del muro e solo una striscia lastricata lungo Stresemannstraße ricorda i tempi in cui la città era divisa.

Lì dove oggi si ergono gli imponenti edifici di Sony e Daimler Chrysler, si estendeva un'area incolta di 480.000 m² su cui sorgevano due palazzi, la Weinhaus Huth (Casa del Vino) e una piccola parte dell'Hotel Esplanade, un albergo al tempo molto in voga. Prima dei bombardamenti della Seconda guerra mondiale, la piazza era uno dei luoghi più trafficati d'Europa: il primo semaforo di Berlino fu installato, non a caso, proprio qui. Lo ricorda la torretta posta presso l'ingresso della stazione della S-Bahn con il semaforo in posizione orizzontale e non verticale. Il grande tetto a ombrello del **Sony-Center → p46** viene illuminato da led colorati al calar del sole. Se avete tempo visitate il **Filmmuseum Berlin → p44** o assaggiate un piatto di pollo fritto seduti sulla terrazza del birrificio **Lindenbräu**, godendovi la splendida vista degli edifici progettati da Helmut Jahn. Anche il bar **Billy Wilder's → p87**, che si affaccia su Potsdamer Straße, è molto piacevole di sera, soprattutto con un buon cocktail o uno dei numerosi tipi di vodka proposti.

Si prosegue quindi lungo Ebertstraße in direzione di **Pariser Platz**. A destra vi sono i cosiddetti **Ministergärten** (Giardini dei Ministeri) con molte sedi rappresentative dei Länder tedeschi. Accanto si trova il **Denkmal für die ermordeten Juden Europas → p43** realizzato su progetto dell'architetto newyorkese Peter Eisenman.

Arrivati alla **Porta di Brandeburgo → p42**, è possibile fare una piccola pausa e visitare la **! Raum der Stille** (Stanza del Silenzio) istituita nell'ala nord del monumento. È difficile immaginare che poco più di una ventina di anni fa fosse vietato varcare questa porta sulla terra di nessuno, tra l'Est e l'Ovest. Il 31 dicembre 1989 vi si radunarono intorno più di

Stelenfeld, il memoriale per l'olocausto degli ebrei d'Europa

due milioni di persone per festeggiare il primo capodanno comune dopo la riunificazione. Gli edifici a nord della Porta di Brandeburgo sono nuovi, anche se non ne hanno l'aspetto.
Chi avesse voglia di un caffè o di uno spuntino può ritornare al **Theodor Tucher** **→ p69**, dove una galleria invoglia a sfogliare qualcuno dei numerosi libri esposti, seduti su comode poltrone.
Poi si prosegue in direzione del palazzo del **Reichstag** **→ p47**, l'attuale sede del Bundestag (Dieta Federale); dalla cupola i visitatori possono godere di una fantastica vista sul centro cittadino. Il quartiere governativo circostante è considerato un esempio dal punto di vista ambientale; il complesso di edifici, infatti, è dotato di un impianto di cogenerazione energetica che funziona con olio di colza e pannelli fotovoltaici. Nei giorni di sole, la luce viene riflessa da alcuni specchi e filtra attraverso la cupola di vetro della sede del Parlamento. Anche un serbatoio di raccolta delle acque rifornisce l'intera struttura.
Il muro passava proprio dietro l'imponente palazzo e proseguiva verso la Sprea. Di fronte al Reichstag, dietro la Elisabeth-Lüders-Haus, si trova invece il memoriale progettato nel 1990 dall'artista ed ecologista berlinese Ben Wargin, il Parlament der Bäume gegen Krieg und Gewalt (Parlamento degli alberi contro la guerra e la violenza). È composto di alcuni segmenti del muro, piante e alberi.
Proseguendo lungo la Sprea, si costeggia la sede principale degli **studi della ARD** *(Mitte | Wilhelmstr. 67a | tel 030 22 88 11 10 | www.ard-hauptstadtstudio.de)*. Volendo potete prendere parte alle visite organizzate negli studi televisivi e di registrazione *(mer e sab alle 15)* e capire come si montano i telegiornali.
Bahnhof Friedrichstraße è a due passi: ci vogliono cinque minuti a piedi, sempre costeggiando le sponde del fiume in direzione est. Avete ancora voglia di

fare acquisti? Troverete un'ampia scelta di prodotti sia in **Friedrichstraße**, con diversi negozi di abbigliamento, che nel grande magazzino culturale **Dussmann** → p81. Chi desidera proseguire la visita della città può salire sul piroscafo che si trova alla stazione di Friedrichstraße e fare un giro a Mitte, verso l'Isola dei Musei *(vedi il box → p35)*.

2 SPANDAUER VORSTADT, QUARTIERE RICCO DI STORIA

Il nome "sobborgo di Spandau" è presto spiegato: il quartiere, divenuto edificabile per permettere alla città di espandersi, fu chiamato così nel XVIII secolo perché qui iniziava la strada che portava a Spandau; oggi vi si trovano molte agenzie di comunicazione, boutique alla moda e bar. Durata: circa 1 ora.

La zona dello Scheunenviertel (Quartiere dei granai), che fa parte di Spandauer Vorstadt, oggi si trova a nord della stazione della S-Bahn di Hackescher Markt. Nel XVIII secolo, infatti, i fienili erano eretti in lunghe file fuori dalle porte di Berlino per evitare che i possibili incendi arrecassero danni eccessivi al centro abitato. A quei tempi Spandauer Vorstadt basava la sua economia sull'agricoltura e sul commercio. Con il passare del tempo divenne sempre più residenziale e infine, negli anni '20, fiorì anche la vita culturale: le religioni trovarono modalità di coabitazione e nella parte orientale di Scheunenviertel si trasferirono molti ebrei provenienti soprattutto dall'Europa orientale. Oggi l'antica tradizione si può ancora percepire nei teatri, nei laboratori di artigianato artistico, in molti negozietti e caffè.

La **stazione della S-Bahnhof Hackescher Markt**, presso cui ha inizio la passeggiata, segna l'antico confine poiché i binari della S-Bahn e della ferrovia corrono sulle vecchie fondamenta del muro tra il ponte Jannowitz e Friedrichstraße. La stazione prende il nome dal governatore della città, il conte von Hacke, che verso la metà del XVIII secolo aveva fatto prosciugare la zona, prima acquitrinosa, rendendola edificabile. Portano il suo nome anche gli **Hackesche Höfe** → p37 sulla piazza antistante la stazione. Sugli otto cortili interni del più grande complesso di edifici d'Europa si susseguono molti negozi di moda e artigianato, istituzioni culturali e ristoranti.

Attraversando gli Hackesche Höfe, si raggiunge **! Sophienstraße,** l'elegante viale ristrutturato per ordine dell'amministrazione di Berlino Est nel 1980 in occasione dei 750 anni dalla fondazione della città. Purtroppo, pochi metri più avanti, Spandauer Vorstadt è stato abbandonato al degrado più totale. Sulla sinistra, dopo circa 50 m, si erge la **Sophienkirche** con la torre campanaria barocca più antica della capitale. Sulla destra sorge invece dal 1844 l'**Handwerkervereinshaus** (sede dell'Associazione degli Artigiani), la prima organizzazione autonoma di lavoratori nata nella capitale tedesca. Le sale potevano ospitare fino a 3000 persone e, soprattutto negli anni '20, si tennero qui le riunioni di partito di comunisti, socialdemocratici e nazionalsocialisti. Anche le cosiddette *Ringvereine* (Società dell'Anello), associazioni di criminali di stampo mafioso, vi si radunavano regolarmente.

Poco più avanti, superato un portone, il percorso conduce ai **Sophie-Gips-Höfe**, dove hanno sede diverse agenzie di comunicazione, gallerie e locali gastronomici. La **Sammlung Hoffmann** *(prenotazioni: tel 030 28 49 91 21)* è una collezione privata di arte contemporanea spesso aperta al pubblico il sabato. Al caffè **Barcomi's** potete ordinare una fetta di torta americana e in estate sedere nella magnifica terrazza all'aperto. Qui, in uno stesso edificio, convivono la sfera privata, quella lavorativa e quella culturale degli abitanti, proprio come si usava un tempo.

ge), inaugurato nel 1888 come clinica per anziani. È dedicato alla santa che durante la cristianizzazione della Slesia, nel XII secolo, divenne famosa per le cure che prodigava ai poveri e agli ammalati.

La caratteristica atmosfera dei Sophie-Gips-Höfe a Spandauer Vorstadt

L'uscita posteriore dà su **Gipsstraße**, una delle più antiche strade di Spandauer Vorstadt dove si trovava una fornace di gesso. A sinistra, proprio alla fine della strada, le case costruite nel Gründerzeit (XIX secolo) sono state finalmente restaurate e vale la pena dare uno sguardo ai cortili sul retro dove spesso si aprono delle rimesse a un piano.

Su Auguststraße, dopo circa 50 m, si deve svoltare a sinistra, in **Große Hamburger Straße**. Negli anni '20 la strada era famosa perché ospitava ebrei, protestanti e cattolici, capaci di convivere rispettosamente gli uni accanto agli altri. Sulla destra si può ammirare la bella facciata in mattoni di **St.-Hedwig-Krankenhaus** (Ospedale di Santa Edvi-

Al numero civico 27 di Große Hamburger Straße vi è un liceo gestito dalla comunità ebraica; accanto al cortile della scuola sorgeva invece un cimitero ebraico, convertito in parco della casa di riposo già nel 1827, dove sembra che siano state organizzate le deportazioni verso i campi di sterminio da parte delle SS. Una lapide e una scultura commemorano i 56.000 ebrei berlinesi deportati. Di fronte al cimitero, al **numero civico 19a**, sorge la casa più antica di Spandauer Vorstadt.

Alla fine di Große Hamburger Straße si deve svoltare a sinistra su Oranienburger Straße e dopo circa 100 m, quando si vede nuovamente l'Hackesche Markt, termina la passeggiata.

IN GIRO CON I BAMBINI

! LA FABBRICA DELLE CARAMELLE (132-133 C-D2) *(🕮 K3)*
Qui i bambini non solo possono vedere com'è lavorata la massa zuccherina, ma ricevono anche qualche dolce assaggio ancora caldo. È possibile acquistare i prodotti freschi: dal lime alla liquirizia, ce n'è per tutti i gusti. *Mer-sab 12-20, chiuso lug-agosto, Natale e Capodanno | ingresso libero | Mitte | Oranienburger Str. 32 | tel 030 44 05 52 43 | www.bonbonmacherei.de | S 1, 2, 25 Oranienburger Straße*

! BVG-CABRIOTOUR (133 F2) *(🕮 L3)*
Nelle buie gallerie della metropolitana corre il treno dei fantasmi: in estate, un venerdì ogni due settimane parte un vagone decappottabile che attraversa il tunnel per circa 35 km. Mettete il casco e godetevi il giro lungo un paio d'ore. Il punto di ritrovo è Alexanderplatz. *Apr-ott 2° ven del mese alle 19 e alle 22.20 | adulti €40, bambini €25 | tel 030 25 62 52 56 | www.bvg.de | U-/S-Bahn Alexanderplatz*

MONBIJOU (133 D2) *(🕮 K3)*
Piscina ideale per le famiglie con bambini, nel centro del parco di Monbijou, con tanto spazio verde per giocare. Le vasche hanno una profondità massima di 1,30 m. Chi ha più di 15 anni non può entrare a meno che non accompagni qualcuno di più piccolo. *Giu-set lun-ven 11-19, sab-dom 10-19 | ingresso €4 | Mitte | Oranienburger Str. 78 | tel 030 2 82 86 52 | www.berlinerbaederbetriebe.de | S 1, 2, 25 Oranienburger Straße*

KINDERINSEL (144 A1) *(🕮 K3)*
Desiderate organizzare qualcosa senza figli al seguito? Gli educatori di questo centro si prenderanno cura dei vostri figli, per alcune ore o per tutta la notte; l'atmosfera solare è garanzia di buon umore. Sono accettati bambini dai 6 mesi d'età ai 14 anni. *Ogni giorno | €13 all'ora, ingresso serale €69, 50% di sconto per fratelli | Mitte | Eichendorffstr. 17 | tel 030 41 71 69 28 | www.kinderinsel.de | U 6 Naturkundemuseum*

KULTURPROJEKTE BERLIN
Quasi tutti i musei statali organizzano visite guidate e workshop di arte contemporanea per i bambini. Al Museo degli Strumenti Musicali, ad esempio, i più piccoli possono divertirsi con *Pierino e il lupo* di Sergej Prokofiev o provando in prima persona gli strumenti musicali. Le guide hanno una doppia formazione pedagogica e storico-artistica e sapranno

Dalla fabbrica dei Lego a quella delle caramelle fino al divertimento in acqua: qui è impossibile annoiarsi

catturare l'attenzione dei vostri figli. Potete chiedere informazioni sul programma via telefono. *Uffici: lun-ven 9-16, sab-dom 9-13 | Mitte | Klosterstr. 68 | tel 030 24 74 98 88 | www.kulturprojekte-berlin.de | U 2 Klosterstraße*

LOXX (145 D3) *(M L4)*
Uno dei più grandi modellini di ferrovia telecomandati del mondo diverte sia i grandi che i piccini. Su 4 km di binari sfrecciano treni ICE, regionali e S-Bahn in una simpatica ricostruzione di Berlino con la Porta di Brandeburgo, l'aeroporto e altro ancora. *Ogni giorno 10-20 | ingresso €12, ridotto €7 | Mitte | Grunerstr. 20 | im Alexa-Shoppingzentrum | www.loxx-berlin.de | U-/S-Bahn Alexanderplatz*

MACH MIT! MUSEUM
(139 E3) *(M M2)*
Mensole su cui arrampicarsi, un negozio di saponi profumati, un prato dove gattonare: nel museo ci sono gli oggetti più strani e tante cose da sperimentare. Nei laboratori si può fare bricolage, fabbricare vasi o partecipare a uno spettacolo teatrale. Ci sono anche esposizioni temporanee come ad esempio quella sul sale. Gli adulti possono comodamente aspettare al bar. *Mar-dom 10-18 | ingresso €5,50, ridotto €3,50 | Prenzlauer Berg | Senefelderstr. 5 | tel 030 74 77 82 00 | www.machmitmuseum.de | S 41 Prenzlauer Allee*

LEGOLAND DISCOVERY CENTRE
(143 F5-151 D3) *(M P4)*
Un giro nella fabbrica dei Lego, ricreata sul modello dell'originale danese; tante sale in cui giocare con colorati mattoncini e un sentiero nella giungla, oltre a un cinema 4D che permette di viaggiare indietro nel tempo e la divertente Berlino in miniatura per i più piccoli. *Ogni giorno 10-19 | ingresso €16, online a partire da €8 | Potsdamer Straße 4 | tel 301 04 00 | www.legoland discoverycentre.de | U2 Potsdamer Platz*

EVENTI E FESTE

GIORNI FESTIVI

1° gennaio: *Capodanno*; **6 gennaio:** *Epifania*; *Pasqua*; **1° maggio:** *Festa del Lavoro*; *Ascensione*; *lunedì di Pentecoste*; *Corpus Domini*; **15 agosto:** *Assunzione di Maria Vergine*; **3 ottobre:** *Festa della Riunificazione Nazionale*; **1° novembre:** *Ognissanti*; **25-26 dicembre:** *Natale, Santo Stefano*

MANIFESTAZIONI

GENNAIO-FEBBRAIO

▶ ***Sechstagerennen:*** gara di ciclismo e festa popolare nel Velodrom; *Prenzlauer Berg | Landsberger Allee | tel 030 44 30 44 30 | www.sechstagerennen-berlin.de*

▶ ***Grüne Woche:*** specialità da tutto il mondo alla Funkturm; *Charlottenburg | tel 030 3 03 80 | www.gruenewoche.de*

▶ ***Lange Nacht der Museen:*** van Gogh & Co. fino a tarda ora; *tel 030 24 74 98 88 | www.lange-nacht-der-museen.de*

FEBBRAIO

▶ ★ ***Berlinale:*** il Festival Internazionale del Cinema dura dieci giorni e presenta nuove pellicole con star del grande schermo; il vincitore è premiato con l'Orso d'oro; *tel 030 25 92 00 | www.berlinale.de*

MARZO

▶ ***Internationale Tourismusbörse (ITB):*** Fiera del Turismo nel quartiere fieristico presso la Funkturm; *Charlottenburg | tel 030 3 03 80 | www.itb-berlin.de*

MAGGIO-GIUGNO

▶ ***Theatertreffen:*** sui palcoscenici di Berlino vengono rappresentate importanti produzioni teatrali dei paesi di lingua tedesca; *tel 030 25 48 92 33 | www.berlinerfestspiele.de/theatertreffen*

▶ ***Internationale Luft- und Raumfahrtausstellung:*** importante manifestazione di materiali aeronautici che si tiene ogni due anni all'Aeroporto di Schönefeld (2014, 2016); *www.ila-berlin.de*

▶ ***Finale della coppa di Germania DFB:*** per gli appassionati, festa del calcio all'Olympiastadion; *Charlottenburg | tel 030 8 96 99 40*

▶ ***Karneval der Kulturen:*** la domenica di Pentecoste, una sfilata interculturale in maschera; *www.karneval-der-kulturen.de*

GIUGNO-LUGLIO

▶ ***Christopher Street Day:*** principale evento del movimento gay con parata; *www.csd-berlin.de*

▶ ***Lange Nacht der Wissenschaften:*** presentazione degli istituti e delle strutture di

Nella capitale tedesca si festeggia spesso e volentieri, non solo in estate: il calendario è ricco di festival di ogni tipo

ricerca; *www.langenachtderwissenschaften.de*

▶ ***Classic Open Air am Gendarmenmarkt:*** una cornice fastosa per soavi melodie; *Mitte | tel 01805 9 69 00 06 06 (*) | www.classicopenair.de*

AGOSTO

Seconda ▶ ***Lange Nacht der Museen***

SETTEMBRE

▶ ***Berlin-Festival:*** concerti di musica pop, elettronica e techno all'aeroporto di Tempelhof; *www.berlinfestival.de*

▶ ***Internationale Funkausstellung:*** fiera dell'intrattenimento e dell'elettronica con molti personaggi della tv; *Charlottenburg | b2c.ifa-berlin.de*

▶ ***Berlin-Marathon:*** più di 40.000 partecipanti si schierano alla partenza, sotto la Porta di Brandeburgo; *tel 030 30 12 88 10 | www.berlin-marathon.com*

▶ ***Musikfest Berlin:*** per tre settimane musica ad altissimo livello; *www.berlinerfestspiele.de*

▶ ***Jüdische Kulturtage:*** le giornate della cultura ebraica, con rappresentazioni, concerti e letture pubbliche; *www.juedische-kulturtage.org*

SETTEMBRE-OTTOBRE

▶ ***Internationales Literaturfestival:*** con interventi di scrittori, letture pubbliche e altri appuntamenti; *www.literaturfestival.com*

▶ ***Festival of Lights:*** i monumenti e le principali attrazioni della città sono illuminate in modo suggestivo; *festival-of-lights.de*

NOVEMBRE

▶ ***Jazzfest Berlin:*** un evento a cui partecipano i più grandi nomi internazionali; *tel 030 25 48 91 00 | www.jazzfest-berlin.de*

DICEMBRE

▶ ***Weihnachtsmarkt am Gendarmenmarkt:*** i mercatini di Natale più belli della città, con oggetti di artigianato e concerti.

VISTO DA VOI

I luoghi migliori e le esperienze più belle consigliati da tre viaggiatori della community MARCO POLO

IL PARCO INFINITO

Tra tutti i parchi berlinesi, il più bizzarro è il Temperlhofer Park. Attira un miscuglio di persone che, nel bel mezzo dell'enorme prato solcato dalle vecchie piste di atterraggio, grigliano, suonano, cantano, pattinano, joggano e si dedicano al giardinaggio (se hanno avuto la fortuna di ottenere in gestione uno degli orticelli urbani). Il mio punto di osservazione preferito è il Luftgarten, dove wurstel, birra e patatine possono essere comodamente consumati sulle sedie a sdraio all'aperto, da cui si intravede l'edificio dell'ex aeroporto, sede di mostre ed eventi. **Sara, Padova**

BAND E BICI

Se siete appassionati delle due ruote e di musica, dovete assolutamente pedalare fino al museo che la città ha dedicato ai Ramones. Cimeli della loro carriera esposti in bell'ordine, immagini dei concerti, dischi rari e oggetti appartenuti alla band. 2€ e ci si ritrova nel piccolo, interessante museo, in Krausnickstraße al numero 23.
www.lifeintravel.it
Veronica Rizzoli

COFFEEMAMAS

Berlino è davvero la mia città preferita, dove a ogni nuova visita posso scoprire nuovi caffè, bar e spettacoli. Il mio posto favorito attualmente è il Caffeemamas in Kirchstr. 2, dove ci sono caffè dalla tostatura profumata provenienti da tutto il mondo, che è possibile consumare lì, oppure a casa con la propria macchinetta. **BurgerQueen1979, Ostfildern**

Avete scoperto anche voi qualcosa di particolare?
Scriveteci a redazione@guidemarcopolo.it

NOTE

LINK, BLOG, APP E ALTRO

LINK

▶ www.visitberlin.de/it Informazioni sulle proposte più interessanti offerte dalla capitale tedesca; consultate la pagina con il calendario degli eventi e i suggerimenti di viaggio differenziati per categoria.

▶ www.berlin.de/it Informazioni disponibili anche in italiano su monumenti, musei, negozi ed eventi, oltre ad alcuni consigli utili al link "Berlino A-Z". Particolari le sezioni dedicate alla politica e all'economia.

▶ www.berlin-hidden-places.com Per scoprire una Berlino inedita, dall'architettura alle passeggiate meno battute dai turisti, dai musei alle gallerie d'arte, dai bar meno conosciuti ai ristoranti. E poi bellezze naturali e giardini, castelli, ville, palazzi e molto altro.

▶ http://unlike.net/berlin Una guida aggiornata con recensioni su alberghi, ristoranti, negozi, attività culturali... In lingua inglese. Sono anche disponibili l'applicazione per iPhone, la pagina Facebook e Twitter.

▶ www.berlino.com Guida di Berlino, scoprire Berlino, che cosa fare a Berlino: ecco alcuni titoli dei link che compaiono in questo sito specializzato sulla capitale tedesca (e sulla Germania in generale).

▶ www.informagiovani-italia.com/Berlino.htm Consigli per i più giovani.

▶ www.fotopedia.com La Wikipedia della fotografia organizza le immagini per temi creati dagli utenti. Perfetta per pianificare il viaggio grazie all'ampia varietà di contenuti e belle foto.

BLOG

▶ www.zingarate.com/network/berlino/ Sapori, suoni e colori da un italiano al centro di Berlino.

▶ berlinocacioepepecinema.com Il sito di cinema, arte e cultura per gli italiani che amano i lungometraggi tedeschi e non solo.

▶ www.italianiaberlino.it "Cambiare,

Prima di partire o già in viaggio, create la vostra vacanza sulla rete: link, blog, forum e social network sono a vostra disposizione

BLOG

partire, viaggiare, trasferirsi": ecco l'essenza di questo blog che offre utili informazioni a chi ha deciso di stabilirsi nella capitale tedesca; per imparare a conoscere Berlino in poco tempo.

▶ www.berlin-kombinat-blog.net In questo blog troverete tante informazioni e itinerari alternativi solitamente non proposti dalle guide tradizionali, ma capaci di farvi conoscere la parte più autentica della città.

▶ www.ronorp.net Chi è iscritto alla newsletter riceve gli aggiornamenti su concerti, mostre e aperture di nuovi locali. Vi è anche una curiosa sezione per gli annunci. In tedesco, inglese, francese e portoghese.

▶ ausberlin.wordpress.com Questo blog è nato come "diario di viaggio" durante una permanenza a Berlino tra il settembre 2009 e il maggio 2010, ma l'autrice continua ad aggiornarlo con post e notizie curiose sul tema Germania anche dopo il suo rientro in Italia.

APP

▶ Fahrinfo Berlin Informazioni aggiornate su S-Bahn, U-Bahn, autobus e tram: per trovare i migliori collegamenti e arrivare rapidamente a destinazione. In inglese e tedesco.

▶ Storytude Queste guide propongono aneddoti interessanti. A seconda della zona che si attraversa, potete ascoltare le semplici informazioni turistiche o pezzi di audiolibri ambientati nella zona che state visitando.

▶ City Info-App bluespot Questa app vi aiuta a individuare luoghi ed eventi, oltre a fornire utili informazioni come la chiamata taxi, gli orari dei trasporti pubblici, il noleggio bici e la Berlin WelcomeCard. In inglese, francese e tedesco.

NETWORK

▶ www.airbnb.it Volete affittare una camera? In questo network potete registrarvi gratuitamente, inserire il vostro annuncio e cercare casa. Un modo semplice ed economico per immergersi nella realtà locale.

▶ www.virtualtourist.com Portale sui viaggi con innumerevoli post, foto e filmati che raccontano di esperienze di viaggio. Scrivete "Berlin" e scoprirete un mondo.

INFORMAZIONI PRATICHE

BANCHE E CARTA DI CREDITO

L'orario di apertura nei giorni feriali è dalle 10 alle 17. Alcune banche sono aperte anche il sabato fino alle 14. Di solito si può pagare con le carte di credito. Denunce di smarrimento:
American Express: *tel 800 26 39 22 79*
MasterCard: *tel 0800 819 10 40*
Visa: *tel 0800 811 84 40*

BICICLETTA, VELOTAXI E SEGWAY

Potete affittare una bicicletta in diversi negozi e hotel. L'offerta "Call a bike" della Deutsche Bahn è molto comoda, anche perché vi sono circa 50 stazioni sparse per la città. Si paga con carta di credito, per telefono o usando l'apposita applicazione (€0,80 al minuto, €15 al giorno, €9 per i possessori della carta ferroviaria) e quando si è stanchi di pedalare si lascia la bicicletta alla stazione più vicina.
I più pigri possono invece chiamare *Bike Taxi (prenotazioni: tel 030 93 95 83 46 | www.biketaxi.de)* presso cui un tour di un'ora costa circa €45. Sono disponibili anche alcuni risciò parcheggiati lungo la strada: per il primo chilometro bisogna pagare €6, poi entra in vigore la tariffa oraria.
Volete vedere Berlino in modo inconsueto? *Yoove (tel 030 43 60 28 97 97 | www.yoove.com)* mette a disposizione 120 segway al costo di circa €20 all'ora, distribuiti in 10 stazioni diverse. Per usufruirne è necessario aver più di 16 anni o disporre di una patente per motociclette. La compagnia organizza anche tour interessanti.

VIAGGIARE VERDE

Potete fare molto con semplici mezzi. Non calcolate solo le emissioni di anidride carbonica emessa per il vostro viaggio di andata e ritorno *(www.azzeroco2.com)*, ma fate attenzione e proteggete anche la natura e le tradizioni del paese che visitate *(www.climatecare.org; www.vacanzefaidate.com; www.aitr.org)*. Come turisti è necessario avere cura dell'ambiente *(www.nabu.de/en; www.wwf.it)*, privilegiare i prodotti regionali, utilizzare mezzi di trasporto puliti (bicicletta anziché automobile), risparmiare l'acqua e molto altro. Per maggiori informazioni sul turismo ecosostenibile: *www.tuttogreen.it/category/viaggi*

DOCUMENTI

La carta d'identità o il passaporto in corso di validità sono sufficienti per visitare la Germania. Anche i minorenni dovranno essere muniti di un documento proprio.

EMERGENZE

Emergenze odontoiatriche: *tel 030 89 00 43 33*
Emergenze per tossicodipendenti: *030 1 92 37*
Emergenze veterinarie: *tel 030 83 22 90 00*
Guardia medica: *tel 030 31 00 31*
Polizia: *tel 110*
Telefono amico: *tel 0800 1 11 01 11*
Vigili del fuoco: *tel 112*

La vacanza dalla A alla Z: in ordine alfabetico le informazioni indispensabili per il vostro viaggio

INFORMAZIONI

BERLIN TOURISMUS & KONGRESS GMBH
Karlsbad 11 | 10785 Berlin | Callcenter: tel 030 25 00 25 | www.visitberlin.de | lun-ven 9-19, sab 10-18, dom 10-14
Filiali:
- *Mitte | Pariser Platz | Porta di Brandeburgo | nov-marzo ogni giorno 9.30-18, apr-ott ogni giorno 9.30-19*
- *Mitte | Europaplatz 1 | Hauptbahnhof | ogni giorno 8-22*
- *Mitte | Humboldtbox | Unter den Linden (Schlossplatz) | ogni giorno 10-18*
- *Charlottenburg | Kranzler-Eck (Passage Kurfürstendamm) | lun-sab 9.30-20, dom 9.30-18*
- *Aeroporto Tegel | Gate 2 | ogni giorno 6-21 | Gate A01 | ogni giorno*

GIRI TURISTICI

L'autobus è uno dei modi migliori per esplorare la città. Potete ad esempio prendere la linea 100 da Bahnhof Zoo ad Alexanderplatz e passare davanti ai principali monumenti del centro.

BEROLINA SIGHTSEEING
City-Circle-Tour con 20 fermate a cui scendere per poi proseguire con l'autobus successivo. Da aprile a ottobre sono previste corse ogni 10 minuti *(10-18)*, da novembre a marzo ogni 30 minuti. Biglietto giornaliero €22, pomeridiano €16,50; punto di partenza: Kurfürstendamm/Meinekestraße. *Informazioni: tel 030 88 56 80 30 | www.berolina-berlin.com*

NEU-BERLINER-RADTOUREN ●
L'*Allgemeine Deutsche Fahrrad Club (ADFC)* propone visite guidate sulle due ruote a costo zero *(tel 030 4 48 47 24 | www.adfc-berlin.de)*. Vi prendono parte anche gli abitanti della città che dispongono di una bicicletta. In ogni caso, è disponibile il servizio di noleggio. Potete scaricare i percorsi da internet.

QUANTO COSTA?

Autobus	2,30 euro *corsa semplice*
Caffè	2-3 euro *un espresso al bar*
Gelato	2 euro *due gusti*
Musei	4-12 euro *ingresso*
Spuntino	2,50-3 euro *un kebab*

! ROUTE 44
Alcune donne straniere organizzano tour guidati a Neuköllner Kiez, nei dintorni di Richardplatz, dove spiegano ai turisti come vivono. La visita alla moschea è inclusa nel prezzo. Molto interessante se conoscete il tedesco. *Kulturbewegt e. V. | €3 | tel 030 70 22 20 23 | www.route44-neukoelln.de*

SEGWAY-TOUR
Comodi e silenziosi, sono apprezzati soprattutto dai turisti. Una visita guidata di *Yoove*, con partenza da Potsdamer Platz, costa circa €50 a persona. Esistono anche altri percorsi alternativi. *Tel 030 43 60 28 97 97 | www.yoove.com*

SOLARBOOTTOUR
Per conoscere i monumenti e i luoghi che si affacciano sulla Sprea potete

partecipare al tour sul traghetto solare lungo quattro ore, un'alternativa rispettosa dell'ambiente. Il punto di partenza e di arrivo è il porto urbano di Kreuzberg. *Tel 0151 54 22 80 44 | www.solarpolis.de*

! TAXI-WALL-FAHRTEN

Il taxista Thomas Lehmann vi accompagna in un giro della durata di due ore tra le vie della città, sui luoghi del muro di Berlino. Un'esperienza particolare, con fermate e spiegazioni nei punti storici. Se conoscete il tedesco, non dovete lasciarvi sfuggire questa interessante opportunità. Prezzi: €60 per una singola persona, €10 per le successive. *Tel 0160 95 32 80 52 | www.taxi-wall-fahrten.de*

PREVENDITA BIGLIETTI

HEKticket (Hardenbergstr. 29d | tel 030 2 30 99 30 | www.hekticket.de) offre i biglietti in esubero a metà prezzo fino a poco prima dell'inizio delle rappresentazioni. Anche ! gli ingressi per i musei, ad esempio il *Madame Tussauds*, possono essere acquistati a costi inferiori. I biglietti sono disponibili alle *Showtime-Konzertkassen* e *Theaterkassen* delle filiali di Karstadt e nel KaDeWe. Servizio di biglietteria: *tel 80 60 29 29 | www.showtimetickets.de*

TAXI

Il costo iniziale del servizio è di €3,20; la tariffa base è di €1,65/km per tratte fino a 7 km e di €1,28/km per distanze più lunghe. Percorsi brevi fino a 2 km, della durata non superiore ai 10 minuti, costano €4. Queste tariffe valgono solo se il taxi è stato fermato per strada. Recandosi direttamente in una stazione o chiamando per telefono i prezzi cambiano. Ricordate quindi, una volta saliti a bordo, di indicare quale tariffa applicare. *www.taxi-in-berlin.de/taxitarif*

IL TEMPO A BERLINO

	Gen	Feb	Mar	Apr	Mag	Giu	Lug	Ago	Set	Ott	Nov	Dic
Temperature massime in °C	2	3	8	13	19	22	24	23	19	13	7	3
Temperature minime in °C	-3	-3	0	4	8	12	14	13	10	6	2	-1
Ore di soleggiamento/giorno	2	3	5	6	8	8	8	7	6	4	2	1
Precipitazioni giorni/mese	11	9	8	9	9	9	11	9	8	9	10	9

TRASPORTI PUBBLICI

Il venerdì e il sabato, quasi tutte le linee della metropolitana sono in funzione 24 ore su 24. Dove non arriva la U-Bahn, tuttavia, sono disponibili gli autobus notturni. Di notte, la S-Bahn passa circa ogni ora. Il sistema di trasporti pubblici è diviso in tre aree. Le zone A e B coprono l'intera città, mentre la C collega anche i dintorni, incluso Potsdam. Un biglietto semplice costa (A e B) €2,40, per una tratta breve €1,40, il giornaliero €6,50. Per informazioni più dettagliate: *tel 030 19 449 | www.bvg.de*
Con la *WelcomeCard* del Berlin Tourismus Marketing ci sono sconti interessanti soprattutto per le famiglie. Si possono ad esempio visitare Berlino, Potsdam e i cinque musei dell'Isola in tre giorni al costo di €36, usando gli autobus e i treni dell'associazione delle società dei trasporti Berlin-Brandenburg. Ogni adulto in possesso di una tessera può portare con sé fino a tre bambini con meno di 15 anni, mentre sotto i 6 anni si viaggia gratuitamente. Potete richiedere la WelcomeCard via internet, consultando il sito *www.visitberlin.de*, presso i punti vendita della S-Bahn, della BVG e della DB Regio AG, nonché presso i centri di informazione turistica del Berlin Tourismus Marketing e in molti alberghi.

UFFICIO OGGETTI SMARRITI

POLIZIA (152 A5) *(ꝏ K7)*
Tempelhof | Platz der Luftbrücke 6 | tel 030 9 02 77 31 01 | U 6 Platz der Luftbrücke

DEUTSCHE BAHN/S-BAHN
Döppersberg 37 | 42103 Wuppertal | tel 0900 1 99 05 99 (*) | www.bahn.de | fundbuero.dbg@deutschebahn.com

BVG (151 D3) *(ꝏ H6)*
Schöneberg | Potsdamer Straße 180 | tel 030 1 94 49 | U 7 Kleistpark

VIAGGIO

Quasi tutti gli aerei si servono dell'*Aeroporto di Tegel* (134 C1) *(ꝏ D1)*, situato nella parte nordoccidentale della città. In 20 minuti, gli autobus X9 e 109 arrivano alla Bahnhof Zoo. Per recarsi nella parte est, vicino ad Alexanderplatz attraverso Unter den Linden, salite sull'Expressbus TXL (mezz'ora). Dall'*Aeroporto Schönefeld* parte la linea 9 della S-Bahn che in 35 minuti raggiunge Alexanderplatz, in 50 Bahnhof Zoo *(www.berlin-airport.de)*. Il mezzo di trasporto più veloce, tuttavia, è l'Airport-Express, un treno regionale con partenze ogni mezz'ora. Una corsa in taxi da Tegel alla Bahnhof Zoo costa circa €19, ad Alexanderplatz circa €25, da Schönfeld al centro €35-€40. *Informazioni: tel 01805 00 01 86 (*)*

Le autostrade da e per Berlino sono in buone condizioni, anche se si formano spesso lunghe code, soprattutto sulla circonvallazione (A 10). In centro vi accedono solo i veicoli muniti di bollino verde. *www.umwelt-plakette.de*

La principale compagnia italiana che permette di raggiungere Berlino in autobus è *Eurolines (tel 0861 19 91 900 | booking@eurolines.it | www.eurolines.it)* con partenze previste da numerose città italiane. La *Zentraler Omnibusbahnhof (ZOB)* si trova a Charlottenburg di fronte al quartiere fieristico, presso la Funkturm (140 B5) *(ꝏ C5)*.

Non vi sono collegamenti diretti tra l'Italia e la capitale tedesca, ma è possibile effettuare un unico cambio a Francoforte partendo da Milano. I treni veloci arrivano alle stazioni di Berlin-Spandau, Ostbahnhof e Hauptbahnhof. Per la pianificazione del viaggio consultare i siti: *www.dbitalia.it, www.ferroviedellostato.it*

FRASARIO TEDESCO

COME SI PRONUNCIA

ä	"e" aperta come in "certo"
äu, eu	"oi" come in "poi"
ei	"ai" come in "sai"
ö	come il suono "eu" francese
ü	come la "u" francese
b	a fine parola come "p"
ch	"c" aspirata come nella pronuncia toscana di "casa"
d	a fine parola come "t"
g	gutturale, come il suono italiano "gh"
j	come una "i"
qu	come "kv"
s	sorda se seguita da consonante, sonora se seguita da vocale
sch	"sc" come in "pesce"
sp, st	all'interno e alla fine di parola si pronunciano normalmente; all'inizio di parola o del secondo termine nelle parole composte si pronunciano come "sc" di "pesce" + "p" o "t" a seconda del caso
tion	la "t" si pronuncia come "z" in "stazione"
v	"f" come in "fiore"
w	"v" come in "vaso"
z	"z" sorda come in "zucchero"

L'accento cade quasi sempre sulla prima sillaba.

VOCABOLARIO BASE

sì/no/forse	ja/nein/vielleicht
per favore/grazie	bitte/danke
Scusa!/Scusi!	Entschuldige!/Entschuldigen Sie!
Come?	Wie bitte?
Buongiorno (di mattina)/ Buongiorno!/Buonasera!/ Buonanotte!	Gute(n) Morgen!/ Tag!/Abend!/ Nacht!
Ciao!/Ciao! (quando si va via)/ Arrivederci!	Hallo!/Tschüss!/ Auf Wiedersehen!
Mi chiamo...	Ich heiße...
Come si chiama?/Come ti chiami?	Wie heißen Sie?/Wie heißt du?
Vorrei.../Avete...?	Ich möchte.../Haben Sie...?
Quanto costa...?	Wie viel kostet...?
(Non) mi piace	Das gefällt mir (nicht)
guasto/non funziona	kaputt/funktioniert nicht
troppo/molto/poco/tutto/niente	zu viel/viel/wenig/alles/nichts
Aiuto!/ Attenzione!/Attenzione!	Hilfe!/ Achtung!/Vorsicht!
ambulanza/polizia/vigili del fuoco	Krankenwagen/Polizei/Feuerwehr
divieto/vietato/pericolo/pericoloso	Verbot/verboten/Gefahr/gefährlich

Sprichst du Deutsch?

"Parli tedesco?" Questo frasario vi aiuterà ad apprendere parole e frasi d'uso comune

DATA E ORA

lunedì/martedì	Montag/Dienstag
mercoledì/giovedì	Mittwoch/Donnerstag
venerdì/sabato	Freitag/Samstag
domenica/feriale/festivo	Sonntag/Werktag/Feiertag
oggi/domani/ieri	Heute/Morgen/Gestern
ora/minuto/giorno/notte	Stunde/Minute/Tag/Nacht
settimana/mese/anno	Woche/Monat/Jahr
Che ora è?	Wie viel Uhr ist es?
Sono le tre/Sono le tre e mezza	Es ist drei Uhr/Es ist halb vier
quattro meno un quarto/ quattro e un quarto	Viertel vor vier/ Viertel nach vier

PER STRADA

aperto/chiuso	offen/geschlossen
ingresso/entrata/uscita/uscita	Eingang/Einfahrt/Ausgang/Ausfahrt
partenza/decollo/arrivo	Abfahrt/Abflug/Ankunft
toilettes/signore/signori	Toiletten/Damen/Herren
acqua (non) potabile	(kein) Trinkwasser
Dov'è...?/Dove sono...?	Wo ist...?/Wo sind...?
a sinistra/a destra	links/rechts
dritto/indietro	geradeaus/zurück
vicino/lontano	nah/weit
autobus/tram/metro/taxi	Bus/Straßenbahn/U-Bahn/Taxi
fermata/stazione dei taxi	Haltestelle/Taxistand
parcheggio/garage	Parkplatz/Parkhaus
cartina della città/mappa	Stadtplan/(Land-)Karte
stazione/porto/aeroporto	Bahnhof/Hafen/Flughafen
orario/biglietto/supplemento	Fahrplan/Fahrschein/Zuschlag
solo andata/andata e ritorno	einfach/hin und zurück
treno/binario/banchina	Zug/Gleis/Bahnsteig
Vorrei noleggiare...	Ich möchte... mieten
un'automobile/una bicicletta/una barca	ein Auto/ein Fahrrad/ein Boot
distributore/benzina/diesel	Tankstelle/Benzin/Diesel
guasto/officina	Panne/Werkstatt

MANGIARE E BERE

Vorrei prenotare un tavolo per quattro persone per questa sera, per favore	Reservieren Sie uns bitte für heute Abend einen Tisch für vier Personen
in terrazza/vicino alla finestra	auf der Terrasse/am Fenster

coltello/forchetta/cucchiaio	Messer/Gabel/Löffel
sale/pepe/zucchero	Salz/Pfeffer/Zucker
aceto/olio	Essig/Öl
latte /panna/limone	Milch/Sahne/Zitrone
freddo	kalt
salato/crudo	versalzen/nicht gar
con/senza ghiaccio/gas	mit/ohne Eis/Kohlensäure
vegetariano/vegetariana/allergia	Vegetarier(in)/Allergie
Il conto, per favore!	Ich möchte zahlen, bitte!
conto/ricevuta/mancia	Rechnung/Quittung/Trinkgeld
bottiglia/caraffa/bicchiere	Flasche/Karaffe/Glas
Il menu, per favore!	Die Speisekarte, bitte!

SHOPPING

Dove posso trovare...?	Wo finde ich...?
Vorrei.../Cerco...	Ich möchte.../Ich suche...
Vorrei masterizzare delle foto su cd...	Brennen Sie Fotos auf CD?
farmacia	Apotheke
panetteria/mercato	Bäckerei/Markt
centro commerciale/grande magazzino	Einkaufszentrum/Kaufhaus
negozio di alimentari/supermercato	Lebensmittelgeschäft/Supermarkt
articoli fotografici	Fotoartikel
giornalaio	Zeitungsladen
chiosco	Kiosk
100 grammi/1 chilo	100 Gramm/1 Kilo
caro/economico/prezzo	teuer/billig/Preis
di più/di meno	mehr/weniger
da agricoltura biologica	aus biologischem Anbau

DORMIRE

Avete ancora...?	Haben Sie noch...?
camera singola/camera doppia	Einzelzimmer/Doppelzimmer
prima colazione/mezza pensione/ pensione completa	Frühstück/Halbpension/ Vollpension
doccia/vasca da bagno/ balcone/terrazza	Dusche/Bad/ Balkon/Terrasse
chiave/passepartout	Schlüssel/Zimmerkarte
bagaglio/valigia/borsa	Gepäck/Koffer/Tasche

BANCA E VALUTA

banca/bancomat/codice segreto	Bank/Geldautomat/Geheimzahl
contanti/carta di credito	bar/Kreditkarte
banconota/moneta/cambio	Banknote/Münze/Wechselgeld

SALUTE

medico/dentista/pediatra	Arzt/Zahnarzt/Kinderarzt
ospedale/pronto soccorso	Krankenhaus/Notfallpraxis
febbre/dolore	Fieber/Schmerzen
diarrea/nausea/scottatura	Durchfall/Übelkeit/Sonnenbrand
infiammato/ferito	entzündet/verletzt
cerotto/benda/pomata/crema	Pflaster/Verband/Salbe/Creme
antidolorifico/compressa/supposta	Schmerzmittel/Tablette/Zäpfchen

TELECOMUNICAZIONI E MEDIA

francobollo/lettera/cartolina	Briefmarke/Brief/Postkarte
Mi servirebbe una scheda telefonica per la rete fissa	Ich brauche eine Telefonkarte für Festnetz
Avrei bisogno di una scheda prepagata per il cellulare	Ich suche eine Prepaidkarte für mein Handy
Dove posso collegarmi a internet?	Wo finde ich einen Internetzugang?
È necessario digitare un prefisso particolare?	Brauche ich eine spezielle Vorwahl?
comporre/linea/occupato	wählen/Verbindung/besetzt
presa/adattatore/caricatore	Steckdose/Adapter/Ladegerät
computer/batteria/accumulatore	Computer/Batterie/Akku
chiocciola (negli indirizzi e-mail)	At-Zeichen („Klammeraffe“)
indirizzo internet/indirizzo e-mail	Internetadresse/E-Mail-Adresse
connessione internet/wi-fi	Internetanschluss/WLAN
e-mail/file/stampare	E-Mail/Datei/ausdrucken

TEMPO LIBERO, SPORT E SPIAGGE

spiaggia/stabilimento balneare	Strand/Strandbad
ombrellone/sdraio	Sonnenschirm/Liegestuhl

NUMERI

1	eins	11	elf
2	zwei	12	zwölf
3	drei	20	zwanzig
4	vier	21	einundzwanzig
5	fünf	50	fünfzig
6	sechs	100	hundert
7	sieben	200	zweihundert
8	acht	1000	tausend
9	neun	½	ein Halb
10	zehn	¼	ein Viertel

ATLANTE DELLA CITTÀ

La linea verde ▬ indica il percorso descritto nel capitolo *Passeggiate in città*

Tutti i tour sono riportati anche nella carta estraibile

In foto: la Cancelleria Federale

A spasso per Berlino

Le zone di riferimento delle cartine si trovano sul retro della copertina di questa guida

A
B
C
141
149
Sports-Jugend-freizeit-heim
Arcos
Herz-Jesu-K.
Kita
Röntgen-str.
Galvani
Landwehr-
d.Technischen Universität
TU
Alt-Lietzow
Lietzow-k.
Guericke-
Nepal
Standes-amt
Lietzow
Turnh.
Sport-pl.
Charlottb.
Raths.
Warburgzeile
Loschmidt-str.
Loschmidt-Obersch.
Alter
Ev.Sch.
Luisen-kirchhof I
Landes-a.f.Meß-u.Eichw.
Kohlrausch-str.
Abbe-str.
Fraunhofer-
Fachsch. f.Optik u. Phototechn. HDK
Marchstr.
Ins. f. tech. Akust.
Ins f. Energietech.
Phys.-Techn.-Bundesanstalt
Private Kant-Sch.
Otto-
Suhr-
Cauer-str.
L.-Cauer-Grundsch.
Richard-Wagner-Pl.
Arno-Fuchs-Obersch.
Stadtbad Charlottenburg
Kita
Hs.d. Jugend
Tribüne-theater
Allee
Luft-und Raumfahrt
Archi-tektur
Mathem.
Wasserb
Zillestr.
Zille-str.
F.-Fröbel-Hs.
Turnh.
Zauritz-w.
Staatl.Fachsch. f.Sozialpäd.
Berlin
Deutsche Bundesbank
U2
M.-E.-Lüders-str.
TU
Ernst-Reuter-Platz
Ernst-Reuter-Platz
Str.
Dt. Oper Berlin
Krumme
Deutsche Oper
Rich.-Wagner-Str.
Bismarck-str.
5
U2
Am Schiller-theater
Schiller-theater
Hardenberg-str.
Sesen-heimer Str.
Shakespeare-platz
Senioren-heim
Kita
Hs. der Familie
St.-Th.-v.-Aquin-Gem.-hs.
Leibniz-str.
Schiller-str.
Spiel-pl.
Herder-str.
Schiller-Obersch.
Turn-halle
Friedensbg.-Obersch.
Jugend-freizeithm.
Kita
Renaissance-theater
HDK Mediothek
Schiller-
Spiel-pl.
Ev.Familien-bildungsst.
Haus d. Kirche
Krumme Str.
Turnh.
Eichendorff-Grundsch.
(Bez.CH-WI)
Goethe-str.
Goethe-
Trinitatis-k.
Karl-August-Platz
Kita Gemeinde-haus
Charlotten-burg
Synagoge
Grolman-str.
Knese-
Pesta-lozzi-str.
Wilmersdorfer Str.
Wei-
Schlüter-str.
Carmer-
Kant-str.
Savignyplatz
M49,X34
X34,M49
309
Krumme
RE1,RE2,RE7,RB14
Else-Ury-Bogen
J.-Mamm
Charlottenbg.
S3,S5,S7, S75
Spielpl.
Kita
Sporth.
Schlüter-Grundsch.
C.-Ludwig-Str.
Niebuhr-str.
Wilmersdorfer
Joan-Miro-Grundsch.
Mommsen-str.
Hinde-mith-pl.
Spielpl.
Sophie-Charlotte-Obersch.
Bleibtreu-str.
Uhlandstr.
U1
Waitz-str.
Sybel-str.
Giesebrecht-str.
Meyerinck-Pl.
Clausewitz-str.
Walter-Benjamin-Pl.
George-Grosz-Pl.
Kurfürsten-damm
M19,M29,N10
109,110,M19,N10,X10
Komödie u. Theater am Kurfürstendam
Passage
Lewishamstr.
Adenauer-pl.
Adenauerplatz
Olivaer Platz
Lietzenburger
Wieland-str.
Knesebeck-str.
Stiftung Wissenschaft u.Politik
Mali
Brandenburgische Str.
Xantener Str.
Konstanzer Str.
Pariser Str.
Ludwig-kirch-platz
Wilmersdorf
Duisburger Str.
Düssel-dorfer
Bregenzer
Darmstädter Str.
Slowakei
Sankt-Ludwig-Gr.sch.
St.-Ludwig-K.
(Bez.CH-WI)
Paderborner Str.

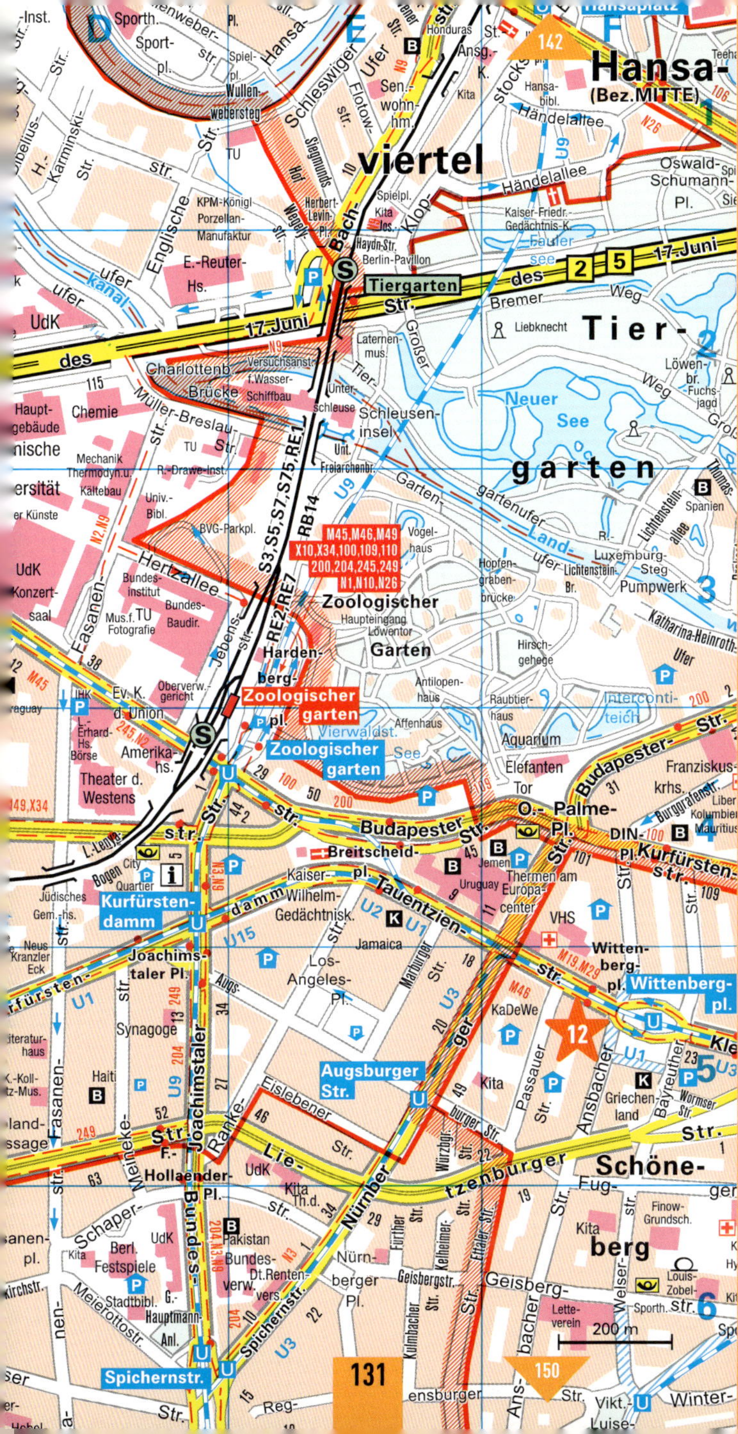
142
150
Hansa-
(Bez.MITTE)
viertel
Hansaplatz
Tier-
garten
Tiergarten
Straße des 17.Juni
Neuer See
Großer Weg
Bremer Weg
Liebknecht
Löwen-br.
Fuchsjagd
Lichtenstein-allee
Luxemburg-Steg
Lichtenstein-Br.
Pumpwerk
Katharina-Heinroth-Ufer
Landwehrkanal
Schleusen-insel
Unterschleuse
Tiergartenufer
Charlottenb. Brücke
Müller-Breslau-Str.
Hertzallee
Hardenbergpl.
Zoologischer garten
Zoologischer Garten
Haupteingang Löwentor
Antilopen-haus
Raubtier-haus
Affenhaus
Vierwaldst. See
Aquarium
Elefanten Tor
Hopfen-graben-brücke
Hirsch-gehege
Vogel-haus
Interconti-teich
S3,S5,S7,S75,RE1
RE2,RE7
RB14
M45,M46,M49
X10,X34,100,109,110
200,204,245,249
N1,N10,N26
Budapester Str.
Kurfürstendamm
Kurfürsten-str.
Tauentzienstr.
Kaiser-Wilhelm-Gedächtnisk.
Breitscheid-pl.
Europa-center
Thermen am Europa-center
O.-Palme-Pl.
Wittenberg-pl.
KaDeWe
Augsburger Str.
Joachimstaler Str.
Joachimstaler Pl.
Spichernstr.
Bundesallee
Nürnberger Str.
Nürnberger Pl.
Lietzenburger Str.
Schöneberg
Theater d. Westens
Ev. K. d. Union
Amerika-hs.
Erhard-Hs. Börse
Jüdisches Gem.-hs.
Synagoge
Los-Angeles-Pl.
Ranke-str.
Eislebener Str.
Passauer Str.
Ansbacher Str.
Bayreuther Str.
Geisbergstr.
Fasanenstr.
Meinekestr.
F.-Hollaender-Pl.
Berl. Festspiele
Stadtbibl.
Hauptmann-Anl.
Meierottostr.
Schaperstr.
UdK
UdK Konzert-saal
TU
KPM-Königl. Porzellan-Manufaktur
E.-Reuter-Hs.
Englische Str.
Hofjägerallee
Klopstockstr.
Händelallee
Kaiser-Friedr.-Gedächtnis-K.
Hansa-bibl.
Oswald-Schumann-Pl.
Bachstr.
Schleswiger Ufer
Flotowstr.
Siegmunds Hof
Wullenwebersteg
Bundes-institut
Bundes-Baudir.
Mus.f. Fotografie
Oberverw.-gericht
Jebensstr.
BVG-Parkpl.
Univ.-Bibl.
Kantstr.
Witten-berg-pl.
Franziskus-krhs.
200 m

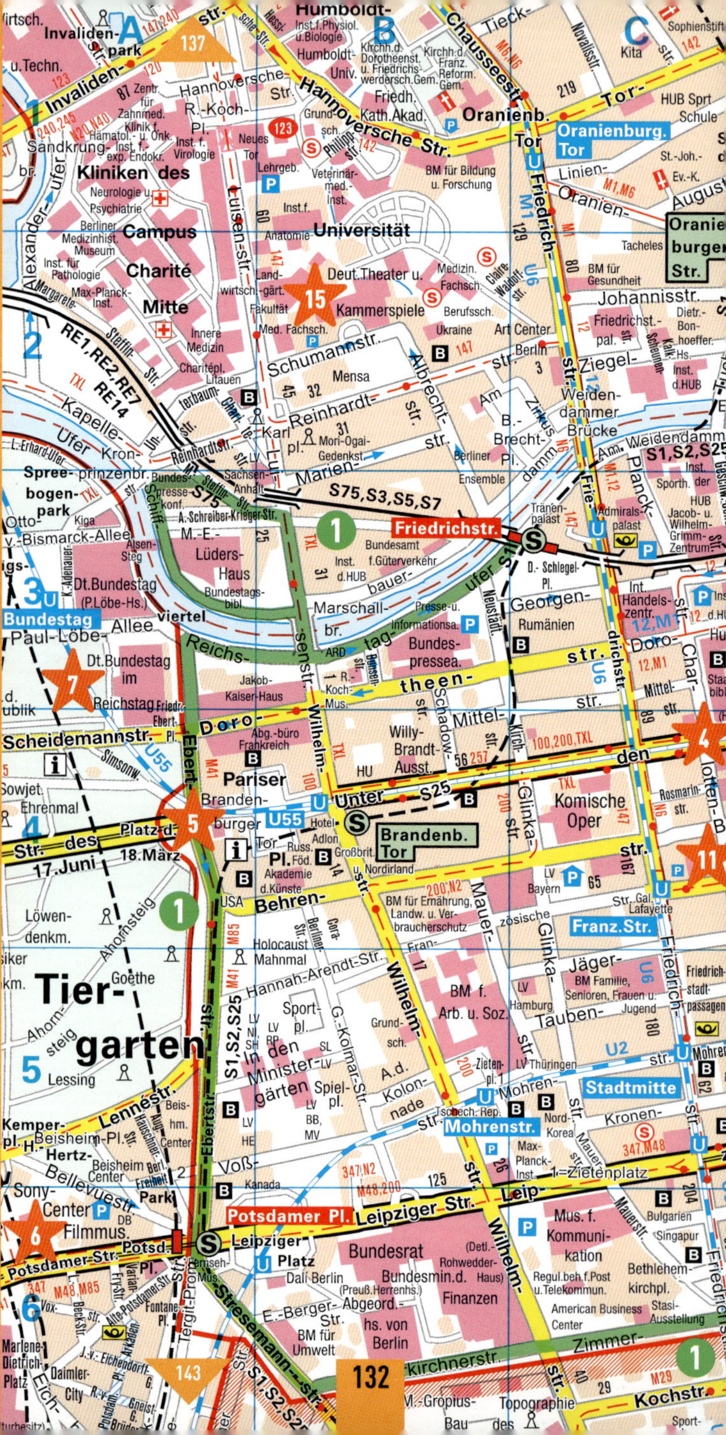
137
143
Invalidenpark
Invalidenstr.
u.Techn.
Humboldt-Univ.
Inst.f.Physiol. u.Biologie
Kirchn.d. Dorotheenst. u. Friedrichswerdersch.Gem.
Kirchn.d. Franz. Reform. Gem.
Friedh.
Kath.Akad.
Hannoversche Str.
R.-Koch-Pl.
Zentr. für Zahnmed.
Hämatol.- u. Onk. Klinik f.
Inst. f. exp. Endokr.
Inst. f. Virologie
Neues Tor
Lehrgeb.
Veterinär-med.-Inst.
Sandkrug-br.
Kliniken des Campus Charité Mitte
Neurologie u. Psychiatrie
Berliner Medizinhist. Museum
Inst. für Pathologie
Max-Planck-Inst.
Innere Medizin
Charitépl.
Alexanderufer
Luisenstr.
Inst.f. Anatomie
Universität
Land-wirtsch.-gärt. Fakultät
Med. Fachsch.
Deut.Theater u. Kammerspiele
Medizin. Fachsch.
Berufssch. Ukraine
Claire-Waldoff-Str.
Art Center Berlin
Chausseestr.
Tieckstr.
Novalisstr.
Oranienb. Tor
Oranienburg. Tor
Torstr.
HUB Sprt Schule
Kita
Sophienstift
St.-Joh.-Ev.-K.
Linienstr.
Oranienburger Str.
Auguststr.
BM für Bildung u. Forschung
Friedrichstr.
Tacheles
BM für Gesundheit
Johannisstr.
Friedrichst.-pal.
Dietr.-Bonhoeffer-Hs.
Inst. d.HUB
Ziegelstr.
Weidendammer Brücke
Am Weidendamm
Planckstr.
Schumannstr.
Mensa
Albrechtstr.
Reinhardtstr.
Karl pl.
Mori-Ogai-Gedenkst.
Marienstr.
Am Zirkus
B.-Brecht-Pl.
Berliner Ensemble
Schiffbauerdamm
RE1,RE2,RE7 RE14
Margaretesteig
Kapelleufer
Kronprinzenbr.
L.-Erhard-Ufer
Spreebogenpark
Bundespressekonf.
A.-Schreiber-Krieger-Str.
Sachsen-Anhalt
S75,S3,S5,S7
Friedrichstr.
Tränenpalast
Admiralspalast
Sporth.
Inst. der HUB
Jacob- u. Wilhelm-Grimm-Zentrum
S1,S2,S25
Otto-v.-Bismarck-Allee
Kiga
Alsensteg
M.-E.-Lüders-Haus
Bundestagsbibl.
Bundesamt f.Güterverkehr
Inst. d.HUB
Reichstagufer
Marschallbr.
Presse- u. Informationsa.
Bundespressea.
D.-Schlegel-Pl.
Georgenstr.
Rumänien
Neustädt.
Int. Handelszentr.
Dt.Bundestag (P.Löbe-Hs.)
Bundestag
Paul-Löbe-Allee
K.-Adenauer-Str.
Dt.Bundestag im Reichstag
Jakob-Kaiser-Haus
Wilhelmstr.
ARD
R.-Koch-Mus.
Dorotheenstr.
Mittelstr.
Charlottenstr.
Scheidemannstr.
Friedr.-Ebert-Pl.
Abg.-büro Frankreich
Willy-Brandt-Ausst.
Schadowstr.
Kirchstr.
Simsonw.
U55
Sowjet. Ehrenmal
Pariser Platz
Brandenburger Tor
HU
Unter den Linden
S25
Komische Oper
Rosmarinstr.
Hotel Adlon
Russ. Föd.
Großbrit.
Brandenb. Tor
Akademie d.Künste
Nordirland
Str. des 17.Juni
Platz d. 18.März
Ebertstr.
Behrenstr.
USA
BM für Ernährung, Landw. u. Verbraucherschutz
Glinkastr.
Mauerstr.
Bayern
Str. Gal. Lafayette
Franz.Str.
Löwendenkm.
Ahornsteig
Holocaust Mahnmal
Cora-Berliner-Str.
Französische Str.
Jägerstr.
BM Familie, Senioren, Frauen u. Jugend
Friedrichstadtpassagen
Tiergarten
Goethe
Lessing
Hannah-Arendt-Str.
Sportpl.
G.-Kolmar-Str.
In den Ministergärten
Spielpl.
Grundsch.
BM f. Arb. u. Soz.
Hamburg
Taubenstr.
Zietenpl.
Thüringen
Mohrenstr.
Stadtmitte
U2
Kronenstr.
Kolonnade
Tschech. Rep.
Nord-Korea
Mohrenstr.
Max-Planck-Inst.
Zietenplatz
Lennéstr.
Kemperpl.
Beisheim-Pl.
H.-Hertz-Str.
Beisheim Center
Voßstr.
Kanada
Bellevuestr.
Sony-Center
Filmmus.
Potsd. Pl.
Potsdamer Pl.
Leipziger Str.
Leipziger Platz
Mus. f. Kommunikation
Bulgarien
Singapur
Mauerstr.
Bundesrat
(Detl.-Rohwedder-Haus)
Bundesmin.d. Finanzen
Regul.beh.f.Post u.Telekommun.
Bethlehemkirchpl.
Dalí Berlin
(Preuß.Herrenhs.)
Abgeord.-hs. von Berlin
E.-Berger-Str.
BM für Umwelt
American Business Center
Stasi-Ausstellung
Zimmerstr.
Niederkirchnerstr.
M.-Gropius-Bau
Topographie des Terrors
Kochstr.
Potsdamer Str.
Varian-Fry-Str.
Alte Potsdamer Str.
Fontane-Pl.
Marlene-Dietrich-Platz
Daimler-City
Eichhornstr.
Stresemannstr.
Tergit-Prom.
S1,S2,S25
Hausvogteipl.
Rehseh-Mus.
Beck-Str.
J.-v.-Eichendorff-G.

Mitte
Bez.MITTE
Vorstadt
Weinmeisterstr.
R.-Luxemb.-Pl.
Hackescher Markt
Alexanderpl.
Museumsinsel
Pergamonmus.(-altar)
Alte Nationalgalerie
Neues Museum
Bodemuseum
Monbijoupark
James-Simon-Park
Krausnickpark
Neue Synagoge
Berliner Dom
DDR Museum Berlin
Lustgarten
Humboldtforum (Berliner Schloss) (in Bau)
Staatsoper
Fernsehturm
Marien-K.
Neptunbrunnen
1=Großer Jüdenhof
2=Am Nußbaum
Nik.-viertel
Berl. Raths. (Rotes Raths.)
Molkenmarkt
Marstall
Ephraim-palais
Werderscher Markt
Auswärtiges Amt
1=Kleine Jägerstr.
4=Kleine Gertraudenstr.
5=A.d.Kommandantur
6=Prinzeng.
7=Werdersche Rosenstr.
8=Falkonierg.
Fischerinsel
Spittelmarkt
Hausvogteipl.
Spree-kanal
Mühlendamm
Mühlendammschleuse
Oranienstr.
Rudi-Dutschke-Str.
Axel-Springer-Haus
Bundesdruckerei
Waldeckpark
Otto-Suhr-Siedl.
Unter den Linden
Karl-Liebknecht-Str.
Spandauer Str.
Rosenthaler Str.
Gertraudenstr.
Leipziger Str.
Grunerstr.
Stralauer Str.
Alexandrinenstr.
Annenstr.
Seydelstr.
Jakobstr.
Sebastianstr.
200 m
139
145

A
B
C
BEZIRK
REINICKENDORF
400 m
Flughafen Berlin-Tegel
„Otto Lilienthal"
Kol. Neuland II
SIEMENSSIEDLG.
AM HOHENZOLL.-
KANAL III
Zollamt
Frachtzentrum
6 Brandenburger Weg
7 Westpreußenweg
1 Amselweg
2 Stieglitzweg
3 Nachtigallenweg
4 Finkenweg
5 Lerchenweg
Kol. Beussel'sche Erben
Kol. Eigenland
Kol. Köppen'sche Erben
Kol. Albrecht'sche Erben
Kol. Fabian'sche Erben
Am Wasserbuncker
Kol. Vor den Toren Feld I
Kol. Vor den Toren Feld II
Kol. Neuland
Kol. Feld III
Kol. Feld IV
Hohenzollern-
Regatta- Strecke
kanal
Saatwinkler
Damm
Jungfernheideweg
Volkspark
Jungfernheide
Sportplatz
Freibad Jungfernheide
Jungfernheideteich
Spielplatz
Spielwiese
Wasserturm
Kindererholungsstätten
Wildgehege
G.-Böß-Freilichtbühne
C.-Fr.-von-Siemens-Schule
Kita
W.-v.-Siemens-Park
SIEMENSSTADT
Schuckertdamm
Schuckertpl.
Heckerdamm
M.-Bürger-Klinik
Schule
St. Joseph Kirche
Goebelstr.
Spielpl.
Geißlerpfad
Geitelsteig
Schweiggerweg
Heinickeweg
Goebelpl.
Toepler
Schulen
Gesundheitsamt
Bibl.
Habermannzeile
Hofackerzeile
Siemensdamm
Popitzweg
Heilmannring
Halemweg
J.-Kaiser-Platz
Nonnendammallee
Siemensdamm
Dreieck Charlottenburg
Letterhausweg
Wernerwerkdamm
BEZIRK
SPANDAU
Rohrdamm
Nikolaus-Groß-Weg
Feuerwache
Landes-Brandirektion
Kol. Bleibtreu
Kol. Spreeufer
Stadtentwäss.
Nonnendamm
Charlottenb. Schleuse
Kol. Schleusenland
Spree
Kol. Spreewiesen
Kol. Tiefer Grund II
Kol. Schlackenloch
Kol. Tiefer Grund I
Wiesenweg
Fürstenbrunner Weg
Friedh. der Kaiser-Wilh.-Ged.-gem.
Friedh. der Luisen-
ehem. Güterbf. Charlottenburg
Belvedere
Schloss-
garten
Mausoleum
Pulsstr.
Heubnerweg
Kaiserin-Aug.-Viktoria Kinderklinik
Max-Bürger-Krkhs.
140

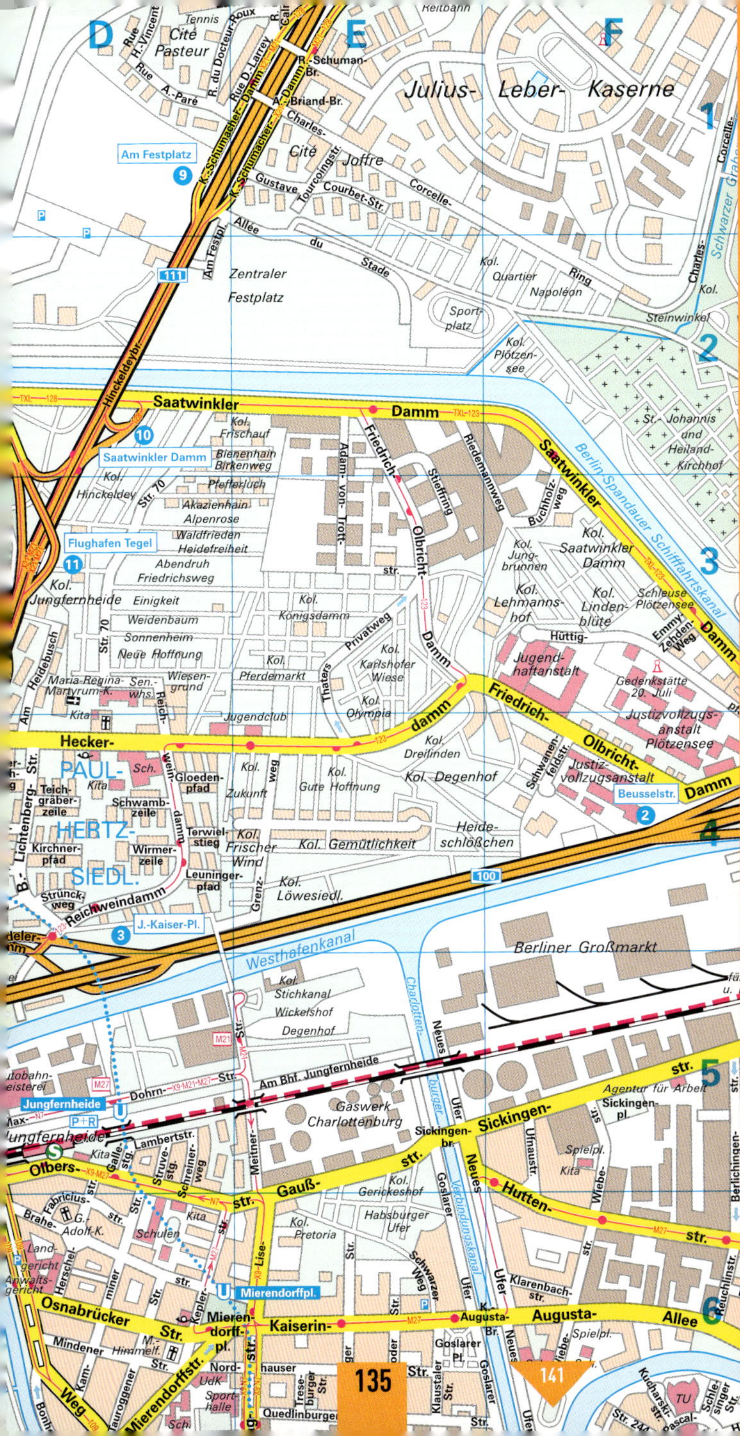
D
E
F
1
2
3
4
5
6
Tennis
Cité Pasteur
Rue H.-Vincent
Rue A.-Paré
R. du Docteur-Roux
Rue D.-Larrey
R.-Schuman-Br.
A.-Briand-Br.
K.-Schumacher-Damm
Julius- Leber- Kaserne
Charles-
Cité Joffre
Gustave
Tourcoingstr.
Courbet-Str.
Corcelle-
Corcelle-
Am Festplatz
9
Allée du Stade
Am Festpl.
111
Zentraler Festplatz
Kol. Quartier Napoléon
Ring
Sport-platz
Charles-
Kol.
Steinwinkel
Schwarzer Graben
Kol. Plötzensee
St.-Johannis und Heiland-Kirchhof
Hinckeldeybr.
Saatwinkler Damm
TXL
128
123
10
Saatwinkler Damm
Kol. Frischauf
Bienenhain
Birkenweg
Kol. Hinckeldey
Str. 70
Pfefferluch
Akazienhain
Alpenrose
Waldfrieden
Heidefreiheit
Flughafen Tegel
11
Abendruh
Friedrichsweg
Kol. Jungfernheide
Einigkeit
Weidenbaum
Sonnenheim
Neue Hoffnung
Str. 70
Am Heidebusch
Adam-von-Trott-Str.
Friedrich-Olbricht-Damm
Stieffring
Riedemannweg
Buchholzweg
Saatwinkler
Berlin-Spandauer Schifffahrtskanal
Kol. Saatwinkler Damm
Kol. Jungbrunnen
Kol. Lehmannshof
Kol. Lindenblüte
Schleuse Plötzensee
Emmy-Zehden-Weg
Damm
Kol. Königsdamm
Privatweg
Kol. Pferdemarkt
Kol. Karlshofer Wiese
Kol. Olympia
Thaters
Hüttig-
Jugendhaftanstalt
Gedenkstätte 20. Juli
Justizvollzugsanstalt Plötzensee
Maria-Regina-Martyrum-K.
Sen.-whs.
Wiesengrund
Reichweindamm
Kita
Jugendclub
Hecker-damm
Friedrich-Olbricht-Damm
Kol. Dreilinden
Kol. Degenhof
Schwanenfeldstr.
Justizvollzugsanstalt
Beusselstr.
2
PAUL-HERTZ-SIEDL.
Sch.
Kita
Teichgräberzeile
Gloedenpfad
Schwambzeile
Kol. Zukunft
Kol. Gute Hoffnung
Lichtenberg-Str.
Kirchnerpfad
Wirmerzeile
Terwielsteig
Kol. Frischer Wind
Kol. Gemütlichkeit
Heideschlößchen
Leuningerpfad
Grenzweg
Kol. Löwesiedl.
100
B.-Lichtenberg-Str.
Strünckweg
Reichweindamm
J.-Kaiser-Pl.
3
Westhafenkanal
Berliner Großmarkt
Kol. Stichkanal
Wickelshof
Degenhof
Charlottenburger Ufer
Neues Ufer
M21
M27
Dohrn-Str.
Am Bhf. Jungfernheide
Jungfernheide
P+R
Gaswerk Charlottenburg
Sickingen-str.
Sickingenbr.
Agentur für Arbeit
Sickingenpl.
Lambertstr.
Galle-stg.
Struvestg.
Schreinerweg
Meitnerstr.
Olbers-str.
Gauß-str.
Kol. Gerickeshof
Goslarer Ufer
Neues Ufer
Ufnaustr.
Spielpl.
Kita
Wiebestr.
Hutten-str.
Berlichingenstr.
Fabriciusstr.
Brahe-str.
G.-Adolf-K.
Kita
Schulen
Kol. Pretoria
Habsburger Ufer
Verbindungskanal
Land-gericht
Amtsgericht
Herschelstr.
Lise-Meitner-Str.
Schwarzer Weg
Klarenbachstr.
Reuchlinstr.
Mierendorffpl.
Osnabrücker Str.
Keplerstr.
Mierendorffpl.
Kaiserin-Augusta-Allee
Augusta-Br.
Goslarer Pl.
Spielpl.
Mindener Str.
M.-Himmelf.
Mierendorffstr.
Nordhauser Str.
UdK
Sporthalle
Sch.
Tauroggener
Weg
Bonhoefferufer
Tresebürger Str.
Quedlinburger
Klaustaler Str.
Goslarer
TU
Kucharskistr.
Schlesinger Str.
Str. 244
Pascal-

141

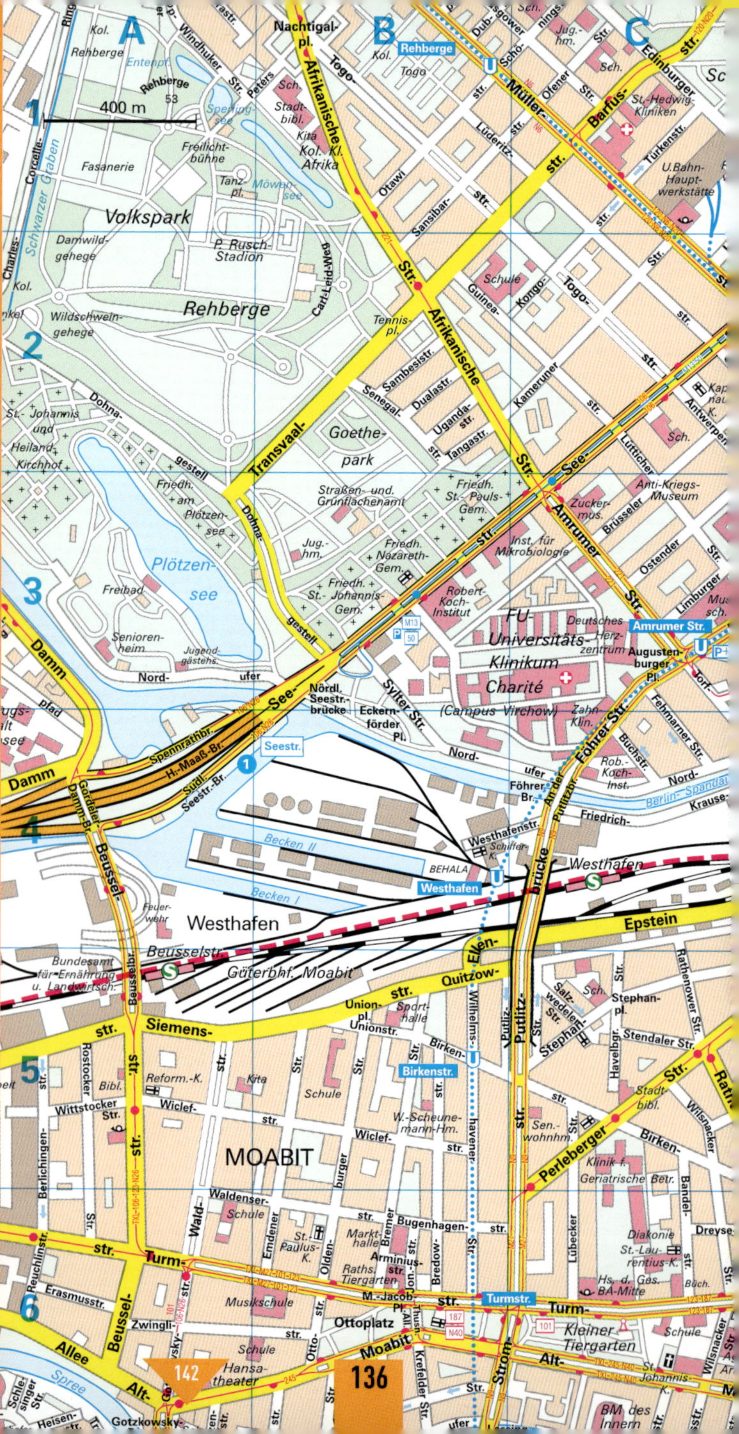
A
B
C
1
2
3
4
5
6
400 m
Rehberge
Volkspark
Rehberge
Damwild-gehege
Wildschwein-gehege
Fasanerie
Freilicht-bühne
Tanz-pl.
P. Rusch-Stadion
Carl-Leid-Weg
Möwensee
Sperlingsee
Entenpf.
Kol. Rehberge
Windhuker Str.
Petersallee
Nachtigal-pl.
Afrikanische Str.
Togostr.
Otawistr.
Sansibarstr.
Lüderitzstr.
Müllerstr.
Ofener Str.
Barfusstr.
Edinburger Str.
St.-Hedwig-Kliniken
Türkenstr.
U.Bahn-Hauptwerkstätte
Rehberge
Stadt-bibl.
Kita
Kol. Kl. Afrika
Tennis-pl.
Schule
Guineastr.
Kongostr.
Kamerunerstr.
Sambesistr.
Dualastr.
Senegalstr.
Ugandastr.
Tangastr.
Transvaalstr.
Goethepark
Straßen- und Grünflächenamt
Friedh. St.-Pauls-Gem.
Friedh. Nazareth-Gem.
Friedh. St.-Johannis-Gem.
Jug.-hm.
Dohnagestell
St.-Johannis und Heiland Kirchhof
Friedh. am Plötzensee
Plötzensee
Freibad
Senioren-heim
Jugend-gästehs.
Nordufer
Seestr.
Amrumer Str.
Zucker-mus.
Anti-Kriegs-Museum
Brüsseler Str.
Lütticher Str.
Antwerpener Str.
Inst. für Mikrobiologie
Robert-Koch-Institut
Ostender Str.
Limburger Str.
Deutsches Herz-zentrum
FU-Universitäts-Klinikum Charité (Campus Virchow)
Zahn-Klin.
Augustenburger Pl.
Föhrer Str.
Fehmarner Str.
Sylter Str.
Eckernförder Pl.
Nördl. Seestr.-brücke
Spennrathbr.
H.-Maaß-Br.
Südl. Seestr.-Br.
Seestr.
Damm
Goerdeler-Damm-Br.
Beusselstr.
Becken II
Becken I
BEHALA
Westhafen
Westhafenstr.
Schiffer-K.
Föhrer Br.
Rob.-Koch-Inst.
Buchstr.
Berlin-Spandauer Schifffahrtskanal
Friedrich-Krause-Ufer
Putlitzbr.
An der Putlitzbrücke
Feuer-wehr
Westhafen
Beusselstr.
Güterbhf. Moabit
Bundesamt für Ernährung u. Landwirtsch.
Ellen-Epstein-Str.
Quitzowstr.
Rathenower Str.
Union-pl.
Unionstr.
Sport-halle
Siemensstr.
Salzwedeler Str.
Stephanstr.
Stephan-pl.
Stendaler Str.
Havelbg. Str.
Birkenstr.
Wilhelmshavener Str.
Putlitzstr.
Perleberger Str.
Stadt-bibl.
Sen.-wohnhm.
Klinik f. Geriatrische Betr.
Wilsnacker Str.
Bandelstr.
Rostocker Str.
Bibl.
Reform.-K.
Kita
Schule
Wittstocker Str.
Wiclefstr.
W.-Scheune-mann-Hm.
MOABIT
Berlichingenstr.
Waldstr.
Waldenser-Schule
Emdener Str.
St.-Paulus-K.
Oldenburger Str.
Markt-halle
Bremer Str.
Bugenhagenstr.
Arminiusstr.
Raths. Tiergarten
Bredowstr.
Lübecker Str.
Diakonie
St.-Laurentius-K.
Dreysestr.
Hs. d. Ges. BA-Mitte
Turmstr.
Reuchlinstr.
Erasmusstr.
Zwinglistr.
Musikschule
M.-Jacob-Pl.
Ottoplatz
Ottostr.
Thusn. Allee
Turmstr.
Kleiner Tiergarten
Schule
Alt-Moabit
Krefelder Str.
Stromstr.
St. Johannis-K.
BM des Innern
Beusselstr.
Allee
Spree
Hansa-theater
Schlesingerstr.
Heisenstr.
Gotzkowskystr.
142

D
E
F
1
2
3
4
5
6
WEDDING
BEZIRK MITTE
Stadtbücherei
L.-Schroeder-Halle
Kombibad Luisenstraße
Louise-Schroeder-Pl.
Osloer Str.
Osloer
Schweden-str.
Dronthm. Str.
Kolonie-str.
DRK-Kliniken
Finanzamt
Armenische Str.
Syrische Str.
Indische Str.
Kita
Städt. Urnen-friedhof
Reinickendorfer Str.
Hs. d. Ges.
Schul-Umwelt-zentr.
Hosp. zum Hl. Geist u. St. Georg
Iranische Str.
Verwaltungsgebäude
H.-Galinski-Str.
Spielpl.
Exerzier-str.
Bad-str.
Wilh.-Oude-Hasenclever-Pl.
Groninger Str.
narder Str.
Jugendclub Kita
BVG Hauptwerkstätten
Gropius-str.
Buttmann-str.
Thurneysser Str.
St.-Paul-K.
Malplaquet-str.
Liebenwalder Str.
Turiner Str.
Sch.
Max-Str.
Hochstätter Str.
Nauener Platz
Schul-str.
Martin-str.
Opiz-Str.
Amtsger.
Heimat-mus.
Bastian-str.
Gottsched-str.
Bornemann-str.
Schönstedt-str.
Brunnenplatz
Böttger-str.
Berufssch.
Climbing Center
Amsterd. Str.
Utrechter Str.
Garnison-friedh.
Müller-str.
Nazareth-kirch-str.
Maxstr.
Pr.-str.
Ufer-str.
Schulen
Wiesenstr.
Wiesen-str.
Scherer-str.
Adolf-str.
Kosliner Str.
96
Eugen-Str.
Rathaus
Schiller-Bibliothek
VHS
Ruheplatz-str.
Wedding-str.
Pank-str.
Leopoldplatz
142 221 247 327
Plantagen-str.
Urnenfriedh.
Pasewalker Str.
Anton-str.
Nettelbeckpl.
Gericht-str.
M.-J.-Metzger-Pl.
St.-Joseph-K.
Ag. f. Arbeit
Lindower Str.
Feuerwache
Stadtbad Wedding
Kolberger Str.
Ravené-str.
Hoch-str.
Humboldthain
Hussiten-str.
Tegeler Str.
Stud.-Wohnhm.
Wildenow-str.
Wedding
Sparr-str.
Sparrpl.
Burgsdorfer Str.
Schönwalder Str.
Musiksch.
Dankeskirche
Wedding-pl.
Gartenstr.
Scheringstr.
Kunkel-str.
Grenz-str.
Kirchhof Dorotheenstadt II
Schulzendorfer Str.
Reinickendorfer Str.
Acker-str.
Garten-str.
Oster-K.
Schule
Kita
Trift-str.
Lynar-str.
Schiffahrtskanal
ufer
Mettmann-pl.
Fenn-str.
Nordhafen
Am Nordhafen
Seller-str.
Chaussee-str.
Panke
Erika-Hess-Eisstadion
P+R
Neue Liesen-str.
Friedh. St. Hedwig u. Franz. Dom
Park
Ufer
Fennbr.
Heide-str.
Nordhafen-br.
Boyen-str.
Scharnhorst-str.
Kieler Str.
Bundeswehr-Krkhs.
Ida-von-Arnim-Straße
Bundesnachrichtenzentrale (in Bau)
Wöhlerstr.
Pflugstr.
Schwartzkopffstr.
Schwartzkopff-str.
Caroline
Lehrter Str.
Sporthalle
Pol.-dir. 3
Schule
Panke-park
Golfzentrum
Invaliden-Friedhof
Naturkundemuseum
Tennispl.
Rodelbahn
Orthopäd. Klinik
Habersaath-str.
Schwarzer Weg
Museum für Naturkunde
Institut der HUB
Fritz-Poststadion
Jugendclub
Ag. f. Arbeit Tiergarten
JVA
Heide-str.
BM für Verkehr, Bau und Stadtentw.
BM für Wirtschaft und Techn.
Invalidenpark
Pl. v. d. Neuen Tor
Hessische Str.
HUB
Schloß-Park
Seydlitz-platz
Döberitzer Str.
Museum für Gegenwart Hamburger Bahnhof
Landessozialgericht
Bündnis 90 Die Grünen
Hannoversche Str.
R.-Koch-Pl.
123
Stadtbad
Geschichtspark
120
Invaliden-str.
Charité-Hochhaus
Philipp-str.
Mensa
Luisen-str.
Berlin Justizvollzugsanstalt Moabit
Seydlitz-str.
Clara-Str.
Lesser-Ury-Weg
Senioren-heim
Minna-Cauer-Str.
Europapl.
Berlin Hbf
Humboldthafen
Charité Universitätsmedizin
Mus.
Humboldt-Universität
Anatomisches Theater
15
Deutsches Theater
Kammerspiele
Otto-Dix-Str.
Waldorf-OSZ
N20 M85 147 M41
Landesinst. f. gerichtl. u. soz. Medizin
Invaliden-str.
Alt-Moabit
LKA3
Jaschke
Ulap-
Alexander-ufer
Charitépl.
Schumann-str.
Reinhardt-str.

143

A
B
C
1
2
3
4
5
6
Osloer-
Bornholmer
Str.
Bornholmer Str.
Bösebr.
Prinzen-
allee
Pankstr.
Bellermann-
St.- Petrus-K.
Kindermus.
Biesentaler Str.
Wriezener
Freienwalder
Grüntaler
Glücksburger Str.
Kol. Sandkrug
Laböer Str.
Sonderburger Str.
Mönckeberger Str.
Norweger Str.
Finnländische Str.
Czarnikauer
Ueckermünder Str.
Isländische Str.
Malmöer
Behmstr.
Schivelbeiner
Kol. Bornholm
Ibsen-
Björnsonstr.
Andersenstr.
Bergener Str.
Nordkapstr.
Aalesunder Str.
Paul-
Robes-
Kita
St.- Aug.-K.
Dänen-
Stettiner
Grüntaler
Heidebrinker
Zingster
Julicher
Jugendclub Musiksch.
Bloch-pl.
Behm-
Bf. Gesundbrunnen
H.-Sobek-Pl.
Gesundbrunnen
GESUNDBRUNNEN
Humboldthöhe
85
Volkspark
Humboldthain
Sommerbad
Himmelf.-K.
Allee
Brunnen-
Ramler-
Putbusser
Swinemünder
Graun-
Gleim-
Gleimtunnel
Kita
Sch.
Rügener
St.- Afra-K.
Gymn.
Kopenhagener
Korsörer
Gleim-
Falkplatz
Schulen
Ystadter
Am Falkpl.
Sonnenburger
Gaudy-
Max-Schmeling-Halle
Mauerpark
Friedrich-Ludwig-Jahn-Sportpark
Schwedter Str.
Meyer-
Gustav-
Technologie- und Innovationspark
Hussiten-
TU-TIB
Lortzing-
Voltastr.
Demminer
Ruppiner
Wolliner
Friedens-K.
Vinetaplatz
Stralsunder
Eberswalder
Str.
Oderberger
Feuerwache
Kremmener Str.
Volta-
Ev.-Luth.-Kirche
Neuap.-K.
Jasmund-
Usedomer
Max-Ulrich-Str.
TU-ACK
BVG
Sportpl.
Wolgaster
Schönholzer
Swinemünder
Garten-pl.
St.-Sebastians-K.
ERNST-REUTER-SIEDL.
Bernauer
W.-Zermin-Weg
Streitzer
Bernauer Str.
Arkonapl.
Granseer
Fürstenbgr. Str.
Rheins-
Versöhnungskap.
St. Elisabeth-Friedh.
Gedenkstätte Berliner Mauer
Sophienkirch-gem.
Friedh.
Anklamer
Acker-
Zions-
Zionskirch-
Zions-K.
Fehrbelliner
Griebenowstr.
Kastanien-
Park am Nord-bahnhof
Caroline-Michaelis-
Hochseilgarten
Lazarus Krkhs.
Th.-Heuss-W.
Berg-
Elisabethkirch-
Elisabeth-K.
Pappelplatz
Veteranen-
Volkspark am Weinberg
Weinbergsweg
Senioren-wohnhm.
Werkst.d. Staatstheater
Choriner
Teutoburg. Pl.
Naturkundemuseum
Julie-Wolfthorn-Str.
Nordbahnhof
El.-Schwarzh.-Pl.
Zinnowitzer
Invaliden-
Markthalle
Acker-
Senatskanzlei f. kultur. Angeleg.
Rosenthaler Pl.
Zehdenicker
Lottum-
Herz-Jesu-K.
Christinenstr.
Angermünder Str.
Schwedter
Eichendorffstr.
Borsig-
Garten-
Schröderstr.
Heinr.-Zille-Park
Stadtbad
Schlegel-
Universität
Tieck-
Novalisstr.
Golgatha-K.
St.Adalbert-K.
Rosenthaler Pl.
Tor-
Brechthaus
Dorotheenstädtischer Friedhof
Deutsche Bischofskonferenz
Oranienburger Tor
Humboldt-Universität
Oranienburger Tor
BM für Bildung und Forschung (2. Dienstsitz)
Kunsthaus Tacheles
Linien-
St.-Joh.-Ev.-K.
August-
Archiv
Kl. Hamburger
Koppen-Pl.
VHS
Stilles Museum
Kulturhs. Mitte
St.Hedwigs-Krkhs.
Neue Synagoge
Kl.August-
Joachimstr.
Gips-
Sophien-
Sophienk.
Weinmeisterstr.
Hackesche Höfe
Jüdischer Friedhof
Neue Schönhauser
Goethe-Inst.
Alte Schönhauser
Mulack-
Stein-
Gormann-
Fr.Mett-Sporthalle
Münz
Max-
Almstadt-
Beer-
Oranienburger
Deutsches Theater
FDP
Claire-Waldoff-
Albr.
Johannisstr.
Friedrich-
Ziegel-
Monbijou-Pl.
Hackescher Markt
Dircksen-
15
144
138

D
E
F
1
2
3
4
5
6
PANKOW
WEISSENSEE
BEZIRK PANKOW
PRENZLAUER BERG
FRIEDRICHSHAIN
96a
109
Schönhauser Allee
Eberswalder Str.
Senefelderplatz
Luxemburg-Pl.
Wisbyer Str.
Ostsee-Str.
Ostsee-pl.
Prenzlauer Promenade
Prenzlauer Allee
Danziger Straße
Greifswalder Str.
Berliner Str.
Schönhauser Allee
Humannplatz
Helmholtz-pl.
Kollwitz-platz
Jüdischer Friedhof
Synagoge
Planetarium
Ernst-Thälmann-Park
Kulturbrauerei
Wörther Str.
Marienburger Str.
Immanuelkirch-str.
Metzer Str.
Saarbrücker Str.
St. Marien
St. Georgen
St. Nikolai
Prenzlauer Berg
Platz am Königstor
Am Friedrichshain
Friedrichshain Volkspark
Märchenbrunnen
Klinikum im Friedrichshain
Arnswalder Platz
Stierbrunnen
Kniprode-Str.
Greifswalder Str.
Güterbf. Greifswa
Mollstr.
Frieden-str.
400 m
145

134
400 m
A
B
C
1
2
3
4
5
6
17
16
Kol. Spreeufer
Nonnen-
Bleibtreu
Stadt-entwäss.
Charlottenb. Schleuse
damm
Kol. Schleusenland
Spree
Kol. Spreewiesen
Kol. Tiefer Grund II
Rohr-damm
Wiesenweg
Fürstenbrunner
Weg
Kol. Schlacken-loch
Kol. Tiefer Grund I
ehem. Güterbf. Charlottenburg
Belvedere
Schloss-
Friedh. der Kaiser-Wilh.-Ged.-gem.
Friedh. der Luisen-gem.
Fürstenbrunner
100
Pulsstr.
Heubner-weg
Kaiserin-Aug.-Viktoria Kinderklinik
Mausoleum
Max-Bürger-Krkhs.
309
Sophie-
Mollwitzstr.
Senioren-heim
Kita
Schlosspark-Klinik
Museum
Kol. Westend
Braunsfelde
Sonntagsfrieden
Wasserturm
Gesundheitspflege
Bismarckruh
Roßtrappe
Birkenwäldchen
Wasser-werk
DRK Kliniken Westend
Inst. für Hygiene
Gipsformerei Museum
Mus. für Vor- und Frühgesch.
E.-Bumm-Weg
Spandauer
Akazien-allee
Elisabeth-Stift
Nußbaum-allee
Uni-Kliniken
Inst. für Tropenmed.
Damm
Spandauer Br.
Spandauer Damm
Am Bhf. Westend
Freie Theateranst. Berlin
Danckelmann-
Klausener-platz
Kirschen-allee
Ulmen-
Sen.-whs.
Kita
allee
Kastanien-
A.-u.G.-Groscurth-Pl.
Ahorn-pl.
Königin-
Kollatz-str.
Lerschpfad
Westend
Gardes-du-Corps-S.
St.-Kamillus-K.
Neue
WEST-END
Eichen-allee
Branitzer Pl.
Linden-allee
Crusius-str.
Alter Friedh. d. Luisen-gem.
Christ-
straße
Nehring-
Eberesch-allee
Arbeits-amt
Rüstern-allee
BfA
Elisabeth-
Seeling-
CHARLOTTEN
Platanen-allee
G.-Keller-Str.
LVA
Epiphan.-weg
Sch.
Bibl.
Kita
Musikschule
Haeselerstr.
Kaiserdamm
Eschen-allee
Leistikow-str.
Sen.-heim
Soor-
Knobelsdorff-
Epiphan.-K.
Vereins-weg
Reichs-str.
Sch.
Halm-str.
Stormstr.
Linden-
Kl.-Groth-Str.
Ahorn-
Stülpnagel-str.
Horst-
Sch.
Philippi-str.
Wundt-
Sch.
Hölderlin-str.
Frede-ricia-
Meer-scheidt-
Saldernstr.
Bayernallee
Kastanien-allee
Anwalts-kammer
Theodor-Heuss-Platz
349
N42
Kaiserdamm
E.-Barth-Pl.
Witz-leben-
Landes-schulamt
Theod.-Heuss-Pl.
2
5
Kaiser-
Sen. f. Schule u. Sport
LVA
Sen.-wohnhs.
Heer-str.
Die Wühlmäuse
RBB Fernseh-zentr.
Bredt-schneider-
Lietzen-
Pl.
Alemannen-allee
Karo-linger-pl.
Pommern-allee
Lango-barden-all.
Allee
Masuren-allee
Hs. d. Rundf.
Kaiserdamm Süd
ZOB
Dresselstr.
Lietzen-see
Warnen-weg
Franken-allee
Thüringer-allee
Ubierstr.
Hammar-skjöld-Pl.
218
Spiegelweg
Messe Nord/ICC (Witzleben)
Lietzenseeufer
Wandalen-allee
Palais am Funkturm
Messe-
Neue Kant-
X49
139
Kant-
Trendelenburg-str.
Am Gericht
Kita
Messedamm
Kuno-Fischer-Pl.
Kuno-Fischer-Str.
Sch.
26
Messe-Sommer-garten
Funkturm
Int. Congress Centrum (ICC)
Dt. Post AG
Telek.Dir.
Herbart-str.
Dernburg-str.
park
Lietzen-see
Ustinov-Obersch.
Jap. Garten
Senioren-heim
Kirche am Lietzen-see
Suarez-
Friedberg-
Marshall-haus
gelände
Dreieck Funkturm
Rönne-
Harbigstr.
Eingang Süd
damm
Halensee-
Rasthaus Avus
Jaffé-str.
Deutschland-halle (Eissporthalle)
Nord-kurve
Westkreuz
Heilbronner str.
HALENS
Messe Süd
Messe-damm
Messedamm
147
Lützen-str.
Georg-Wilh.-Str.
Katharinen-
Waldschulallee
Cordes-str.
Am Dorn-
Bornstedter
Ringbahn-str.
Kronpr.
Henrietten-
Kurfürste

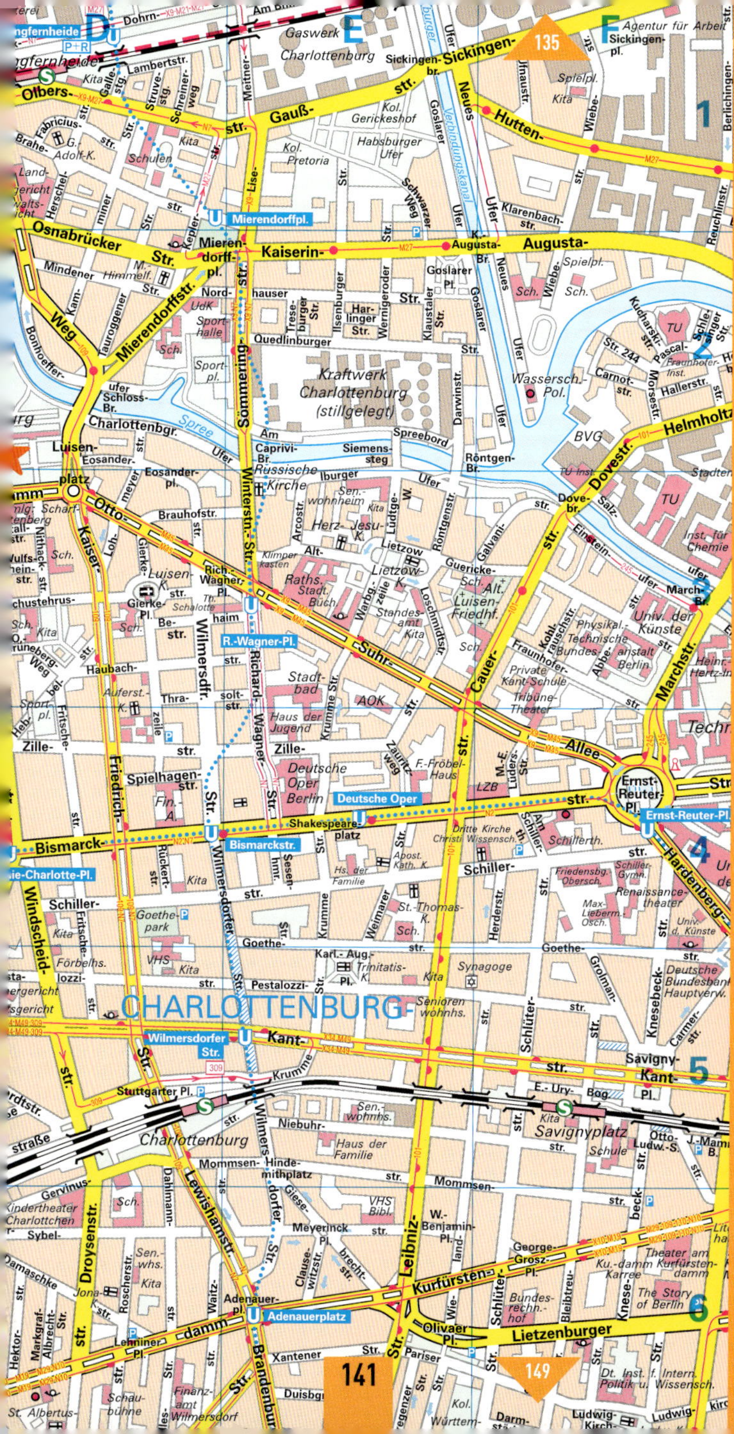

135
141
149
CHARLOTTENBURG
Gaswerk Charlottenburg
Kraftwerk Charlottenburg (stillgelegt)
Kol. Gerickeshof
Habsburger Ufer
Kol. Pretoria
Mierendorffpl.
Mierendorffstr.
Osnabrücker Str.
Kaiserin-Augusta-Allee
Augusta-Br.
Gauß-str.
Sickingen-str.
Hutten-str.
Olbers-str.
Lambertstr.
Quedlinburger
Sömmering-str.
Spree
Schloss-Br.
Charlottenbgr. Ufer
Luisenplatz
Otto-Suhr-Allee
Caprivi-Br.
Siemenssteg
Spreebord
Röntgen-Br.
Dove-br.
Dovestr.
Helmholtz
Wasserschutzpolizei
TU
BVG
Marchstr.
Ernst-Reuter-Pl.
Hardenberg-
Bismarck-str.
Bismarckstr.
Deutsche Oper
Deutsche Oper Berlin
Shakespeare-platz
Richard-Wagner-Pl.
R.-Wagner-Pl.
Richard-Wagner-Str.
Wilmersdorfer Str.
Kaiser-Friedrich-Str.
Leibniz-str.
Schiller-str.
Goethe-str.
Pestalozzi-str.
Kant-str.
Wilmersdorfer Str.
Savignyplatz
Charlottenburg
Stuttgarter Pl.
Niebuhr-
Mommsen-str.
Kurfürstendamm
Adenauerplatz
Lietzenburger
Olivaer Pl.
Lewishamstr.
Droysenstr.
Windscheid-str.
Theater am Ku.-damm
Komödie am Kurfürstendamm
The Story of Berlin
George-Grosz-Pl.
Schaubühne
Trinitatis-K.
Synagoge
Stadtbad
Haus der Jugend
Universität der Künste
Physikal.-Technische Bundesanstalt
Kant-Schule
Tribüne Theater
Renaissance-theater
Deutsche Bundesbank Hauptverw.
Dritte Kirche Christi Wissensch.
Luisen-Friedhf.
Alt-Lietzow
Russische Kirche
Herz-Jesu-K.
Rathaus
Ernst-Reuter-Pl.
Sickingen-pl.
Agentur für Arbeit
Goslarer Pl.
Verbindungskanal

MOABIT
400 m
Wittstocker Str.
Reform.-K.
Kita
Schule
W.-Scheunemann-Hm.
Wiclef-str.
Stadtbibl.
Sen.-wohnhm.
Perleberger
Birken-
Wilsnacker
Klinik f. Geriatrische Betr.
Bandel-
Berlichingen-str.
Waldenser-Schule
Wald-str.
Emdener
Bugenhagen-str.
St. Paulus-K.
Markthalle
Arminius-str.
Raths. Tiergarten
Bredow-
Lübecker
Diakonie St.-Laurentius-K.
Hs. d. Ges. BA-Mitte
Turm-str.
Reuchlinstr.
Erasmusstr.
Zwingli-
Beussel-str.
Musikschule
M.-Jacob-Pl.
Ottoplatz
Turmstr.
Kleiner Tiergarten
Schule
Alt-Moabit
Allee
Spree
Schule
Hansa-theater
Otto-
Bochumer Str.
Krefelder Str.
Strom-str.
St. Johannis-K.
BM des Innern
Kirchstr.
Thomasiusstr.
Heisenbergstr.
Gotzkowsky-Br.
Gotzkowsky-str.
Essener
Lessing-br.
Holsteiner Ufer
Oberverw.gericht
Moabit Br.
Helgoländer Ufer
Helmholtz-str.
Erloser-K.
Levetzow-str.
Zinzendorfstr.
Feuerwache
Techniker-Sch.
Elberfelder
Dortmunder Str.
Bundesrat-
Claudiusstr.
Kita
Wikinger-ufer
Lds.-Bildst.
Agricola-
TU
Stadtentw.
Tile-
Jagow-
Solinger
Hansa-Br.
Lessing-str.
Sch.
Flensburger Str.
Bellevue
Inst. für Chemie
TÜV
Franklin-str.
Gutenberg-
Sporthalle
Wullenweber-str.
Eyke-v.-Repkow-Pl.
Warden-bg.-Str.
Hansaufer
Grips-Theat.
Bartning-
Hanseaten-weg
Akademie der Künste
Schlosspark
Hansapl.
Hansaplatz
HANSA-VIERTEL
Bellevue
Marchstr.
Salz-
M.-Kühne-
Otto-Dibelius-
Hannah-Karminski-Str.
Wullenweinsteg
Schleswiger Ufer
Cuxh.
Flotow-str.
St.-Ansgar-K.
Händel-A
Altonaer Str.
Bundespräsidialamt
Einstein-
Heinr.-Hertz-Inst.
TU
Siegmunds Hof
Bach-str.
Klopstockstr.
Händelallee
Oswald-Schumann-Pl.
Großer Stern
Siegessäule
KPM
Englische Str.
Wegely-str.
Herbert-Lewin-Pl.
E.-Reuter-Hs.
BA f. Bauwes.u.Raumord.
Tiergarten
Berlin-Pav.
Kaiser-Friedr.-Ged.-K.
Technische
UdK
des 17. Juni
Weg
Bremer Weg
Straße
Charlottenbgr. Br.
Universität
Müller-
Vers.-anst. für Wasser-und Schiffbau
Großer Weg
Neuer See
Fasanerie-allee
Hofjäger-allee
Ernst-Reuter-Pl.
Breslau-Str.
Unter-schleuse
Tiergartenufer
Fontane-weg
Universität der Künste
R.-Drawe-Institut
Univ. Bibl.
Landwehrkanal
1 Rosa-Luxemburg-Steg
Lichtenstein-allee
Thom.-
Dehler-Str.
Hardenberg-
Theatersaal
Konz.-Saal
Hertzallee
Oberfinanzdirektr.
Zoologischer Garten
Drakestr.
Rauch-
Klingelhöfer-
Univ. Künste
Stein-platz
TU Berlin
Mus. für Fotografie
Hardenberg-platz
Kath.-Heinroth-Ufer
Cornelius-
Cornelius-Br.
Stüler-str.
Dt. Bundesbank Hauptverw. Berlin
Fasanen-str.
Jebensstr.
Ober-verw.-ger. Berl.
IHK
L.-Erhard-Haus
Zoologischer Garten
Aquarium
Budapester Str.
CDU
Lützow-ufer
Herkules Br.
Theater des Westens
Amerika-hs.
Zoologischer Garten
St.-Franzisk.-Krkhs.
Wichmann-str.
Kant-str.
Lenya-Bog.
Breitscheid-Pl.
Olof-Palme-Pl.
Kaiser-Wilh.-Gedächtnisk.
Europa-Center
Burggrafen-str.
DIN-Platz
Kurfürsten-str.
Keith-
LKA4
Landgrfn.-
Schillstr.
J.-Mamm.-B.
Joachimst. Pl.
Joachimstaler Str.
Kurfürstendamm
Die Stachelschweine
Ansbachr Str.
Inst. für Tropenmedizin
Uhlandstr.
Literaturhaus
Käthe-Kollwitz-Museum
Augsburger Str.
Feuerwache
Los Angeles Pl.
Marburger Str.
Tauentzien-str.
VHS-Kolleg
Wittenbergpl.
Wittenberg-platz
KaDeWe
Passauer Str.
An der Urania
Urania
Courbière-str.
Kleist-str.
Institut der TU
Ranke-
Eislebener Str.
Kita
Bayreuther
F.-Hollaender-Pl.
Lietzen-
Nürnberger Str.
Augsburger Str.
Würzbgr. Str.
Keith-str.
Kalckreuthstr.
Nollendorfplatz
Schaper-
UdK
Gem.-hs.
Fuggerstr.
Klinik Hygiea
Fasanen-
Berliner Festspiele
Meier
Nürnbgr. Pl.
Fürther Str.
Bundeshaus
Geisberg
Sport-

136

150

143
D
E
F
1
2
3
4
5
6
Poststadion
Schloß-
Park
Stadtbad
Geschichts-
park
Seydlitz-
platz
Invaliden-
Museum für
Naturkunde
Museum für
Gegenwart
Hamburger Bahn-
hof
BM
für
Wirtschaft
und
Techn.
Invaliden-
park
Bündnis 90
Die Grünen
Charité-
Hochhaus
Charité
Universitäts-
medizin
Berlin
Humboldt-
hafen
Europapl.
Berlin Hbf
Hauptbahnhof
Washington-
platz
Alt-
Moabit
Ulap-
Park
BM f.
Inneres
(Neubau)
Moltke-
br.
Rahel-Hirsch-Str.
Kapelleufer
Reinhardt-
Marienstr.
Schumann-
Charitépl.
Anatomisches
Theater
Kammer-
spiele
Otto-
von-Bismarck-All.
Paul-Löbe-
Haus (DBT)
Bundestag
Bundes-
kanzleramt
Spree
Kanzler-
park
Marie-
Elisabeth-
Lüders-
Haus (Dt.
Bundestag)
Marschallbr.
Schiffbauer
Haus der Kulturen
der Welt
Tipi
Carillon
Moabiter
Werder
Platz der
Republik
Reichstags-
gebäude
(DBT)
Scheidemann-
Dorotheen-
Jakob-
Kaiser-
Haus
(Dt.
Bundestag)
Sowjetisches
Ehrenmal
Pariser
Pl.
Pl. d.
18.
März
Brandenburger
Tor
Brandenburger Tor
Akademie
der Künste
DBT
Behrenstraße
17. Juni
Straßentunnel
Eisenbahntunnel
Tiergarten

Kleiner
Stern
Grossfürsten-
pl.
Löwen-
Dkm.
Goethe
Lessing
Denkmal
für die
ermordeten
Juden
Europas
Luiseninsel
Friedr.- Wilh. III
Rousseau-
insel
Lenné-
Kemper-
Pl.
Bellevuestr.
Philharmonie
Musikinstr.-
museum
Kammer-
musik
saal
Sony-
Center
Potsdamer
Pl.
Leipziger Str.
Leipziger
Pl.
Potsdamer Pl.
Bundes-
rat
Mosse-
Palais
Kulturforum
Kunstgewerbe-
museum
Kunstbibliothek
Kupferstichkabinett
Gemälde-
galerie
Matthäi-
kirchplatz
Neue
Nationalgalerie
Staats-
bibl.
Marl.-
Dietrich-Pl.
Spiel-
bank
Fontane-
pl.
Tilly-Durieux-Park
4 Potsd. Platz
Arkaden
Abgeordneten
von Berlin
Niederkirchnerstr.
Martin-
Gropius-
Bau
Europahaus
Bundesamt f.
Kartogr. u. Geod.
Gedenkstätte
Dt. Widerstand
BM der
Verteidigung
(2. Dienstsitz)
Wissenschafts-
zentrum
Reichpietsch-
ufer
Schöneberger
Landwehrkanal
Elisab.-
Krkhs.
Mendelssohn-
Bartholdy-
Park
Anhalter
Bhf
Askanischer
Pl.
Schöneberger
Tempelhofer
Ufer
Hallesches
Tempodrom
Beach-
volley-
ball-
platz
Flottwell-
Potsdamer
Kurfürstenstr.
Kurfürsten-
Gleisdreieck
Luckenwalder
Möckernbrücke
Zwölf-
Apostel-
K.
Bülow-
College
Voltaire
Magdebgr.
Pl.
Derfflingerstr.
Genthiner
Kluck-
Wintergtn.
varieté
Berlin-
Kolleg
Berufs-
fachsch.
Finanzamt
96
1
143
151

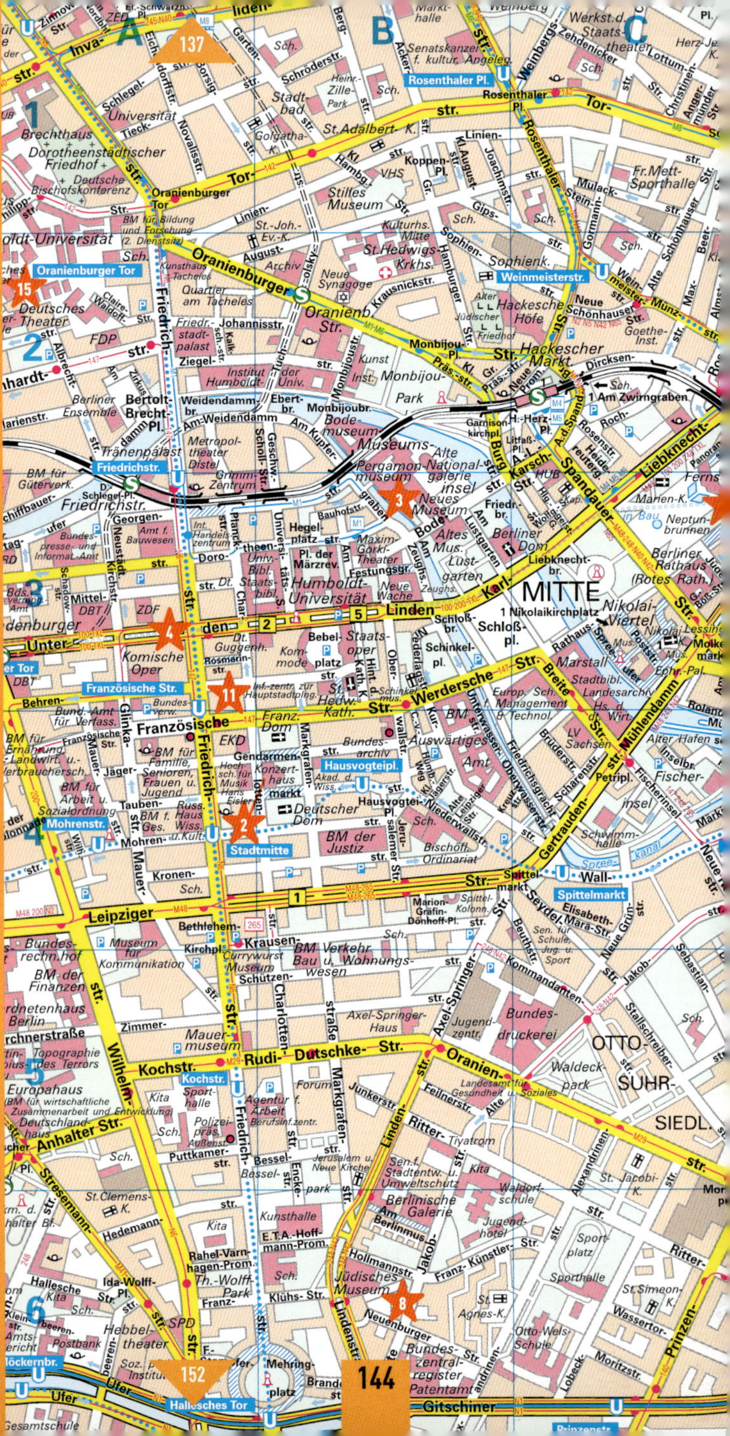
137
152
A
B
C
1
2
3
4
5
6
MITTE
OTTO-SUHR-SIEDL.
Oranienburger Tor
Rosenthaler Pl.
Weinmeisterstr.
Friedrichstr.
Französische Str.
Mohrenstr.
Stadtmitte
Hausvogteipl.
Spittelmarkt
Kochstr.
Hallesches Tor
Oranienburger Str.
Torstr.
Invalidenstr.
Linienstr.
Friedrichstr.
Unter den Linden
Französische Str.
Leipziger Str.
Kochstr.
Rudi-Dutschke-Str.
Oranienstr.
Wilhelmstr.
Lindenstr.
Gitschiner Str.
Karl-Liebknecht-Str.
Spandauer Str.
Mühlendamm
Gertraudenstr.
Werdersche Str.
Rosenthaler Str.
Stadtbad
Golgatha-K.
St. Adalbert-K.
Stilles Museum
Brechthaus
Dorotheenstädtischer Friedhof
Deutsche Bischofskonferenz
Humboldt-Universität
Deutsches Theater
FDP
Berliner Ensemble
Bertolt-Brecht-Pl.
Tränenpalast
Metropol-theater Distel
Grimm-Zentrum
Monbijou-Park
Bode-museum
Museumsinsel
Pergamon-museum
Alte Nationalgalerie
Neues Museum
Altes Mus.
Lustgarten
Berliner Dom
Hackesche Höfe
Hackescher Markt
Neue Synagoge
Sophienk.
Maxim-Gorki-Theater
Neue Wache
Humboldt-Universität
Staatsoper
St. Hedw. Kath.
Komische Oper
Franz. Dom
Gendarmenmarkt
Konzerthaus
Deutscher Dom
Auswärtiges Amt
Schlosspl.
Marstall
Nikolai-Viertel
Berliner Rathaus (Rotes Rath.)
Neptunbrunnen
Fischerinsel
BM der Justiz
Bundesrechn.hof
BM der Finanzen
Museum für Kommunikation
Currywurst Museum
Mauermuseum
Topographie des Terrors
Europahaus
Axel-Springer-Haus
Bundesdruckerei
Jüdisches Museum
Berlinische Galerie
Kunsthalle
Hebbel-theater
Mehring-platz
Gesamtschule
1 Am Zwirngraben
1 Nikolaikirchplatz
15
3
4
11
2
8

139

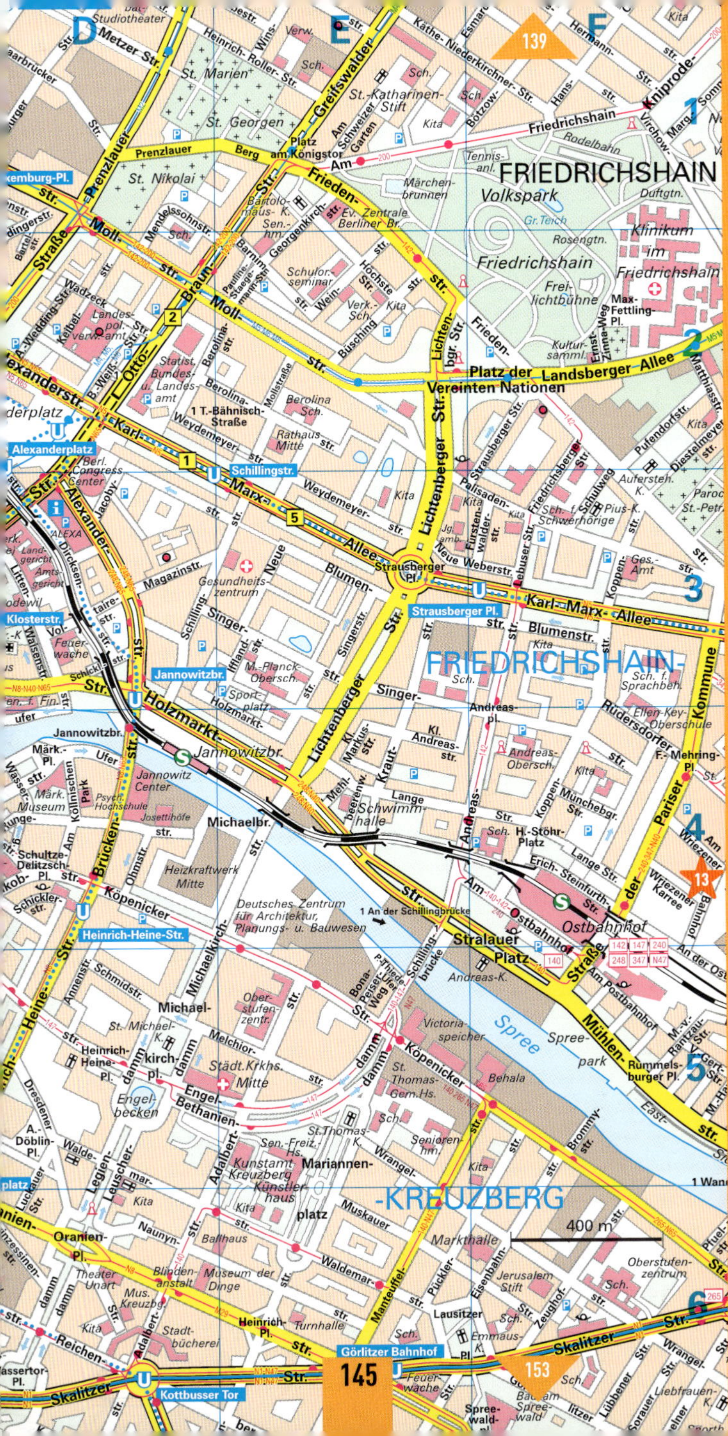
D
E
F
1
2
3
4
5
6
FRIEDRICHSHAIN
Volkspark
Friedrichshain
FRIEDRICHSHAIN-
-KREUZBERG
Studiotheater
Metzer Str.
St. Marien
St. Georgen
St. Nikolai
Prenzlauer Berg
Platz am Königstor
Greifswalder Str.
St.-Katharinen-Stift
Friedrichshain
Rodelbahn
Märchenbrunnen
Gr. Teich
Rosengtn.
Duftgtn.
Klinikum im Friedrichshain
Max-Fettling-Pl.
Freilichtbühne
Kultursamml.
Friedenstr.
Mollstr.
Berolinastr.
Platz der Vereinten Nationen
Landsberger Allee
Alexanderplatz
Alexanderstr.
Karl-Marx-Allee
Schillingstr.
Weydemeyerstr.
Lichtenberger Str.
Strausberger Pl.
Strausberger Str.
Palisadenstr.
Berl. Congress Center
ALEXA
Magazinstr.
Gesundheitszentrum
Singerstr.
Blumenstr.
Koppenstr.
Neue Weberstr.
Ges.-Amt
Klosterstr.
Feuerwache
Jannowitzbr.
Holzmarktstr.
Andreasstr.
Kl. Andreasstr.
Rüdersdorfer Str.
Ellen-Key-Oberschule
F.-Mehring-Pl.
Pariser Kommune
Märk. Museum
Märk. Ufer
Köllnischen Park
Jannowitz Center
Michaelbr.
Heizkraftwerk Mitte
Köpenicker Str.
Heinrich-Heine-Str.
Deutsches Zentrum für Architektur, Planungs- u. Bauwesen
1 An der Schillingbrücke
Schwimmhalle
Lange Str.
H.-Stöhr-Platz
Erich-Steinfurth-Str.
Ostbahnhof
Am Ostbahnhof
Stralauer Platz
Andreas-K.
Straße der Pariser Kommune
Am Postbahnhof
Mühlenstr.
Spree
Spreepark
Rummelsburger Pl.
Schillingbrücke
Victoriaspeicher
Behala
Michaelkirchpl.
St. Michael-K.
Städt. Krkhs. Mitte
Engelbecken
Bethaniendamm
St. Thomas-K.
Kunstamt Kreuzberg Künstlerhaus
Mariannenplatz
Wrangelstr.
Muskauer Str.
Brommystr.
Oranienpl.
Ballhaus
Naunynstr.
Waldemarstr.
Markthalle
400 m
Oberstufenzentrum
Jerusalem Stift
Theater Unart
Mus. Kreuzbg.
Museum der Dinge
Heinrich-Pl.
Turnhalle
Mariannenstr.
Manteuffelstr.
Pücklerstr.
Eisenbahnstr.
Lausitzer Pl.
Emmaus-K.
Görlitzer Bahnhof
Skalitzer Str.
Reichenberger Str.
Kottbusser Tor
Stadtbücherei
Feuerwache
Spreewaldpl.
Wassertor-Pl.
Zeughofstr.
Lübbener Str.
Wrangelstr.
Liebfrauen-K.

153

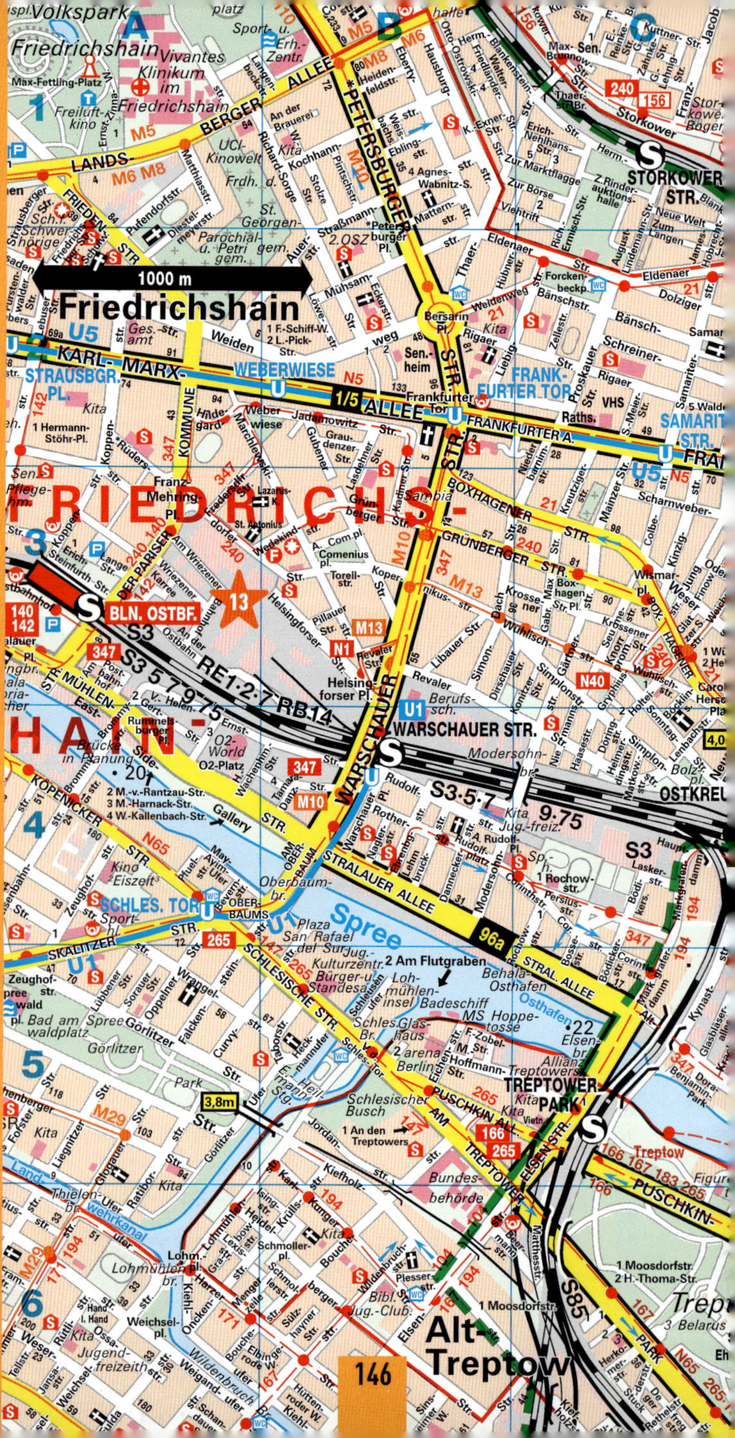
Volkspark
Friedrichshain
Vivantes Klinikum im Friedrichshain
Max-Fettling-Platz
Freiluft-kino
LANDSBERGER ALLEE
PETERSBURGER STR.
STORKOWER STR.
1000 m
Friedrichshain
KARL-MARX-ALLEE
WEBERWIESE
STRAUSBGR. PL.
Frankfurter Tor
FRANKFURTER TOR
FRANKFURTER A.
SAMARITERSTR.
FRIEDRICHS-
HAIN-
BLN. OSTBF.
13
BOXHAGENER STR.
GRÜNBERGER STR.
WARSCHAUER STR.
Helsingforser Pl.
O2-World
O2-Platz
MÜHLENSTR.
KÖPENICKER STR.
Gallery
STRALAUER ALLEE
Spree
Oberbaum-br.
SCHLES. TOR
OBERBAUMS
SKALITZER STR.
SCHLESISCHE STR.
Görlitzer Park
Schlesischer Busch
TREPTOWER PARK
PUSCHKINALL.
Osthafen
Bundes-behörde
Landwehrkanal
Alt-Treptow
3,8m
S85

Hyperboloid-Projektion (Lupeneffekt):
Maßstabsveränderung vom Stadtzentrum zu den Außenbezirken
LICHTENBERG
Lichtenberg
Friedrichs-felde
Rummelsburg
Stralau
Victoriastadt
Plänterwald
Königin Elisabeth Herzberge (KEH)
Herzbergstr.
Josef Orlopp Str.
Gutspark
Finanzamt
1 Bidenswinkel
2 Silberweidenweg
BVG Betriebshof
Zentralfriedhof
Stadion 1. Mai
Stadtpark
Container-Bf.
MÖLLENDORFF STR.
Normannen-str.
Gotlinde str.
Rüdiger-str.
Zoschke-Stadion
Amts-gericht
Krkhs. Lichenb.
OZK
FRANKFURTER ALLEE
MAGDAL.-STR.
B.-LICHTENBERG
RB12·24·NE26
OE25,60
OE25,60
RB12·NE26
ALT-FRIEDRICHS-FELDE
S5·7·75
S9·41·42
Güterbf.
NÖLDNER PLATZ
FRIEDRICHS-FELDE
U5
Grüner Grund
RUMMELSBURGER STR.
SEWAN-STR.
1 Tassendorf-straße
1 SCHLICHT-ALLEE
HAUPT-STR.
NÖLDNER STR.
Bundesanstalt f. Arbeitsmed.
Sanssouci
Rummelsburger See
BETRIEBSBF RUMMELSBG.
Hönower
RE 3
RE 1·2·7
RB14
S3
Tiefbauamt
1 Dolgenseestr.
2 Mellenseestr.
1 Emma-Ihrer-Str.
2 Clara-Grunwald-Str.
3 Lina-Morgenstern-Str.
4 Alice- u. Hedwig-Hirsch-Ring
5 Paula-Fürst-Str.
6 Gisèle-Freund-Hain
7 Charlotte-Salomon-Hain
Kraftwerk Klingenberg
KÖPENICKER CHAUSSEE
1000 m
Liebesinsel
Kratzbruch
Insel Jugend
Abteibr.
Jugendclub
Archenhold Sternwarte
Park
ALT-TREPTOW
Platz am Spreetunnel
Stich-Kanal

A
B
C
140
Messe-
Funkturm
Int. Congress Centrum (ICC)
Jap. Garten
Marshall-haus
gelände
Eingang Süd
Harbigstr.
Jaffé-
Deutschland-halle (Eissporthalle)
Messe Süd
Messedamm
Rasthaus Avus
Nordkurve
Dreieck Funkturm
Westkreuz
Kirche am Lietzensee
Ustinov-Obersch.
Rönne-
HALENS
Lützen-str.
Ringbahn-str.
Heilbronner
Katharinen-
Georg-Wilh.-Str.
Henrietten-pl.
Kurfürsten
West-
Halensee
Seesener
Bornstedter
Kronpr.-damm
Kurfürstendamm
Werkstättenweg
Waldschulallee
Am Dornbusch
Eichkamp-
A-V-U-S
115
15
Güterbhf. Grunewald
Golf-platz
Friedenthal-Park
Halensee
Freibad
Jugendhm.
Rathenau-Pl.
Storck-winkel
Schwarzbach-
Schwarzb.-Br.
Gillweg
Umwelt-Bundes-amt
Wissenschaftk. zu Berlin
Wallotstr.
Caspar-
Bismarck-Pl.
Kurfürstendamm
Theyß-
Viktoria-
Griesen-Pl.
Mart.-Luth.-Krkhs.
Klin. f. kosm. Chirurgie
koenigs-allee
Johanna-Pl.
Lynar-
Herthastr.
Koenigssee
Koenigsallee-Br.
Herthasee
Hertha-
Bismarck-br.
Hubertus-see
Paulsborner
Warmbrunner
Hubertus-Sportplatz
Kurt-Weiß-Sporthalle
Charlottenbrunner
Reinerz-
Flinsbgr.-Pl.
Hohenzollern-
Kreuz-K.
Forckenbeck-
Diana-see
E.-Seidel-Krkhs.
DRK Hosp.
GRUNEWALD
Koenigs-allee
Hagen-pl.
Franzensbader
Hubertus-
Delbrück-
Furtwängler-
Lessler-
Dachsberg
Knaus-str.
Brahms-str.
Hagen-str.
Teplitzer Str.
Elgersbgr. Str.
Elster-Pl.
Kissinger
Berkaer
Städt. Hosp.
Berkaer Platz
Rathaus
SCHMA
Reichenhaller
Kolbgr.-Pl.
Friedrichshaller
Rosen-eck
Königsmarck
Hundekehle-str.
Rheinbaben-allee
Betty-Hirsch-Pl.
Breite
Warnemünder Str.
Misdroyer
Krampas-pl.
Tennis-halle
Eichhörnchensteig
Sporthalle
Rob.-Stolz-Anl.
Waldmeister-str.
400 m
Grunewald-see
Jugenderholungs- u. Tagungsstätte
Hockey-platz
154
Dünkelberg-stg.
Rehkitz-stg.
Frischling-
Clay-allee
148
Messel-park
1
2
3
4
5
6

141
155
D
E
F
1
2
3
4
5
6
Stuttgarter Pl.
Charlottenburg
Kant-
Savignyplatz
Haus der Familie
Niebuhr-
Mommsen-
Hindemithplatz
Gervinus-
Kindertheater Charlottchen
Sybel-
Droysenstr.
Dahlmann-
Lewishamstr.
Wilmersdorfer Str.
Meyerinck Pl.
VHS Bibl.
Leibniz-
W.-Benjamin-Pl.
George-Grosz-Pl.
Theater am Kurfürstendamm
Ku.-damm Karree
The Story of Berlin
Kurfürsten-
damm
Adenauer-Pl.
Adenauerplatz
Olivaer Pl.
Lietzenburger
Bundesrechn.-hof
Damaschke
Roscherstr.
Jona-K.
Kita
Lehniner Pl.
Xantener
Brandenburgische
Pariser
Duisbgr.
Düssel-
dorfer
Finanzamt Wilmersdorf
Schaubühne
St. Albertus-Magnus-K.
Hochmeister-Pl.
Paderborner Str.
Zähringer-
Ravensbgr. Str.
Kol. Württemberg
Darmstädter Str.
Ludwig-Kirch-Pl.
Dt. Inst. f. Intern. Politik u. Wissensch.
WILMERSDORF
Pfalzburger
Uhland-
Caritas-zentrum
Wittelsbacher-
Ballenstedter Str.
Münstersche Str.
Synagoge
Westfälische
Hochmstr.-K.
Pauls-
BfA
BVG
Konstanzer Str.
Pommersche
Preußen-park
Württembergische
Senatsverw. für Stadtentwicklung
Hohenzollernpl.
Hohenzollern-
damm
Emser Pl.
Güntzel-
Psych. Klinik
Psych. Tagesklinik
OSZ
Bayerische
Mansfelder
Nestor-
Cicero-
Neue K.
Ruhr-
Blüthgenstr.
Bundesversicherungsanstalt
Fehrbelliner Platz
Konstanzer
Sen.-Inn.
Sächsische
Gieseler-
Sigmaringer
Leon-Jessel-Pl.
Wegener-
Fechner-
J.-Morgenroth-Pl.
Rath.
Inst. für Berufsbild.
VHS
Hohenzollerndamm
Hohen-
Bielefelder
Eisenzahn-
Russ. K.
Kaubstr.
Moschee
Brienner
Max-dorfer Stg.
Habermannpl.
Gasteiner
Feuerwache
Blissestr.
Berliner
Rudolstädter
Bechstedter W.
Hallenbad
H.-Dohm Eisstadion
Stadion Wilmersdf.
Schmargendorf
Freibad
Sport-Gesundheitspark
H.-v.-Fallersleben Pl.
Apeldoorner W.
Krematorium
Friedhof Wilmersdf.
IT-Dienstleistungszentrum
Wilhelms-aue
Mannheimer
Fennsee
Wallenberg-
Ermslebener Weg
Kahlstr.
Brabanter Pl.
Blisse-
Uhland
Wilhelms-Auen-K.
Bezirksverw.
Am Sport-Pl.
Schramm-
Aachener
Paretzer
Birger-Forell-Pl.
Hildegard-
Advent-K.
St.-Gertrauden-Krkhs.
Heidelberger Platz
Heidelberger Pl.
Aachener Str.
Vater-Unser-K.
Mainzer
Koblenzer Str.
Weimarische Str.
Detmolder
Detmolder Str.
Kol. Mannheim
Kol. Oeynhausen
Kol. Kissingen
Kol. Friedrichshall
Mecklenburgische Str.
Mecklenburgische
NDORF
Heidelberger Platz
Aßmannshauser Str.
Hanauer
Triberger Str.
Zahnklinik
Nauheimer
Kol. Johannisberg
Linden-K.
Homburger
Siegburger Str.
Hohensteiner Str.
Offenbacher
Burgunder Str.
Varziner
Fehler-
Laubacher Str.
R.-Mosse-Pl.
R.-Mosse-Str.
Jugendwohnheim
Wiesbadener
Helgoland-
Eberbacher Str.
Kol. Deidesheim
Deidesheimer
Spessart-
Rüdesheimer Platz
Rüdesheimer Str.
Rüdesheimer Platz
Liane-Berkowitz-Pl.
Wilhelms-
Südwest-
Stubenrauchstr.
Schiller-
Sylter
100
104

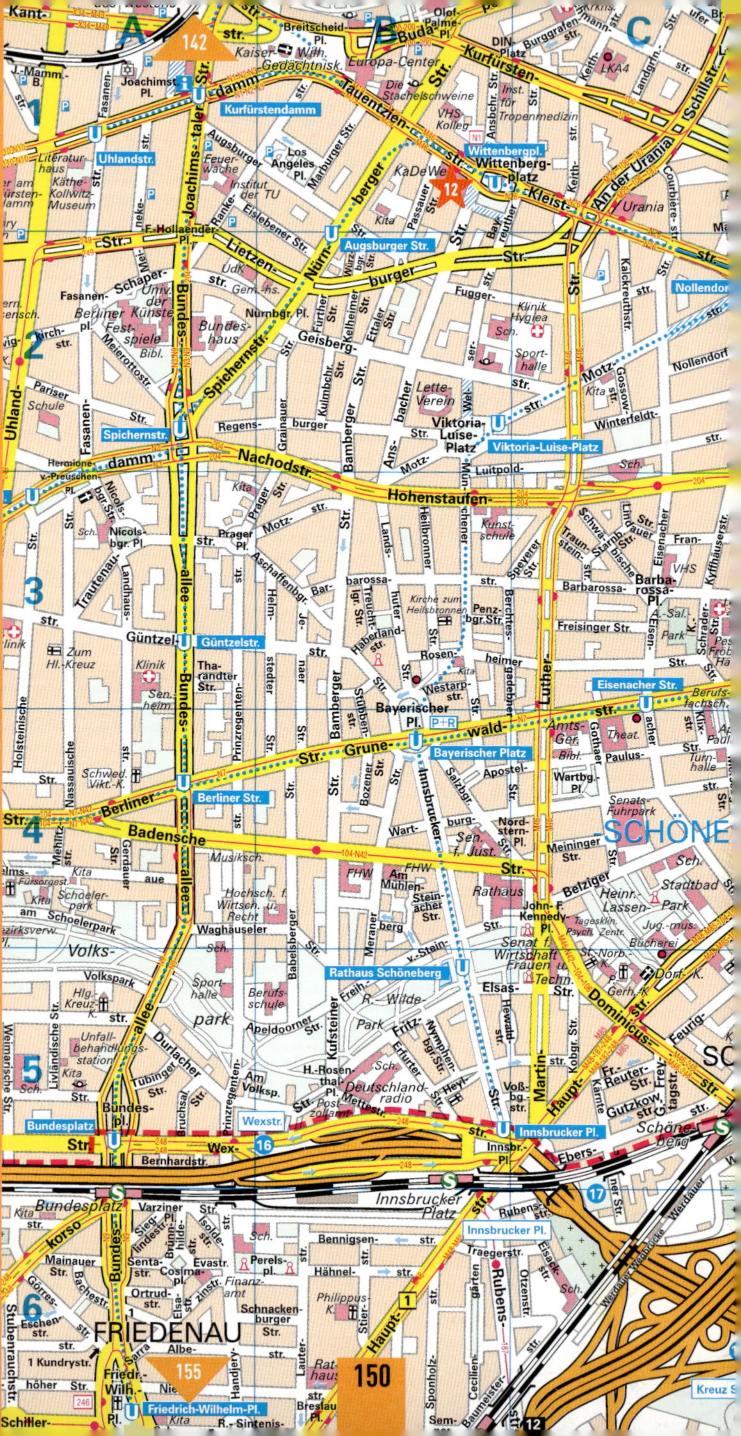
A
B
C
142
155
Kant-
Breitscheid-Pl.
Kaiser-Wilh.-Gedächtniskirche
Europa-Center
Budapester Str.
Olof-Palme-Pl.
DIN Platz
Burggrafenstr.
Kurfürsten-
LKA4
Joachimstaler Pl.
Kurfürstendamm
Uhlandstr.
Tauentzien-
Die Stachelschweine
Inst. für Tropenmedizin
VHS-Kolleg
Literaturhaus
Käthe-Kollwitz-Museum
Augsburger Str.
Feuerwache
Los Angeles Pl.
Marburger Str.
Institut der TU
Wittenbergpl.
Wittenberg-platz
KaDeWe
Kleist-
An der Urania
Urania
Ranke-
Eislebener Str.
Kita
Passauer Str.
Bayreuther
Keith-
F.-Hollaender-Pl.
Lietzen-
burger
Augsburger Str.
Nürnberger
Fasanen-
Schaper-
Univ. der Künste
Berliner Festspiele
Bibl.
Bundeshaus
Nürnbg. Pl.
Geisberg-
Fürther Str.
Kelheimer Str.
Ettaler Str.
Fugger-
Klinik Hygiea
Sportshalle
Kalckreuthstr.
Nollendorfpl.
Nollendorf
Meierottostr.
Pariser
Schule
Spichernstr.
Regens-
Grainauer
Kulmbchr. Str.
Bamberger Str.
Ansbacher
Lette-Verein
Viktoria-Luise-Platz
Motz-
Gossow-str.
Winterfeldt-
Hermione-v.-Preuschen-Pl.
damm
Nachodstr.
Hohenstaufen-
Luitpold-
Uhland-
Nicolsbgr. Str.
Nicolsbgr. Pl.
Prager Pl.
Prager
Motz-
Lands-huter
Heilbronner
Münchener
Kunstschule
Schwäbische
Traunstein.
Starnberger Str.
Lindauer
Eisenacher
Fran-
Kyffhäuserstr.
VHS
Barbarossa-Pl.
Barbarossa-
Speyerer Str.
Aschaffenbgr.
Trautenau-
Landhaus-
Kirche zum Heilsbronnen
Penzbgr. Str.
Berchtesgadener
Haberland-str.
Freisinger Str.
Zum Hl.-Kreuz
Klinik
Güntzel-
Güntzelstr.
Tharandter Str.
Helmstedter
Jenaer
Rosen-
heimer
Westarp-str.
Bayerischer Pl.
Eisenacher Str.
Luther-
Amts-Ger.
Theat.
Bibl.
Paulus-
Wartbg.-Pl.
Holsteinische
Nassauische
Schwed. Vikt.-K.
Prinzregenten-
Grunewald-
Bayerischer Platz
Apostel-
Berliner Str.
Berliner
Badensche
Salzbgr.
Innsbrucker
Wartburg-
Sen. f. Just.
Nordstern-Pl.
Meininger Str.
Senats-Fuhrpark
SCHÖNE
Musiksch.
Hochsch. f. Wirtsch. u. Recht
FHW
Am Mühlen-
Steinacher Str.
Rathaus
John-F.-Kennedy-Pl.
Belziger
Heinr.-Lassen-Park
Stadtbad
Jug.-mus.
Bücherei
Fürsorgest.
Schoeler-park
Schoelerpark
Waghäuseler
Volks-
Volkspark
Sport-halle
Berufs-schule
Meraner
Babelsberger
Rathaus Schöneberg
Senat f. Wirtschaft Frauen u. Techn.
Elsas-
Dominicus-
Hlg.-Kreuz-K.
Unfall-behandlungs-station
park
Apeldoorner
R.-Wilde-Park
Kufsteiner
Fritz-
Nymphenbgr. Str.
Hewald-str.
Kobgr. Str.
Feurig-
Weimarische Str.
Livländische Str.
Tübinger
Durlacher
Am Volksp.
H.-Rosenthal-Pl.
Deutschlandradio
Erfurter
Martin-
Haupt-
Voßbg.-str.
Fr.-Reuter-Str.
Gutzkow-str.
Freytagstr.
Bundesplatz
Bundes-pl.
Wexstr.
Wex-
Post-zollamt
Innsbrucker Pl.
Schöneberg
Ebers-
Bernhardstr.
Innsbr.-Pl.
Bundesplatz
Innsbrucker Platz
Rubens-
Innsbrucker Pl.
Kita
korso
Varziner
Bennigsen-
Mainauer Str.
Bachestr.
Evastr.
Perels-pl.
Hähnel-
Traegerstr.
Eisack-
Werdauer Weg
Görres-
Cosima-pl.
Finanz-amt
Philippus-K.
Stier-
Rubens-
Otzenstr.
Eschen-str.
FRIEDENAU
Schnackenburger Str.
Stubenrauchstr.
1 Kundrystr.
Albe-
höher
Friedr.-Wilh.-Pl.
Friedrich-Wilhelm-Pl.
Handjery-
Lauter-
Rathaus
Sponholz-
Cecilien-
Baumeister-
Schiller-
R.-Sintenis-
Sem-
Kreuz S
Bundesallee
Joachimstaler Str.
Spichernstr.
Uhland-
Nürnberger Str.
1
2
3
4
5
6
12
16
17

143

D
E
F
1
2
3
4
5
6
Schöneberger
Lützow-
Kultur-zentrum
Jugend-Gästehs.
Elisab.-Krkhs.
Landwehr-kanal
Marshall-Br.
Bartholdy-Park
Anhalter Bhf
Askanischer Pl.
Magdebgr. Pl.
Potsdamer
Derfflingerstr.
Genthiner
Kluck-
Pohl-
Wintergtn.-varieté
Flottwell-
Beach-volley-ball-platz
Tempelhofer Ufer
Hallesches
Tempodrom
Möckern-
Kurfürstenstr.
Kurfürsten-
Gleisdreieck
Möckernbr.
Bülow-
Bülowstr.
Nelly-Sachs-Park
Deutsches Technik-museum
Trebbiner Str.
Obentraut-
Dennewitz-platz
Alvensleben-
Wartenburgstr.
TEMPELHOF-
Pallas-
Goeben-
Yorckstr.
Yorck-
Güterbahnhof
Hornstr.
Heinrich-von-Kleist-Park
Kammer-gericht
Kulmer Str.
Großgörschenstr.
Mansteinstr.
Kleistpark
Willmanndamm
Hagel-
Großbeeren-
Langenscheidt-
Matthäus-Kirchh.
Bautzener Pl.
Monumenten-
Monumentenbr.
Kreuzberg-
Viktoria park
Jesus-K.
Kl. Oper
Katzbach-
Kaiser-Wilh.-Pl.
Kolonnen-
Julius-Leber-Br.
Czeminskistr.
Dt. Technikmus. (Depot)
Kolonnen-Br.
Duden-
Platz der Luftbrücke
Loewenhardt-damm
Boelcke-
Zwölf-Apostel-Kirchhf.
Gustav-Müller-Pl.
Bayern-ring
Wilhelm-Kabus-
Kol. Papestr.
Gasometer
Leuthener
Leber-
EBERG
R.-Koch Institut
Manfred-von-Richthofen-
Sachsendamm
Tempelhofer Weg
Goten-
Naumann
Bf. Südkreuz
1 Ballonfahrerweg
2 Suadicanistr.
Werner-
Voß-
400 m
Adolf-Scheidt-Pl.
Parade-
Rumey-
TEMPELHOF
Hoeppner-
Vorarlberger Damm
Priesterweg
Radrenn-bahn
Wüsthoff-
St.-Jos.-Krkhs.
Wintgens-
Eschwege-ring

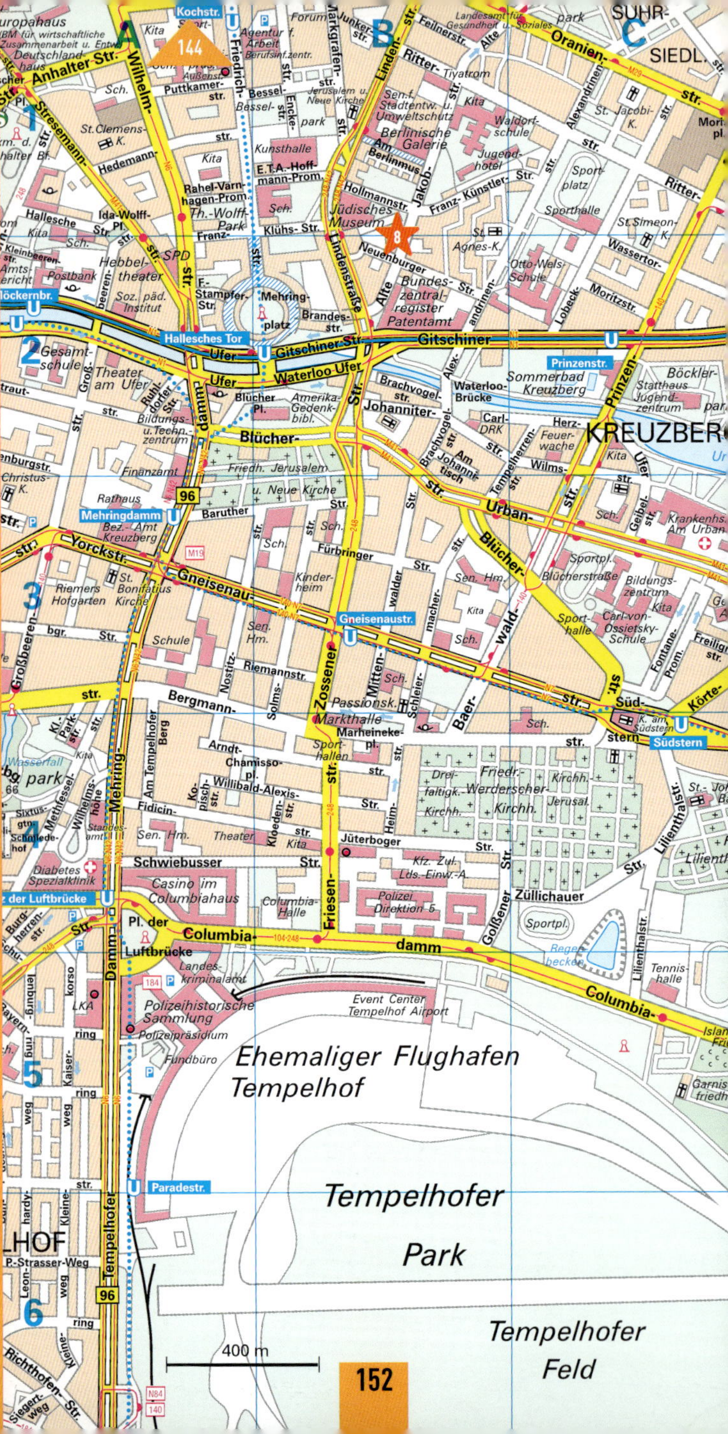
A
B
C
1
2
3
5
6
144
Kochstr.
Forum
Europahaus
BM für wirtschaftliche Zusammenarbeit u. Entw.
Deutschland-haus
Agentur f. Arbeit
Berufsinf.zentr.
Anhalter Str.
Wilhelm-str.
Friedrich-str.
Puttkamer-str.
Stresemann-str.
St. Clemens-K.
Hedemann-str.
Besselpark
Jerusalem u. Neue Kirche
Markgrafen-str.
Lindenstr.
Junker-str.
Feilnerstr.
Alte Jakob-str.
Ritter-str.
Tiyatrom
Sen.f. Stadtentw. u. Umweltschutz
Berlinische Galerie
Am Berlinmus.
Kita
Waldorf-schule
Jugend-hotel
Landesamt für Gesundheit u. Soziales
Oranien-str.
SUHR-
SIEDL.
Alexandrinen-str.
St. Jacobi-K.
Sportplatz
Sporthalle
St. Simeon-K.
Wassertor-str.
Kunsthalle
E.T.A.-Hoffmann-Prom.
Rahel-Varnhagen-Prom.
Th.-Wolff-Park
Ida-Wolff-Pl.
Hallesche Str.
Franz-Klühs-Str.
Hollmannstr.
Jüdisches Museum
8
Franz-Künstler-Str.
St. Agnes-K.
Otto-Wels-Schule
Lobeck-str.
Moritzstr.
Neuenburger Str.
Bundeszentral-register
Patentamt
Hebbel-theater
SPD
Postbank
Soz. päd. Institut
F.-Stampfer-Str.
Mehring-platz
Brandes-str.
Möckernbr.
Hallesches Tor
Gitschiner Str.
Waterloo Ufer
Gesamt-schule
Theater am Ufer
Ruhl-dorfer Str.
Bildungs-u. Techn.-zentrum
Blücher Pl.
Amerika-Gedenk-bibl.
Brachvogel-str.
Johanniter-str.
Waterloo-Brücke
Prinzenstr.
Sommerbad Kreuzberg
Böckler-park
Statthaus Jugend-zentrum
Carl-DRK
Herz-Feuer-wache
KREUZBERG
Mehring-damm
Blücher-str.
Friedh. Jerusalem u. Neue Kirche
Finanzamt
Rathaus
Christus-K.
96
Mehringdamm
Bez.-Amt Kreuzberg
Baruther Str.
Fürbringer Str.
Kinder-heim
Urban-str.
Krankenhs. Am Urban
Sportpl.
Blücherstraße
Bildungs-zentrum
Carl-von-Ossietzky-Schule
Sport-halle
Yorckstr.
Gneisenau-str.
Riemers Hofgarten
St. Bonifatius Kirche
Gneisenaustr.
Großbeeren-str.
Schule
Sen. Hm.
Riemannstr.
Nostitz-str.
Zossener Str.
Mittenwalder Str.
Baer-wald-str.
Fontane-Prom.
Freiligrath-str.
Körte-str.
Südstern
Bergmann-str.
Solms-str.
Passionsk.
Markthalle Marheineke-pl.
Sport-hallen
Arndt-str.
Chamisso-pl.
Willibald-Alexis-Str.
Am Tempelhofer Berg
Fidicin-str.
Dreifaltigk.-Kirchh.
Friedr.-Werderscher-Kirchh.
Jerusal.-Kirchh.
Lilienthalstr.
Wasserfall
Viktoriapark
Methfessel-str.
Wilhelms-höhe
Standes-amt
Theater
Kloeden-str.
Jüterboger Str.
Kfz. Zul. Lds.-Einw.-A.
Heim-str.
Golßener Str.
Züllichauer Str.
Schwiebusser Str.
Diabetes Spezialklinik
Casino im Columbiahaus
Columbia-Halle
Polizei Direktion 5
Friesen-str.
Sportpl.
Regen-becken
Platz der Luftbrücke
Pl. der Luftbrücke
Columbia-damm
Tennis-halle
Landes-kriminalamt
Event Center Tempelhof Airport
LKA
Polizeihistorische Sammlung
Polizeipräsidium
Fundbüro
Ehemaliger Flughafen Tempelhof
Kaiser-korso
Bayern-ring
Garnison friedhof
Paradestr.
Tempelhofer Damm
Tempelhofer Park
P.-Strasser-Weg
Leon-hardy-weg
TEMPELHOF
Richthofen-Str.
Siegert-weg
Kleine-weg
400 m
Tempelhofer Feld

D
E
F
145
1
2
3
4
5
6
Spree
KREUZBERG
BEZ. NEUKÖLLN
NEUKÖLLN
Mitte
Engelbecken
Engel-Bethanien-
Thomas-Gem.Hs.
Behala
St.Thomas-K.
Mariannen-
Kunstamt Kreuzberg
Künstlerhaus
platz
Muskauer
Markthalle
Oberstufenzentrum
Jerusalem Stift
Oranien-Pl.
Naunyn-
Ballhaus
Waldemar-
Manteuffel-
Pückler-
Eisenbahn-
Theater Unart
Mus. Kreuzbg.
Blindenanstalt
Museum der Dinge
Heinrich-Pl.
Turnhalle
Lausitzer Pl.
Emmaus-K.
Stadtbücherei
Kottbusser Tor
Görlitzer Bahnhof
Skalitzer
Reichen-
Feuerwache
Bad am Spreewald
Spreewald-pl.
St. Marien Krkhs.
Wiener
Jugendverkehrsschule
Görlitzer Park
Sportpl.
Kohlfurter
Admiral-
Admiralbrücke
Sporthalle
Fraenkel-
ufer
Paul-
Maybach-
Jugendzentrum
Ölberg-K.
Reichenberger
Kinderth. Klecks
Schinkestr.
Bürkner-
Landwehrkanal
Schönleinstr.
Herm.-Hesse Sch.
Bethesda-Sen.-zentr.
Hohenstaufenpl.
Sander-
Pflüger-
Freies Schauspiel Berlin
Lenau-
Urban-
Kinderheim
Werner-Düttmann-Pl.
Grimm-
Müllenhoff-str.
179
Damm
Kottbusser
Thielen-
Glogauer
Ufer
Wasseramt
Niko-demus-K.
St.-Christoph-K.
Reuter-pl.
Manitius-
Liberdastr.
Weser-
Sonnen-
Hermann-pl.
Hermannplatz
Tierpark Neukölln
Volkspark
Naturtheater
Freiluftkino
Hasenheide
Rixdorfer Teich
Werkst. der Kulturen
A.-Schweitzer-Pl.
Karl-Marx-Str.
Manege
Weichsel-pl.
Ossastr.
M.-Luther-K.
Donau-
Fulda-
Amtsgericht
Neukölln-Arcaden
Rathaus Neukölln
Bürgeramt
Erk-
Schule
Karlsgartenstr.
Biebricher Str.
Seniorenwohnheim
Flughafen-
Moschee
Boddinstr.
Sommerbad Neukölln
Jahn-Sporth.
Mahlower Str.
Selchower
K.-Weise-Schule
Kol. Odertal
Herrfurth-pl.
Schillerpromenade
Rollberg-
Werbellin-
Neckarstr.
Anzengruberstr.
Ganghofer-str.
Hallenbad
Lessinghöhe
Haus der Jugend
Karl-Marx-Str.
Karl-Marx-Pl.
Thomashöhe
Leykestr.
St.-Michael-Friedhof
Luisenstädter Friedh.
Leinestr.
Wissmann-
Fontane-
Lichten-
Kienitzer
Aller-
Oker-
Leine-
153

148
Grunewald
Jugend erholungsstätte
Hyperboloid-Projektion (Lupeneffekt): Maßstabsveränderung vom Stadtzentrum zu den Außenbezirken
„Chalet Suisse"
1000 m
Dahlem
Domäne Dahlem
Freilicht-mus.
PODBIELSKIALLEE
SCHORLEMER ALLEE
KÖNIGIN-LUISE-STR.
BREITENB. PL.
West-Klinik Dahlem
Kais.-Wilh.-Pl.
Archäolog. Inst.
DAHLEM-DF.
Mus. Kunst u. Kulturen d. Welt
Botanisch
THIEL-PL.
O.-HELENE-HEIM
Oskar-Helene-Heim
Alliierten Mus.
Freie Universität
Bund. Inst. f. Verbr.sch.
BAM
LICHTERFELDE WEST
SUNDGR. STR.
UNTER DEN EICHEN
HÜTTENWEG
CLAYALLEE
ARGENTIN. ALLEE
SAARGEMÜNDER STR.
BERLINER STR.
DAHLEMER WEG
FINCKENSTEIN-ALLEE
MÜHLEN STR.
TELTOWER DAMM
CARSTENN-STR.
DRAKE-STR.
GARDESCHÜ
ZEHLE
Lichter
Rotdornw.
Parkfriedhf. Lichterfelde
Heinrich-Laehr-Park
Reha. zentr.
Sen. Wohnanl.
1 Churer Z.
2 Sittener Zeile
3 Reinacher Z.
4 Nidwaldener Zeile
5 Obwald. Z.
6 Waadter Z.
7 Locarnoweg
1 Fl.-L.-Parks-W.
1 Fliednerweg
2 O.-Hahn-Pl.
1 G.-Rickelt-W.
1 Thanner Pfad

Friedenau
Steglitz
1000 m
FRIEDENAU
FEUERB STR.
RATH. STEGLITZ
LANKWITZ
LICHTERFELDE OST
KREUZ SCHÖNEBG.
SCHLOSS STR.
W.-SCHREIBER-PL.
FR.-WILH.-PL.
H.-Bresslau-Park
Stadtpark
Friedhof Steglitz
Hafen Steglitz
Klingsor-park
Schloß-park
Stadtbad Steglitz
Kraftwerk
SAARSTR.
SCHILDHORN STR.
LEPSIUS STR.
ALBRECHT-STR.
STEGLITZER DAMM
MÜNSTER-DAMM
HINDENBURG-DAMM
SIEMENS-DAMM
BIRKBUSCH STR.
KAISER-WILHELM-STR.
MORGENSTERNSTR.
OSTPREUSSENDAMM
KÖNIGSBERGER STR.
LEONORENSTR.
THORWALDSEN STR.
GRAZER DAMM
BUNDESALLEE
RHEINSTR.
KORSO
LAUBACHER STR.
TAN.GARTEN
DORF
elde
Teltow

A
B
C
Schlachtfeld
Quermahdenberg
Linum
Kremmen
Ruppiner Kanal
Draisinenbetrieb
ORANIENBURG
Germendorf
Schloss
Nikolauskirche
Dechtow
Linumer Bruch
Flatow
Staffelde
Schwante
Ober-
Leegebruch
Bärenklau
Kuhhorst
Groß Ziethen
Vehlefanz
Tietzow
Kremmen
Dreieck Havelland
Oberkrämer
Kreuz Oranienburg
Deutschhof
Ländchen
Eichstädt
Karlsruh
Velten
Hohen Neuendorf
Eberschenhof
Börnicke
Wolfslake
krämer
Hertefeld
Kienberg
Grünefeld
Wolfslake
Glien
Perwenitz
-Glien
Marwitz
Hennigsdorf
Dt. Tonstr.
Stolpe
Bergerdamm
Deutsche Alleenstraße
Paaren im Glien
Pausin
Bötzow
Stolper Heide
Frohnau
Am Weinberg
Wansdorf
Schönwalde-
Hennigsdorf
Stolpe-Süd
Nauen
Falkensee
Havelkanal
Schönwalde
Lietzow
Siedlung Schönwalde
Heiligensee
Schl. Tegel
Neukammer
Bredow
Brieselang
Markee
FALKENSEE
Konradshöhe
Tegeler See
Holzhauser Str.
Tegelort
Zeestow
Brieselang
Wernitz
Finkenkrug
Flughafen Berlin-Tegel bis 2015
Neugarten
Berlin-Spandau
Seegefeld
Spandau
Wustermark
Neurohrbeck
Elstal
Dallgow-
Zitadelle
Flughafen Tegel
Heckerdamm
Hoppenrade
Berlin-Spandau
-Döberitz
Staaken
Dr. Charlottenbg.
Siemensdamm
Charlottenburg
Spandauer
Tremmen
Etzin
Buchow-Karpzow
Havelkanal
Priort
Olympia-stadion
Seeburg
Neu-Falkenrehde
Falkenrehde
Kartzow
Finkenberg
Gatow
Dr. Funkturm
Ketzin/Havel
-Paaren
Potsdam-Nord
Satzkorn
Groß Glienicke
Luftwaffenmus.
Grunewald
Paretz
Uetz-
Fahrland
Hüttenweg
Schmargendorf
Jagdsch.
Schmergow
Marquardt
Neu Fahrland
Kladow
Museum Dahlem
Sacrow-Paretzer Kanal
Grunewald
Großer Wannsee
-Zehlendorf
Leest
Töplitz
Leest
Nedlitz
Sacrow
Spanische Allee
Grube
Bornim
Schloss Cecilienhof
Wannsee
Museumsdorf Düppel
Phöben
Bornstedt
Schloss Sanssouci
Schloss Glienicke
Kemnitz
Golm
Eiche
Neues Palais
Zehlendorf
Kleinmachnow
Derwitz
Phöben
Gr. Zernsee
Babelsberg
Klein-machnow
Teltowkanal
Groß Kreutz
Plessow
ehem. Rathaus
Teltow
Wildpark West
Filmpark Babelsberg
Werder (Havel)
POTSDAM
Stahnsdorf
Neu-plötzin
Ruhlsdorf
Glindow
Geltow
Drewitz
P.-Babelsberg
Güterfelde
Plötzin
Glindow-see
Templiner See
Kl.-Ravens-B.
Rehbrücke
P.-Drewitz
Petzow
Caputh
Bergholz-
Schenkenhorst
Bliesendorf
Dreieck Werder
Schwielowsee
Wilhelmshorst
Nuthe-tal
Philippsthal
Sputendorf
Krähen-B.
Saarmund
Nudow
Schwielowsee
Michendorf
Langerwisch
Saarmund
Glindow
Ferch
Ferch
Michendorf
Fahlhorst
Ahrensdorf
Ludwigsfelde-Ost
Busendorf
Michendorf
Dreieck Nuthetal
Ludwigsfelde
Neuseddin
Wildenbruch
Gröben
Siethen
Dreieck Potsdam
Großer Seddiner See
Gröbener See
Siethener See
Fichtenwalde
Seddiner See
Fresdorf
Tremsdorf
Jütchendorf
Beelitz-Heilstätten
Seddin
Kähnsdorf
Kleinbeuthen
Beelitz Heilstätten
Oranier Route
Naturpark
Nuthe
Borkwalde
Stücken
Mietgendorf
Thyrow
Großbeuthen
Schlunkendorf
Glau
Märkisch Wilmersdorf
Blankensee
Beelitz
Blankensee
Borkheide
Reesdorf
Nieplitz
Körzin
Beelitz
Schönefeld
Schäpe
Schönhagen
Trebbin
Geden
Berlin-Tegel
Luftwaffenmus.
Mühlenbeck
Hermsdorf
Schulzendorfer Str.

Schmachtenhagen
Stolzenhagen
Wandlitzer See
Lanke
Biesenthal
Melchow
Schönholz
Sydower Fließ
Klobbicke
Tuchen
Sickendorf
Wandlitz
Märkische Eiszeitstraße
Dt. Tonstr.
Liepnitzsee
Lobetal
Grüntal
Sydow
Danewitz
Zühlsdorf
Rüdnitz
Beerbaum
5 km
Heidekrautbahn-Museum
Basdorf
Naturpark Barnim
Ladeburg
Albertshof
Tempelfelde
Mühlenbecker See
Bernau-Nord
Beiersdorf
Summt
Mühlenbeck
Gorinsee
Schönow
Bernau b. Berlin
Schönfeld
Schönwalde
Befestigungsanlage
Mühlenbecker Land
Mühlenbeck
Zepernick
Börnicke
Willmersdorf
Schönerlinde
Kolonie Röntgental
Panketal
Weesow
Dreieck Pankow
Schildow
Bernau-Süd
Elisenau
Löhme
Buch
Schwanebeck
Birkholz
Birkholzaue
Werneuchen
Schöner-linder Str.
Bucher Str.
B-Weißensee
Dreieck Schwanebeck
Seefeld
Blankenfelde
Lübars
Nieder-Schönhausen
Blankenburg
Lindenberg
Neu Lindenberg
Blumberg
Krummensee
Wegendorf
Pasewalker Str.
Berlin-Hohenschönhausen
Brandenbg Berlin
Malchow
Ahrensfelde
Mehrow
Buchholz
BERLIN
Altlandsberg
Pankow
Prenzl. Prom.
Reinickendorf
Weissensee
Eiche
Berlin-Marzahn
Seeberg-Dorf
Bruchmühle
Wedding
Prenzlauer Berg
Hohen-Schönhausen
Hönow
Seeberg
Planetarium
Hoppegarten
Marzahn
Fredersdorf-Vogelsdorf
Lichtenberg
Hellersdorf
Neuenhagen
Reichstag
Museumsinsel
Zoo
Brandenburger Tor
Gedächtnis-Kirche
Gedenkst.
Kreuzberg
Dt. Technikmus.
Tierpark
Dahlwitz
Mahlsdorf
Münchehofe
Berlin-Hellersdorf
Treptow
Karlshorst
Schulzenhöhe
Tasdorf
Tempelhofer Park
Neukölln
Bln. Park-eisenb.
Schöneiche
Rüdersdorf
Museumspark
Tempelh. D.
Britzer D.
Grenzallee
Ober-Schöneweide
Wuhlhde.
Fichtenau
Schöneberg
Tempelhof
Dr. Neukölln
Oberlandstr.
Gradestr.
Spathstr.
Spree
Woltersdorf
Schönblick
Kranichberge
Mariendorf
Johannisth.Ch.
Johannisthal
Stubenrauchstr.
Schloss Köpenick
Gr. Müggelsee
Rahnsdorf
Erkner
Lankwitz
Buckow
Adlershof
Wendenschloss
Müggelheim
G.-Hauptmann-Mus.
Britz. Mus.-eisenb.
Rudow
Alt-Glienicke
Grünau
Müggelberge
Karutzhöhe
Fangschleuse
Lichtenrade
Groß-Ziethen
Schönefd.-N.
Schönefd.-S.
Treptow
Bohnsdorf
Langer See
Seddinsee
Gosen
Freienbrink
Neu Zittau
Schönefeld
Flugh. B.-Schönefeld bis 2015
Flughafen B-Brandenbg.
Waldeck
Schmöckwitz
Birkholz
Waßmannsdorf
Flughafen Berlin-Brandenburg Willy Brandt ab 2015
Schulzendorf
Eichwalde
Wernsdorf
Mahlow
Waltersdf.
Waltersdorf
Zeuthener See
Selchow
Messegelände
Waltersdfr.Dr.
Kiekebusch
Zeuthen
Miersdorf
Oder-Spree-Kanal
Glasow
Rotberg
Wildau
Niederlehme
Dreieck Spreeau
Diedersdorf
Groß Kienitz
Schönefelder Kreuz
Königs Wusterhsn.
Friedersdorf
Dahlewitz
Brusendorf
Dannenreich
Bad Saarow 25 km
Rangsdorf
Am Fichtenplan
Diepensee
Nieder-Lehme
Neue Mühle
Zernsdorf
Jühnsdorf
Friedersdorf
Löwenbruch
Krüpelsee
Kablow
Rangsdorf
Ragow
Senzig
Bindow
Groß Machnow
Schenkendorf
Königs Wusterhausen
Bindow-Süd
Groß Schulzendorf
Mittenwalde
Drei-Zeesener See
Zeesen
Naturpark
Blossin
Körbiskrug
Gussow
Dolgenbrodt
Glienick
Heidesee
Gräbendorf
Dabendorf
Telz
Gallun
Bestensee
Dolgensee
Kolberg
Langer See
Notte-kanal
Dahme-Heideseen
Nächst Neuendorf
Schünow
Schöneiche
Pätz
Pätzer Vordersee
Prieros
Heimatmuseum
Zossen
Am Kahlberg
Horstfelde
Pätzer

L'indice contiene una selezione delle vie e delle piazze riportate sull'atlante della città

LEGENDA DELLE CARTINE

Autostrada

Strada a quattro corsie

Strada di transito

Strada principale

Zona pedonale – Strada a senso unico

Ferrovia con stazione

Metropolitana

Linea d'autobus – Tram

Informazioni – Ostello della gioventù

Chiesa – Chiesa di interesse

Sinagoga – Moschea

Stazione di polizia – Ufficio postale

Ospedale

Monumento – Torre della radio o televisione

Teatro – Parcheggio taxi

Vigili del fuoco – Scuola

Piscina all'aperto – Piscina coperta

Bagni pubblici – Ristorante

Parcheggio coperto – Parcheggio

Passeggiate in città

Le scelte MARCO POLO

GUIDE

ITALIA
Alto Adige
Calabria
Firenze
Liguria
Milano
Napoli e il Golfo
Puglia
Roma
Sardegna
Sicilia
Torino e Piemonte
Toscana
Umbria
Venezia

EUROPA
Amsterdam
Andalusia
Austria
Barcellona
Berlino
Bruxelles
Copenaghen
Corfù
Corsica
Creta
Dublino
Edimburgo
Gran Canaria
Ibiza, Formentera
Il Cammino di Santiago
Istanbul
Istria e Croazia costiera
Lanzarote
Lisbona
Londra
Madrid
Maiorca
Malta, Gozo
Minorca
Monaco di Baviera
Montenegro
Nizza
Parigi
Portogallo
Praga
Provenza
Rodi
San Pietroburgo
Santorini
Stoccolma
Svizzera
Valencia e Costa Blanca
Valle della Loira
Vienna

MONDO
Cuba
Dubai
Marocco
Mar Rosso, Sinai
New York
Tunisia

CARTE STRADALI

ITALIA
Abruzzo
Alpi
Basilicata
Calabria
Campania
Emilia Romagna
Friuli Venezia Giulia
Italia
Lazio
Liguria
Lombardia
Marche
Molise
Piemonte
Puglia
Sardegna
Sicilia
Toscana
Trentino Alto Adige
Umbria
Valle d'Aosta
Veneto

EUROPA
Andalusia
Austria
Belgio
Bielorussia
Bosnia-Erzegovina
Bretagna, Bassa Normandia
Bulgaria
Canarie, isole
Corfù
Corsica
Costa Azzurra
Creta
Croazia
Danimarca
Estonia
Finlandia
Francia
Galles
Germania
Gran Bretagna
Grecia, Cicladi, Sporadi
Ibiza, Formentera, Maiorca, Minorca
Inghilterra
Irlanda
Islanda
Lettonia
Lituania
Lussemburgo
Macedonia
Montenegro
Norvegia
Paesi Baltici
Paesi Bassi
Polonia
Portogallo
Provenza
Repubblica Ceca
Repubblica Moldava
Romania
Russia
Scozia
Slovacchia
Slovenia
Spagna
Svezia
Svizzera
Turchia
Ucraina
Ungheria

MONDO
Australia
Bangladesh
Bhutan
Botswana
Brasile
California
Cambogia
Canada
Cina, Corea, Bhutan
Cuba
El Salvador
Filippine
Florida
India
Indonesia
Laos
Malaysia
Marocco
Messico, Guatemala, Belize
Namibia
Nepal
Nuova Zelanda
Sri Lanka
Stati Uniti Occidentali
Stati Uniti Orientali
Sud America
Sudafrica
Thailandia
Tunisia
Vietnam

PIANTE CITTÀ

ITALIA
Firenze
Milano
Roma
Venezia

EUROPA
Amsterdam
Atene
Barcellona
Berlino
Bruxelles
Budapest
Copenaghen
Istanbul
Lisbona
Londra
Lussemburgo
Madrid
Mosca
Parigi
Praga
San Pietroburgo
Siviglia
Stoccolma
Vienna

MONDO
Los Angeles
Miami
Montreal
New York
Pechino
San Francisco
Sidney
Tokyo

INDICE DEI NOMI

Sono riportati qui tutti i luoghi di interesse e le attrazioni citati nella guida oltre ai nomi di alcune vie, personaggi illustri e parole chiave. I numeri di pagina dei riferimenti principali sono in neretto.

COLOPHON

www.guidemarcopolo.it
facebook.com/guidemarcopolo twitter.com/guidemarcopolo

SCRIVETECI

Facciamo sempre del nostro meglio per darvi informazioni aggiornate per il vostro viaggio. Tuttavia, nonostante le meticolose ricerche dei nostri autori, qualche errore a volte può sfuggire.

Inviate i vostri messaggi a:
MARCO POLO Redazione
EDT srl, 17 via Pianezza
10149 Torino
redazione@guidemarcopolo.it

Berlino, 2ª edizione italiana ottobre 2013
ISBN: 978-88-6639-952-0

Coordinamento: Linda Cottino
Redazione e aggiornamenti per l'edizione italiana: Elena Arneodo
Traduzione dal tedesco: Elena Arneodo, Angela Nardone
Impaginazione: Gianmarco Bisognani
Produzione: Alberto Capano
Stampato da: Graf Art s.r.l., viale delle Industrie 30, 10078 Venaria (To)
Stampa e confezione della carta estraibile: euroedit s.r.l., via del Commercio 59, 38121 Trento

Tradotto dall'edizione originale tedesca: Berlin 2013, 21. Auflage

Caporedattrice: Marion Zorn
Autrice: Christine Berger
Redazione: Jochen Schürmann, Marlis v. Hessert-Fraatz
Supervisione: Ann-Katrin Kutzner, Nikolai Michaelis
Photoeditor: Gabriele Forst
Tendenze: Wunder Media, Monaco
Cartografia atlante e carta estraibile: © MAIRDUMONT, Ostfildern
Layout: milchhof:atelier, Berlino; grafica p1 e carta estraibile: factor product, Monaco
Frasario: in collaborazione con Ernst Klett Sprachen GmbH, Stoccarda, redazione dizionari PONS

In copertina: Porta di Brandeburgo (istockphoto: Nikada); Radfahrer (Corbis/Terra: Stefano Amantini)
Foto: Corbis/Terra: Stefano Amantini (1 in alto); Amin Akhtar (116 in alto); DuMont Bildarchiv: Freyer (72 dx), Specht (3 in alto, 8, 59, 76-77, 111, 112, 115); eROCKIT GmbH; Stefan Gulas, Sascha Nolte (17 in alto); Freies Museum Berlin (16 in basso); R. Freyer (2 in centro in alto, 3 in centro, 7, 15, 30, 36, 38-39, 52, 60, 66, 72 sx, 86-87, 91, 92, 97, 106-107, 112-113, 113, 114, 114-115, 118 in alto, 118 in basso, 124-125); R. M. Gill (55); J. Gläser (40, 69); Huber: Mehlig (18-19); istockphoto (1 in alto); C. Klopp (1 in basso); G. Knoll (2 in basso, 3 in basso, 64-65, 75, 98-99, 100, 104); Laif: Akhtar (70, 78), Danner (84), Galli (95), Hahn (24 in alto), Herve CHAMPOLLION (6), Westrich (2 in alto, 4, 5, 25); Laif/GAFF: Geilert (21); Look: Johaentges (57), Travelstock 44 (24 in basso); Look: Wothe (12); mauritius images: Alamy (risvolto dx, 10-11, 42, 45, 63, 81, 82), Eisen (48), Otto (23), Scott (88), Thormaehlen (103); mauritius images/imagebroker: Henkelmann (119), Reister (34-35), Steiner (50), Wrba (46-47); Mamo Falafel: Stefan Pramme (16 in alto); Smiling Berlin Verlag: Lasse Walter (17 in basso); O. Stadler (risvolto sx); M. Weigt (2 in centro in basso, 9, 26-27, 73, 109); www.slackliner-berlin.de: Markus Altmann (16 in centro)

Ristampa
0 1 2 3 4 5

Anno
2013 14 15 16 17

DA EVITARE

Alcuni suggerimenti per non avere brutte sorprese

PARTECIPARE AL GIOCO DELLE TRE SCATOLETTE

Davanti a un pubblico di ignari spettatori, un gruppo di uomini, in genere originari dell'Europa orientale, finge di vincere con grande facilità al gioco. Il complice sposta velocemente tre scatole di fiammiferi o oggetti simili e gli scommettitori devono indovinare in quale di esse sia contenuta una biglia. In genere vengono puntati €50. Non lasciatevi ingannare dalla presenza di altri giocatori e curiosi perché fanno parte della banda.

MUOVERSI IN CITTÀ CON LA PROPRIA AUTO

Se non avete molti bagagli potete tranquillamente fare a meno dell'automobile. La scarsa conoscenza del luogo, il traffico, la difficoltà a trovare parcheggio e il costo del biglietto per la sosta possono rendere il viaggio un vero incubo. Ci si può muovere liberamente servendosi dell'eccellente rete di trasporti pubblici (S-Bahn, metro, tram e linee dell'autobus).

COMPRARE SIGARETTE DI CONTRABBANDO

Per molti aspetti, Berlino è davvero il centro dei buoni affari. Tuttavia, un pacchetto di sigarette venduto a metà prezzo nella zona orientale della città non è un buon acquisto da fare, sia perché si tratta di merce di contrabbando, sia perché anche gli acquirenti possono incorrere in pesanti sanzioni.

VIAGGIARE SENZA BIGLIETTO

Non dimenticate mai di convalidare il biglietto. I controllori di Berlino amano il loro lavoro: si muovono in borghese e sono estremamente diligenti e severi quando scoprono qualcuno sprovvisto di tagliando sulla metro o sulla S-Bahn. La multa è di €40. La cosa migliore da fare è acquistare subito un abbonamento settimanale o una Welcome-Card (vedi il capitolo *Informazioni pratiche*).

SALIRE IN TAXI SENZA CARTINA

Non sempre i tassisti conoscono alla perfezione i distretti della città. Spesso sono i passeggeri che devono spiegare all'autista quale via prendere, soprattutto se si tratta di mete periferiche. Prima di salire a bordo conviene quindi studiare a grandi linee il percorso servendosi di una cartina della città.

LASCIARE BORSE INCUSTODITE

Purtroppo, Berlino è una città redditizia anche per ladruncoli e borseggiatori. È quindi necessario prestare particolare attenzione nelle stazioni, sulle scale mobili e tra la folla. Evitate di portare il portafoglio nella tasca posteriore dei pantaloni o in quella del cappotto e non perdete mai di vista le vostre borse.

Berlin Liniennetz *Routemap*

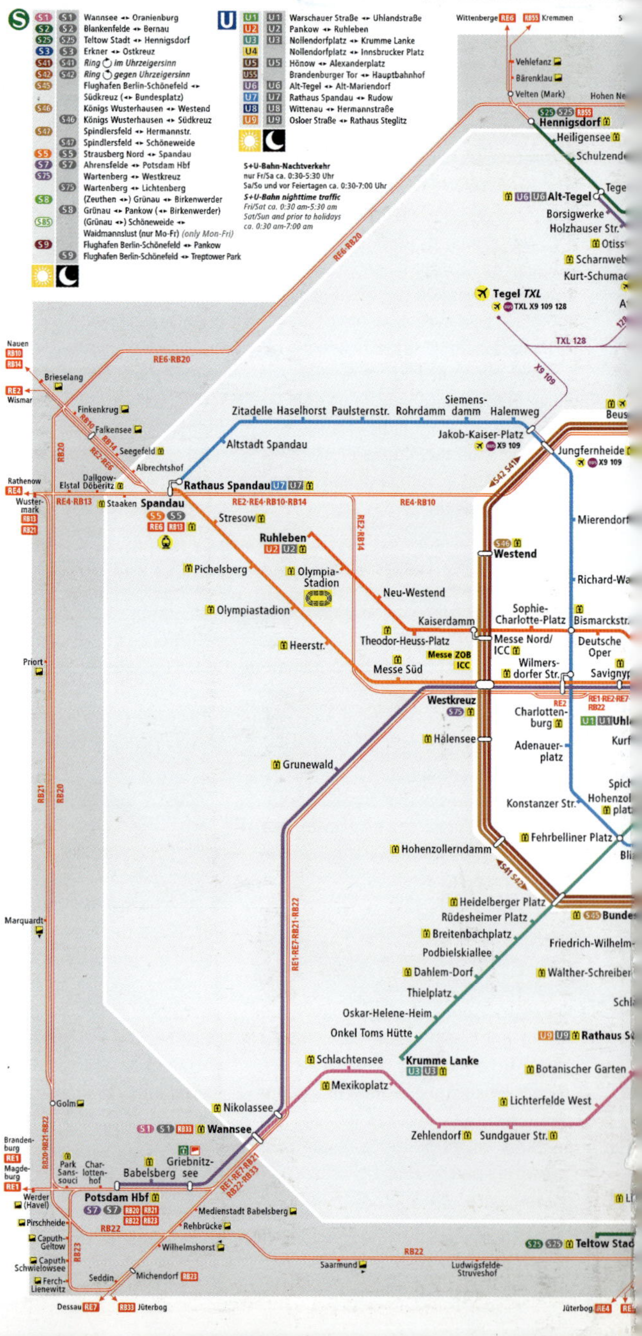